U0926171

中国人民大学清史研究所　编

清史研究集

第九辑

本辑主编　董建中

中国大百科全书出版社

图书在版编目（CIP）数据

清史研究集. 第九辑 / 中国人民大学清史研究所编；董建中主编. -- 北京：中国大百科全书出版社，2018.6
ISBN 978-7-5202-0293-0

Ⅰ.①清… Ⅱ.①中… ②董… Ⅲ.①中国历史－清代－文集 Ⅳ.①K249.07-53

中国版本图书馆CIP数据核字（2018）第125111号

责任编辑：朱杰军
责任印制：魏　婷
封面设计：程　然

中国大百科全书出版社 出版发行
（北京阜成门北大街17号　邮政编码：100037　电话：010-88390636）
网址：http://www.ecph.com.cn
北京杰瑞腾达科技发展有限公司排版
北京玺诚印务有限公司印刷
开本：787毫米×1092毫米　1/16　印张：19.25　字数：286千字
2018年6月第1版　2018年6月第1次印刷
ISBN 978-7-5202-0293-0
定价：58.00元

本成果获中国人民大学2016年“中央高校建设世界一流大学（学科）和特色发展引导专项资金”经费支持。

目　录

附　录

李文海先生与中国近代灾荒史研究

◎朱 浒

敬爱的李文海老师虽然永远离开了我们，却留下了十分丰富的学术遗产。其中，他关于中国近代灾荒史的研究，无疑是一个值得特别重视的部分。作为这一领域最重要的开拓者，他主撰、主编的许多论著和资料集，不仅为该领域打下了坚实的基础，对于整个中国灾荒史以至环境史研究的发展和深化也都起到了重要的引导作用，为新时代中国历史学的繁荣发展做出了积极的贡献，在国内外学术界都产生了重大影响。我们作为李老师培养起来的学生，又长期追随李老师从事这一领域的研究，深切感到，充分认识和继承这份遗产，既是学术发展的客观要求，也是对李老师最好的怀念。

一

毋庸讳言，在李老师之前，早有学者涉足过中国近代灾荒史研究。但很少有人像李老师那样，在涉足这一领域之初，便对其理论和现实意义进行了深刻、缜密的思考，并使这种思考成为不断拓展这一领域的不懈动力。同时，李老师又以自己卓越的领导能力和巨大的人格魅力，组织起一支团结奋进的研究团队，开展了诸多卓有成效的工作。这才可以理解，原先在其他学者那里只是一个普通研究方向或课题的中国近代灾荒史，却能够从李老师这里开始，迅速成长为一个方兴未艾的重要研究领域。也正是在这个意义上，李老师作为该领域的开拓者和奠基人是当之无愧的。

李老师决定大力开展近代灾荒史研究，起步于 1985 年组建“近代中国灾荒研究”课题组。而这个课题组的成立，以及李老师此时决定大力开展这项研究，是与他此前对整个历史学科体系的深刻反思分不开的。李老师自己回忆，他们之所以选择近代历史上的灾荒问题作为研究课题，是在改革开放初期有关“史学危机”的讨论刺激下，经过深入思考而开辟的一条研究新路。

李老师在 1988 年发表的《论近代中国灾荒史研究》一文，是其第一篇关于近代灾荒史的论文，更可谓是他和课题组同仁致力开拓这一领域的宣言书。他在文中明确指出，当时的史学研究，“很不适应飞速前进的社会发展的需要，同现实生活的结合不够紧密”。造成这种状况的主要原因是：对待马克思主义理论的简单化；研究题材的单一化；研究方法和表述方法的程式化。具体而言，“常常只是把最主要的精力集中在历史的政治方面，而政治史的研究又往往只局限于政治斗争的历史，而且通常被狭隘地理解为就是指被统治阶级与统治阶级之间的阶级斗争的历史”；而研究阶级斗争史，“又只注意被压迫阶级一方，或者是革命的、进步的一方，不大去注意研究统治阶级或反动的一方”。其结果“势必把许多重要的题材排除在研究视野之外，而最被忽视的，则要算是社会生活这个领域”。他多次引用马克思说过的一段话：“现代历史著述方面的一切真正进步，都是当历史学家从政治形式的外表深入到社会生活的深处时才取得的”。而在中国历史上，灾荒问题作为社会生活的一个重要内容，“对千百万普通百姓的生活带来巨大而深刻的影响”，从其与政治、经济、思想文化以及社会生活各个方面的相互关系中，完全“可以揭示出有关社会历史发展的许多本质内容来”。[①]

① 李文海:《论近代中国灾荒史研究》,《中国人民大学学报》1988 年第 6 期。

这里有必要提及的一个重要细节是，李老师决定转向近代灾荒史研究时，他其实已经过了“知天命”之年。并且，他这时还担任着中国人民大学副校长和党委书记的职务，诸多繁重的行政工作，使他每每自嘲自己的专业研究只能在“八小时以外”来进行。此外，在这个时候，李老师业已是一位知名学者，在素来为史学界所关注的太平天国、义和团、辛亥革命等重大问题上，都取得了令学界瞩目的成就。以他此时的身份、地位，毅然置身一个全新的研究领域，对常人来说是难以想象的。然而，凭着对学科发展的使命感，对学术研究的热爱，以及卓越的研究能力，李老师成功实现了这个巨大的学术转向，使灾荒史研究成为自己最后三十多年中最富活力的学术志业。

促使李老师进行这一学术转向的另一个重要因素，则是他敏锐地意识到了灾荒史研究所蕴含的深远和深刻的现实意义。他本人坦承，很早以前，他便在毛泽东同志于 1955 年所写的《关于农业合作化问题》一文的启发下，注意到灾荒问题是了解国情、研究国情的一个重要方面。[①]就此而言，他之所以选择研究历史上的灾荒问题作为对“史学危机”讨论的回应，当然不是出于一时灵感，而是基于长期以来结合理论与实际、历史与当代所进行的思考所致。后来的社会现实则更加有力地证明了李老师开拓这一领域所具有的前瞻性。在他着手组建课题组两年后的 1987 年，联合国大会通过第 169 号决议，把 20 世纪的最后十年定为“国际减轻自然灾害十年”。次年，中国灾害防御协会为此召开会议，认为“我国是一个自然灾害频繁、灾害损失严重、而防灾意识又比较薄弱的大国，应积极响应和参加这项活动”。[②]因此，当他和课题组同仁于 1990 年、1991 年相继推出《近代中国灾荒纪年》和《灾荒与饥馑，1840~1919》两部著作时，即被认为是中国史学界参加这项活动的一个努力。[③]

此后，随着我国经济建设的迅速发展，人与资源、环境之间的各类矛盾日益尖锐和突出。1991 年、1998 年长江领域两次特大洪灾的发生，使得

---

① 李文海、周源:《灾荒与饥馑，1840~1919》，前言，高等教育出版社 1991 年。

② 《人民日报》1988 年 2 月 13 日。

③ 彭明:《〈灾荒与饥馑，1840~1919〉序》，载李文海、周源:《灾荒与饥馑》。

灾害问题对社会的重大影响开始得到越来越多的重视，又因灾害问题都蕴含着长时段的发生机制，故而了解近代以来的中国灾害状况也有着迫切的社会需要。1997 年，江泽民总书记特地邀请八位历史学家分别座谈中国历史上的九个重大问题，李老师受邀所谈的问题便是“中国近代灾荒与社会稳定”。有鉴于此，尽管当时灾荒史研究实际上仍处于寥若晨星的状态，但是李老师已经敏锐地感到，这必将是一个大有可为的领域。本人清楚地记得，1999 年深秋，自己作为入学不久的博士生，跟李老师商讨博士论文选题时，一开始并未决心将灾荒史作为主攻方向，李老师则用平静而坚定的语气指出，从事学术研究，要会寻找一座有可持续发展前途的“富矿”，而灾荒史正是这样的“富矿”。

事实证明了李老师的预见。进入 21 世纪之后，灾害问题以更加猛烈的势头在人类社会中扩展，如 2003 年的“非典”流行、2004 年的印度洋海啸、2008 年的汶川地震、2011 年的日本海啸，都极大激发了人们了解自然灾害的渴求，从而大大促进了灾荒史研究的进一步发展。这里有个特别明显的对比：在 2000 年以前的近百年中，关于中国灾荒史研究的成果，总量不过是六七部专著、二百余篇学术论文；2001 年之后，关于灾荒史的专著以年均至少 2 部的速度出现，学术论文则达到年均 120 篇以上。这充分体现了灾荒史研究的生命力和价值。在 2005 年举行的“清代灾荒与中国社会”国际学术研讨会上，李老师在总结灾荒史研究的成绩时明确指出：“学术发展史告诉我们，任何一种学术，任何一个学科，只有存在着巨大的社会需求，并且这种客观需求越来越深刻地为社会所认识和了解时，才可能得到迅猛的发展和进步。社会需求是推动学术发展和繁荣的最有力的杠杆。”① 毫无疑问，这一方面是对灾荒史研究得以迅速发展的准确总结，另一方面又何尝不是他本人当初以极大勇气开拓新领域、进行学术转向的心声。

① 李文海：《进一步加深和拓展清代灾荒史研究》，《安徽大学学报（哲学社会科学版）》，2005 年第 6 期。

二

谈到李老师对于灾荒史研究的奠基性作用，另一个必须强调的方面是他对资料工作的高度重视以及为之付出的巨大努力。凡是从事历史研究的人都知道，“论从史出”是历史研究的不二法门。傅斯年甚至以“史学即是史料学”的说法，来高度凸显原始资料对于史学研究的基础作用。李老师从开展灾荒史研究之始，便严格遵循这一基本规律和要求，他不仅将本人的研究成果完全建立在充分的资料之上，更以无私的精神将自己和同仁们辛苦搜集的资料完全公之于众。直至生命的最后时刻，他还在贯彻这种嘉惠学林的努力。可以大胆地说，在李老师之后步入灾荒史研究领域的学者，很少有人不从他的这些努力中受益。

李老师及其团队公开出版的第一部灾荒史著作，是他们历经5年之久才完成的、将近70万字的《近代中国灾荒纪年》一书。尽管该书的编撰框架和结构内容蕴含着作者们深厚的研究功力和睿见卓识，但是无论如何不能否认的是，这本书的面貌首先是一本标准的资料集。关于为何要首先编纂这样一部书，李老师曾在该书的前言中解释说，“全面研究和分析有关灾荒问题的各个方面，不是靠一本著作所能完成的”，所以他和课题组成员给自己定下的第一个任务，“是对从鸦片战争到五四运动这八十年间的自然灾害状况，选择一些典型的、可靠的历史资料，加以综合地、系统地叙述”。他既谦虚又自信地认为，“这是一件基础性的工作，因为不弄清楚自然灾害的具体情况，对灾荒问题的进一步研究也就无从谈起。我们不知道这部书是否能对社会提供多少有益的帮助，但至少有两点却是问心无愧的：一是我们确实还没有看到哪一本书曾经对这一问题提供如此详细而具体的历史情况。二是由于本书使用了大量历史档案及官方文书，辅之以时人的笔记信札，当时的报章杂志，以及各地的地方史志，我们认为对这一历史时期灾荒面貌的反映，从总体来说是基本准确的”。[①]

时间和事实证明，不仅李老师的这份自信是有充分依据的，而且这部

① 李文海：《论中国近代灾荒史研究》，《中国人民大学学报》1988年第6期。

书的价值也得到了极其广泛的认同。在国内外学界，这部书早已成为研究近代中国灾荒史的必备工具书。时至今日，作为李老师学生的我们还多次碰到有人索要这部书的情况。在《近代中国灾荒纪年》出版的 1990 年，出版学术书籍的困难是众所周知的，这部在当时算得上大部头的著作，仅仅印刷了 620 本，每本定价不过几块钱。现如今，在国内最大的旧书交易网站——孔夫子旧书网上，该书的价格甚至被推上了几百元的价位，但即便如此亦是一书难求。而同样的情形，也出现在该书的续篇即《近代中国灾荒纪年续编（1919~1949）》身上。

在李老师开展灾荒史研究的过程中，他始终遵循的研究工作顺序是，先公开出版他领导的团队编纂的相关资料，然后才发表在这些资料基础上形成的研究性著作。例如，在《近代中国灾荒纪年》出版的次年，才推出他和周源合著的《灾荒与饥馑，1840~1919》一书；在《近代中国灾荒纪年续编》之后，才推出《中国近代十大灾荒》这部著作。这一方面显示了他对史料和文献整理工作的高度重视，另一方面也说明，他从不独占和垄断资料，而是尽可能将自己和课题组多年辛苦积攒的史料原汁原味地奉献出来，让国内外学术界共同分享，吸引更多的学者加入到灾荒史研究的队伍中来，从而共同推动这一学术事业的发展。从这一意义上来说，这样的资料整理工作，实际上是为学界提供了一个从事灾荒史研究的公共平台，属于一种公共文化工程。

李老师对于这种公共文化工程的热忱，在出版 12 卷本《中国荒政书集成》的曲折过程中得到了极其显著的体现。这部《集成》基本囊括了宋元明清时期出现的重要灾荒专书，总字数约 1200 万字。不太为人所知的是，这套书的编纂其实可以追溯到 20 世纪 90 年代后期，期间甚至一度面临难以为继的窘境。本来，这部大型资料集曾定以《中国荒政全书》的名字推出，原定计划总数为 16 本。到 2004 年，在这套书出版了第 5 本之后，原出版社突然以出版经费不足为由，要求中止出版合同。至于最终交涉的结果，不过是出版社赔偿 1 万余元毁约费而已。更严重的是，由于这时绝大部分书稿的点校任务都已分配出去，众多同仁的努力也面临着“十年之功，毁于一旦”的厄运。在接下来的几年中，正是依靠李老师的不懈呼吁和多方努力，这只半死不活的“断尾巴蜻蜓”才终于得到再生的机会。经过热心朋友的穿针引线，天津古籍出版社的领导表示愿意接手整套书的出版，这才最终成就了《中国荒政集成》一书。而这套书的价值也很快得到学界的高度评价，并获得2010年度全国优秀古籍图书一等奖。这里特别值得一提的是，李老师对这套书的出版决非仅仅起着“务虚”作用，他这时虽年事已高，却每每主动请缨去点校许多字迹最难辨认的稿本、抄本，其完成的工作量在全部点校者中名列前茅，这恐怕也是外人难以想象的。

在李老师主持编纂这些资料的过程中，作为近水楼台的弟子，我们都是其中最大的受益者，当然也希望成为这一精神的践行者。我们能够顺利完成博士学位论文，出版自己的专著，是与李老师等前辈学者多年来所坚守的资料整理工作分不开的，所以在后来的研究工作中，也常常把资料整理工作放在非常重要的位置。可是，众所周知，在目前的学科评价体制下，再坚持这样的工作，实属难上加难。我们在李先生指导下编纂各类史料的过程中，一方面深感责任重大，另一方面也难免逐渐滋生烦躁之情。尤其是想到穷十年、数十年之功弄出来的大型文献资料汇编，在科研管理机构那里，往往还比不上一篇普通学术论文的时候，不免有些心灰意冷。

但是，李老师依然壮心不已。在即将迎来80寿辰之际，他又决心将另一部规模更大、史料价值更可宝贵的灾荒史文献公诸于世，这就是收录清宫原档多达4万余件的《清代灾赈档案史料汇编》。说来话长，这批档案最初得以整理，还是得力于李老师的干劲。2004年初，国家清史编纂委员会确定李老师为新修清史项目《灾赈志》的负责人，李老师立即贯彻自己“先资料、后研究”的方针，在接受任务后没两天，就率领项目组全体人员前往第一历史档案馆，与档案馆达成了合作整理灾赈档案的协议。这批档案的整理，也使《灾赈志》项目的完成得到了重大保证。而李老师并不以此为满足，本着一贯的公共精神，他非常希望能够将这部珍贵文献推向更大的社会范围。虽然其间也几经曲折，但在第一历史档案馆和出版社的鼎力支持下，这一工程终于在2013年初开始启动。按原定计划，课题组将于是年6月9日开会讨论相关编纂细则，并请李老师作进一步指导，未曾想他竟在6月7日溘然长逝。在他去世的那一天，课题组同仁曾就要不要取消筹备会进行了商讨，结果包括外地成员在内，所有人都同意照常举行，并表示一定要以完成这项工作作为对李老师的深切缅怀。

三

李老师固然把资料性工作置于非常优先的位置，但是这决不意味着他会降低自己在研究性工作中的标准。从数量上来说，李老师在灾荒史研究方面的论著并不算太多。造成这种状况的原因，除了行政等其他事务和投入资料工作占据大量精力外，在相当大程度上也与他对个人研究工作的严格要求有关。也正是因为遵照这样的严格要求，李老师的许多灾荒史研究成果，虽然发表时间大都距今超过二十年之久，却一直保持着很强的生命力，至今还对后来者发挥着很强的引领和指导作用。

李老师的研究何以具有这样的生命力呢？在我们看来，其中最重要的因素应该是他从一开始就摒弃了通常那种专业化分工的做法，形成了一种更具综合性和动态特征的研究视角，由此使他无论对于许多灾荒问题的考察深度，还是对灾荒具体内容的开掘，都能够言人所未言、见人所未见。

在很多学者那里，灾荒史首先是被作为历史研究的一个领域来看待的。由此形成的一套通行研究路数，就是致力于说明灾荒的种类、成因、规律、影响以及减灾救荒等应对措施，等等。应该说，这些内容当然是灾荒史研究不可或缺的组成部分，但如果拘泥于此，往往会不自觉地陷入就灾荒论灾荒、乃至“灾荒决定论”的境地。而李老师从研究伊始，就一再强调应该以此为基础来揭示灾荒在社会历史进程的地位与作用。用他自己的话来说，就是要注意自然灾害“给予我国近代的经济、政治以及社会生活的各个方面以巨大而深刻的影响，同时，近代经济、政治的发展，也不可避免地使得这一时期的灾荒带有自己时代的特色”。[①] 无疑，这样一种视角，不仅在当时起到了对曾经教条化的革命史观的反思和修正作用，即便与如今力倡的环境史或生态史视角相比，亦多有可资沟通之处。

---

① 李文海:《中国近代灾荒与社会生活》,《近代史研究》1990 年第 5 期。

根据这种视角，李老师在具体研究内容上开辟的第一个重要领域，就是从自然现象与社会现象相互作用的角度，来重新观察和解释近代中国历史上一系列重大事件。其中最具代表性的成果，当推其1991年发表的《清末灾荒与辛亥革命》一文。①

该文的主要特色在于：首先，这是第一次将灾荒因素引入到近代中国政治史的研究之中，而且并非像某些学者认为的那样，过于夸大灾荒的影响，实际只是将之视为导致辛亥革命爆发的几个重要因素之一；其次，该文固然强调了因灾而起的民众抗议或社会性骚乱在促进革命形势日趋高涨的过程中所起的作用，但也只是突出其与辛亥革命这一新的革命运动之间的密切联系，同时揭示了两者的分歧，从而将其与传统的改朝换代式的农民起义区别开来；其三，与前一点相关，该文从灾荒观的角度，从革命派通过灾荒揭露清朝封建统治的舆论层面，反映了新旧政权交替之际政治合法性论据的变化，即从以灾异为核心的天命观向政治统治之民生绩效方面的转变，也就是从天命观向宪政观的转移；第四，该文还首次对晚清民初中国救荒体制演变进行了梳理，尽管其中有个别问题的分析尚需重新评估，但大体趋势基本上还是符合历史事实的。

从以上介绍可以看出，通过这样一篇有理、有据、有节的论文，李老师清楚地展示了如何以灾荒问题为视窗、又如何将灾荒作为重要变量来审视相关的重大历史事件，而决未出现任何所谓“灾荒决定论”的偏激观点。同样依据这样的思路，李老师还考察了灾荒与鸦片战争、灾荒与甲午战争等问题，并阐发了此前学界未曾触及的洞见。不仅如此，在他的影响和指导下，一些合作同事和他指导的研究生也从这一思路出发，分别探讨了灾荒与太平天国、灾荒与洋务运动、灾荒与义和团运动、灾荒与抗日战争等主题，揭示了诸多为前人所忽略却颇具重要意义的内容，从而进一步证明了这一思路的独特价值。

李老师基于此种综合性动态视角而做出的另一项重要开拓，则体现在对一些原本看似为人忽略或重视不够的社会内容进行了极具深意的探讨。

---

① 李文海:《清末灾荒与辛亥革命》,《历史研究》1991年第5期。

在这方面，首先应该提及的是他关于晚清义赈活动的研究。尽管在李老师之前，也曾有个别学者注意到义赈活动，但大都仅仅将之视为地方精英所从事的一项公共事业，也往往一带而过。李老师则在接触这一内容伊始，便敏锐地发现其中包含着许多复杂的线索，故而予以了特别的关注。

他在 1993 年发表的《晚清义赈的兴起与发展》一文，是国内外学界中第一篇专门论述义赈活动的论文。[①]该文首次较为完整地勾勒了义赈活动兴起和发展的过程，并明确展示了义赈活动隐含的两条复杂社会脉络：其一，义赈活动并不是一项单纯的地方社会义举，其与国家层面兴办的洋务运动之间有着密切关联，吸收了许多新的社会经济成分，是一项新兴的社会事业；其二，义赈与属于地方社会的善会善堂等慈善资源之间，存在着既继承又超越的关系，也大大突破了先前民间赈灾活动只能在小区域范围内开展的状况。由此表明，义赈活动决不能仅仅放在中国救荒机制的近代演变中来理解，而必须与更大范围、更多层次的社会变迁背景勾连起来加以考察。

大约在李老师此文发表十年以后，近代义赈活动的价值和意义才在学界引起了广泛的注意。根据中国知网和读秀提供的数据统计，以近代义赈为主题的专著迄今至少出版了 6 部，论文总数约为 100 篇左右。就绝大多数成果而言，固然补充甚至纠正了李老师当初文章中的一些薄弱乃至不确之处，但在整体思路上并未超越李老师的见解。对于那些力图推进近代义赈研究的研究者来说，李老师当初的认知思路则是他们必须面对的思考起点。

李老师在灾荒的社会内容方面另一项眼光独到的开掘，则是对灾荒诗歌的研究。在《晚清诗歌中的灾荒描写》一文中，他通过将灾荒事实与灾荒诗歌内容的对照与解读，既揭示了诗歌对晚清灾荒的特征和危害的独特呈现形式，又表现了灾荒对文学所产生的深刻影响。他还结合文学和史学的属性，对灾荒诗歌的价值给予了十分客观的评判，认为“就艺术性而言，固然不见得是可以传诵千古的佳品，但就其现实主义的思想内容来说，应

① 李文海:《晚清义赈的兴起与发展》,《清史研究》1993 年第 3 期。

该说是上乘之作的”。[①] 虽然这篇文章篇幅有限，论述上也存在一些薄弱之处，但是李老师在这里显示出来的眼光和思路，都反映出了令人赞叹的学术前瞻性。这方面的第一个表现是，近几年来，国内外学界都出现了对灾荒文学的关注，除去具体研究对象的差别，这些研究者的主要考察手法，仍然是历史与文学的对照及互动。第二个表现则是，随着清史资料的加速拓展，以及清代灾荒史和文学史研究的大大深入，清代灾荒诗歌的繁盛状况逐渐被认为是一个需要加以重视的社会现象和文学现象。总之，以对灾荒诗歌的关注为焦点，推进关于灾荒的社会文化史研究，已经成为一个备受期待的取向，从而有力凸显了李老师这篇文章作为开山之作的价值。

在一般人看来，以李老师的身份、地位和贡献，却从未专门阐述过灾荒史研究的理论、体系或方法之类的东西，似乎是个不小的缺憾。但在李老师心中，这根本算不上一个问题。在 1995 年出版的《世纪之交的晚清社会》的前言中，他直言："全书没有提出什么对于中国近代社会的惊人的理论观点，也几乎未曾参加近年来中国近代史领域一些热门问题的讨论，大概不免会被有些人目之为保守之作的。"同时他也很自信地认为，自己的著述有一个好处，那就是"注意的问题往往是过去研究较少甚至是被人们所忽略的；写作时努力少讲空话，尽量不去做抽象的概念争论，对于历史现象和社会现象的叙述和分析，力求具体、细致，言必有据"。[②] 无疑，李老师在自己的灾荒史研究中强烈贯彻了这一理念，而这些成果的长久生命力，反过来也成为对这种理念的有力证明。

（作者单位：中国人民大学清史研究所）

① 李文海：《晚清诗歌中的灾荒描写》，《清史研究》1992 年第 4 期。
② 李文海：《世纪之交的晚清社会》，前言，中国人民大学出版社 1995 年。

清代的邸报制度与政治谣言

◎刘文鹏

所谓邸报，是中国古代朝廷的政治信息向地方发布的一种载体，一般认为起源于汉代，逐渐制度化，唐宋时期日渐成熟。“邸报”一词形成于唐代，各州、道在京师设置邸舍、派驻进奏官，因这些进奏官向地方节度使传递“进奏院状报”、“邸吏状”、“状报”、“报状”、“留邸状报”等而得名。宋代将进奏院纳入门下省统辖，加强对邸报制度的管理。凡朝廷政事施舍、号令赏罚、书诏章表、辞见朝谢等播告四方者，皆按规定程序、格式，由门下省下发各进奏院，通过邸报发布。另外，皇帝的起居、活动也是邸报材料的重要来源。所有邸报均由门下省给事中审核后才能印发，传之四方。

因此，在中国传统社会中，邸报的意义不止于“报纸”的起源，还具有重要的政治价值，它在把中央的各种政治信息公诸于世的同时，也意味着每个古代王朝的中央在政治话语的把握上占据绝对优势，发布邸报的过程，也是每个王朝向天下臣民塑造自己形象的过程，表明他们掌握着王朝的统治权。

清代承袭了在中国延续了上千年的邸报制度，仍然把它当作向全国公布政治信息的一个重要载体，而且清代留下来大量的资料也让我们可以比较全面地看到邸报的产生、传递与传播，以及由此形成的社会影响。

一、邸报的权威性：非奉旨不能发抄

邸报的权威性来自于它必须是经过皇帝审阅、批准后的事项，“非奉旨不能发抄”，是其首要特点。明末的一个案例能够非常清楚的阐释它的这个特点。

崇祯时期，王应熊声誉不高，却极受皇帝信任，皇帝曾于崇祯六年（1632）力排众议提拔王应熊为吏部尚书兼东阁大学士。崇祯八年初，李自成义军攻陷凤阳，王应熊等为明军守将之败遮掩，一时间科道官员何楷、许誉卿、范淑泰、张缵曾、吴履中、张肯堂等交相上疏，抨击王应熊，但崇祯一直不为所动。直到这年六月，范淑泰再次弹劾王应熊，王应熊奏辩。但此时范淑泰抓住王应熊的一个致命缺陷。范淑泰奏称：

“故事，奏章非发抄，外人无由闻；非奉旨，邸报不许抄传。臣疏六月初十日上，十四日始奉明旨，应熊乃于十三日奏辩。旨尚未下，应熊何由知？臣不解者一。且旨下必由六科抄发。臣疏十四日下，而百户赵光修先送锦衣堂上官，则疏可不由科抄矣。臣不解者二。”[①]

这意味着王应熊犯了题本与邸报管理的大忌：奏疏未经奉旨不得下发，未经科抄不得公布，百官无从知晓。王应熊提早奏辩，被范淑泰抓个正着，一时间王应熊难于应对，崇祯帝也无法再保王应熊，他很快具疏引罪，全家及内阁中书 7 人被下狱。

清代邸报制度基本沿袭明代，其发布和传抄主要通过六科和提塘来完成。其中的六科不仅掌握稽察之权，而且朝廷政令的发布机关，“凡内外所上章奏下，分类抄出”，[②]发布天下，所以，六科是中央邸报信息法定的、唯一来源。其中数量最多、任务最重的是非机密的上谕、题本。乾隆以后，

① 《明史》卷 253,《王应熊传》，中华书局 1974 年。
② 《明史》卷 74,《职官三》。

奏折日渐常规化，非机密的奏折也被抄入邸报。

提塘的主要职责是从六科抄出题本后，首先在驻地进行誊抄、复写，根据各省情况，决定复制数量；其次，通过专门线路传送到各省省城；第三，邸报在省城再次被誊录、复制，加入本省的内容，再发给全省府、州、县及驻军各级官员。

我们以题本为例，阐明它如何被抄入邸报。

清承明制，所有本章票拟，都由内阁负责。本章经皇帝批阅后，因有朱批，是为红本，红本先下发内阁，由内阁存档。此时的红本，已经成为正式的要付诸实施的朝廷政令。这些政令必须经过六科抄录、审校无误后，才能发给各部、各省。康熙十七年（1678）规定，“红本已奉旨到科，未经到部，有豫钞泄漏者，将该科给事中议处。泄漏之人，交刑部治罪。”此即所谓“非奉旨不得抄发”。

然后才能轮到驻京提塘赴六科抄发题本，获取邸报信息源。“凡题奏奉旨之事，下科后，令该提塘赴科钞录，封发各将军、督抚、提镇。”[①]雍正元年亦定：“凡书吏、提塘、京报人等除红本上谕外，如有讹造无影之辞者，该科给事中查拿治罪。”[②]

提塘赴六科抄录上谕、本章等，除了本省的将军、督抚及各封疆大吏的外，也要抄录其他省份的本章，目的在于向本省官员通报其他省份的事务。因此，抄录、誊写诸多上谕、题本是工作量巨大的事情。提塘之下往往设有报房，必须雇佣多人充当字识等，才能尽快完成任务。若拖延日久，则邸报必会丧失其实效性。

由此观之，提塘从六科那里能够得到什么政治信息，可以抄什么、不可以抄什么，完全取决于六科官员。实际上，六科成为提塘报房的审批者、管理者，未经六科批准，提塘报房不得设立。

从起源上看，六科给事中本属传统的门下省官员，掌政令封驳，魏晋隋唐时期，为中枢决策机构，与中书省同掌机要。凡谕旨、章奏，须门下

① 光绪《大清会典事例》卷1016，《都察院·六科》。
② 光绪《大清会典事例》卷1014，《都察院·六科》。

省审核无误后，加盖中书门下省之印才能下发，方为有效。然而宋明以来，六科的封驳功能一直在被弱化，越来越多被当作监察官员而与御史的职责日益接近。自宋代开始就有“科道”的合称，至清代雍正时期，随着密折制度兴起，六科封驳更是无从谈起，雍正帝干脆实行“台省合一”，将给事中的管理纳入到督察院，皇帝受谏官制约的情况基本不复存在。可即使如此，明清时期各部院衙门政令的发出还是要经过六科的审核，表明给事中既有监察之权，监督各部院是否落实朝廷政令，也隐含了六科封驳政令的传统。

二、提塘与邸报的传递网络

既然邸报在国家的政治生活中地位重要，那么，在一个幅员极其辽阔的国家内，邸报又如何被以较快的速度传递到国家的各个角落呢？

清代的邸报制度基本延续了明代，邸报发抄、发布、运行等各个方面仍归兵部下属的提塘管理。邸报的发送需要三个环节，一是从中央到在各省省会驻扎的督抚藩臬等官员；二是由各省省会到本省各府州县；三是由省会到省内府县、驻军各地。

相应而言，提塘的设置也就有三个层级：一是在京城设驻京提塘，除了重大紧急事务的谕旨、命令，一般由中央各部门发给各省有关常规事务的政令、公文、邸报或赏赐物等，都由该省的驻京提塘接收、抄录和发递；二是在各省府设驻省提塘，主要接收来自京城的信息，并向省内官员转送；三是在省内一些重要地点设置的提塘，主要负责省内某地驻扎官员的信息传送，特别是为以提督为首的、驻扎在各个战略要地的绿营兵主要将领服务。

1. 驻京提塘及其作用

清制，直隶、山东、山西、河南、江西、福建、浙江、湖北、湖南、四川、广东、陕甘新疆、云贵、漕河，派驻京师提塘官共十六人，称驻京提塘，隶属于兵部捷报处，负责递送邸报、各部院公文，领送颁给各省官员的敕书、州县印信、赏赐等。“凡抄刊章奏事件，寄交各省敕书印信物件，以及各部院寻常咨行外省公文，俱交给递送。”①

提塘任期三年，由各省推荐咨送到兵部。雍正以前并不限制出身，基本依赖各省督抚推荐。雍正六年颁布新规，规定提塘必须“科班出身”，由各省督抚于本省武进士、武举人及守备中向兵部保送咨补，武进士或一二等武举内，若实在没有合适人选，即以三等武举保送充补。②

驻京提塘是中央各部门与各省之间的文报收发机构，职责较多。一方面他要收发本省本章，提交通政使司。各省的文报，包括报内阁的本章及报各部院的其他文报，送到京城时，都由本省的驻京提塘汇总登记，本章送给通政使司，其他文报送给相关衙门。更重要的是，提塘需要把中央的各种指令咨函等抄录、汇总，发回本省。另一方面，驻京提塘要到六科抄录经皇帝批示、内阁下发及谕旨、题本，然后需要迅速组织人力誊录、抄写，印制邸报。“至应行钞发事件，令各设报房，亲赴六科，钞发刷印，送科查验转发。”③经六科批准设立的提塘报房，成为公报房。而未经六科审批的报房成为私报房，所印称为“小报”。

驻京提塘主要职责是不断向本省发回邸报等承载着中央各种政令的各种政治信息，从而让本省督抚藩臬、提镇等官员，甚至士绅百姓能够了解朝廷和全国政情的变化。所以，看似微末之员的驻京提塘，由于有着双重身份，既属兵部管辖，又效忠于本省督抚，他们又掌握着朝廷和本省之间的信息流动，总是在中央和地方官员之间扮演着一个信息使者的角色，在朝廷和各省的政治博弈中扮演一个极其重要的角色。驻京提塘必须处理好两个方面的关系，一是邸报与部文的关系，二是服从兵部统辖与效忠本省督抚的关系。

中央各部院和各提塘都从六科抄录题本、上谕，提塘将其加工成邸报，而各部院以题本、上谕为基础，形成部文，他们都要发给各省。那么就存在一个问题，到底谁会把这些政治信息先送到本省呢？按道理讲，部文属于正式文件，是各省执行中央某项政令的法定依据，而邸报属于信息汇总，

① 光绪《大清会典事例》卷703，《兵部·邮政·塘务》。
② 光绪《大清会典事例》卷566，《兵部》。
③ 光绪《大清会典事例》卷566，《兵部》。

对某项事务的执行来说，并不具有法定效力。所以一般应该是部文在前，邸报在后。如果提塘的邸报早于部文到省，可能会引发一些问题。如雍正五年（1727），蔡珽案发，曾任四川按察使的程如丝被处以斩立决。对于此事，刑部自然根据上谕向四川发出部文，但刑部的部文还没有到成都时，邸报就已经到了，结果程如丝自杀于狱中，使王命未申。雍正帝大为恼火，后经宪德查核，原来是邸报小抄泄密。宪德奏称："程如丝著即处斩之部文到，在十月二十九日，而京报小抄到在前五日，十月之二十四日。部文单行臣署，臣得而密之。若小抄则川省之文武大小各衙门皆有，一赍俱到，一看皆知。是通知程如丝之斩决，不在部文到之后，而在小报甫到之际，已五六日矣。"①清朝对此重新作出规定，"各省提塘钞发本章，必须谨慎，有应密之事，必俟科钞到部十日之后，方许钞发。如有邸报先于部文者，该督抚将提塘参处。"②

乾隆四十九年（1783），再次专门就死刑公文的发递作出规定，刑部不再把处决死刑犯的公文交给提塘递送，而是通过兵部交由驿站驰递，以防止泄密。"除常行公文仍照旧制送交兵部转发提塘递送外，其一应立决人犯咨文，俱钉封严固，封面注明件数，并由马上飞递字样，派笔帖式送交兵部加封发驿。计一年立决重案，不过在三百件以外，驿站尚不致过于劳疲，而要件可免稽迟洩漏之患。"③

以上这种事情的发生一方面固然由于制度的缺陷引起，另一方面，驻京提塘如何行事，既要服从兵部即中央的不得泄密的有关规定，又要为本省督抚的信息需求服务，相对而言，他们受督抚影响更大。为此，驻京提塘经常逶迤其中。

康熙十八年，在平定三藩之乱的战争即将进入尾声时，朝廷颁布了一向很严的法令：严禁地方官员在进京陛见时交接朝中大臣，也严禁地方官员的子弟、提塘、家人与京城官员的家人来往，"至督抚司道家人子弟提塘，往大臣各官家人处行走，其主知情者，革职，家人免坐。其主不知情

① 《四川巡抚宪德奏奉朱批训诫据实陈情并请革提塘以杜京抄泄露之弊》，雍正六年正月二十二日。

② 光绪《大清会典事例》卷703，《兵部·邮政·塘务》。

③ 光绪《大清会典事例》卷778，《刑部》。

者，降二级，将两家之家人俱正法。提塘有职者，革职。无职者，照家人例正法”。[①]可见在朝廷眼中，提塘是各省督抚的亲信，不但负责传递公文、邸报，甚至还在京城之中为地方大员到处打探消息，因此不惜以严刑峻法进行遏制。

很多时候，提塘在邸报制作时也不是仅仅抄录、印刷，也常常要贯彻本省长官的意志。如，地方督抚也经常派家人亲信赴京从提塘那里打听消息，如遇到皇帝赏赐某一督抚，该督抚家人会告知提塘将赏赐事宜写入邸报，以示恩荣，[②]以提高该督抚在官场上的声誉甚至有人专门编造这种所谓“恩荣”。雍正元年，左都御史尹泰就专门奏报过此类事件：“或有不肖之徒，恣意自编皇恩赏赐问答之事，向提塘、京报人暗递银钱，以使转发各省督抚，炫耀皇上褒奖之誉，于此以图央涣之利。”[③]乾隆五年六月，这种情况再次被禁止。“各省督抚走差家人，与该省提塘俱相熟识，是以遇有进献方物，该提塘打听得知，并通知各提塘，遂致妄行开入邸报，各报本省。至于赏赐之物，则督抚家人往往告知提塘，属其开载邸报，以示恩荣。不知此皆不应开入邸报之事。应交兵部传齐各省提塘，面行严饬。嗣后督抚、盐政、关差所有进献方物，或奉有赏赐，俱不许于邸报内开写。并令奏事官员晓谕各督抚等赍奏家人知之。”[④]这个规定成为一种制度，被写入会典事例中。[⑤]

然而，即使有这些严厉的规定，是否就能束缚住驻京提塘？这些驻京提塘由本省督抚推荐，三年期满后还要回到本省任职，他们的命运终究是掌握在督抚手中。每个督抚都希望他们的驻京提塘尽可能多、可能快地把京城的各种信息告知他们，是他们在京城的触角。为取悦本省督抚，提塘并不满足于只是到六科抄录上谕、题本，他们还非常积极主动地为本省长

---

① 光绪《大清会典事例》卷749，《刑部》。

② 光绪《大清会典事例》卷703，《兵部·邮政·塘务》。

③《都察院左都御史尹泰奏禁私发科抄批本以固国法折》，《雍正朝满文朱批奏折全译》，第494页，黄山书社1998年。

④《清高宗实录》卷119，乾隆五年六月庚寅。

⑤《清会典事例》卷703，《兵部·邮政·塘务》。

官打探各种消息，其耳目甚至伸到了军机处。军机处自雍正创设开始，便是一个极其机密的机构，但在乾隆初期，直隶、江南、浙江驻京提塘竟然串通军机处写字之人，打听事件，秘密抄出，然后寄给督抚，保证这些督抚可以及时掌握京师的信息。乾隆十一年四月十二日，皇帝专门发布上谕，对这种提塘取悦于督抚的行为做出明确斥责，尤其批评了当时的直隶总督那苏图、两江总督尹继善、江苏巡抚陈大受、安徽巡抚魏定国、浙江巡抚常安，乾隆称“似此私行密报等事，甚不光明”，令军机处密行传谕申饬。[①]

影响驻京提塘行为的主要因素不仅是政治的，还有对经济利益的追求。18、19 世纪的中国，是一个十足的商业社会，人们在利用各种资源获得商业利益，而提塘以其得天独厚的优势掌握着大量的政治信息，这些政治信息有着巨大的社会和商业需求，他们很难无动于衷。有史料表明，提塘的公报房之外还存在着大量的小报房，它们能否设立需要获得六科批准。小报房可以通过商业化操作把这些政治信息贩卖到社会中，获取利益，而这种权力成为使六科书吏获得额外收入的一个重要方式。此项内容将在论文的第四部分展开。

2. 驻省提塘和省内提塘

邸报到达各省后，需要经过驻省提塘的加工，连同本省发布的信息，发送各府州县。一种主要的形式叫做“辕门抄”。

史媛媛在这一方面有一定的研究，她认为辕门抄是“以抄录各省巡抚衙门公报信息而得名。最初是地方提塘所办，后来逐渐由当地熟悉官场情况的抄报人来编印发行”。她还用学界常用的一些研究成果来描述广东辕门抄的印刷，“蜡板，单面印刷，字迹模糊，每日出版一张。刊载内容无须政府检查。每日黄昏时节，报房派员至督府衙门，向值班的执事人员取得辕门抄，内中列述当日总督大人接见宾客及拜会活动。翌日清晨，辕门抄便行出版。”[②] 她也用了伪稿案中几处提到辕门抄的资料，主要是松江小提塘陈公绶，他负责为浙江提督探听苏松一带的消息，然后“报封辕门”。这里

---

① 梁章钜:《枢垣记略》卷 1。

② 史媛媛:《清代前中期新闻传播史》，第 124~125 页，福建人民出版社 2008 年。

所说的辕门应该是浙江提督吴进义那里。而陈公绶向吴进义报告的事务来自“苏府辕门事宜”，当时江苏巡抚驻苏州，这个辕门应该是江苏巡抚的辕门了。

“辕门”之义，既指地方高级官衙的外门，也指领兵将领的营门。对各省而言，督抚、提督是一个省的最高文武官员，又节制、统领全省绿营兵，再结合伪稿案中辕门一词出现的文境，可知督抚、提督署衙可谓“辕门”。所谓辕门抄，则应该就是为一省军政长官服务的提塘所发行的省内邸报了。在一些县级的档案中，他们也把道员的衙门称为辕门。

乾隆二十五年，江西巡抚阿思哈因贪贿被查处，奏报弹劾他的人是当时的江西学政谢溶生。《清实录》载：“据谢溶生奏巡抚阿思哈巧于纳贿，勒派属员馈送各款，并辕门小钞二十四张，实为骇然。”[①]

这里所说的“辕门小抄”，应该就是辕门抄了。这个案件现在没有别的资料可以考证，所谓辕门小抄到底与这个案件有什么关系，也模糊不清。但后来这些小抄由谢溶生奏报了皇帝，皇帝又将其寄给负责查办案件的刑部尚书刘统勋。谢溶生的身份是内阁中书、兵部侍郎，兼江西学政，而且是在乾隆二十五年九月才由山东学政调任江西学政的，十月便遇到这种事情。显然，阿思哈贪贿情状被发布在这种辕门小抄上，而且大量印刷，仅谢溶生查得的就有 24 张。这些辕门小抄成为谢溶生根弹劾巡抚阿思哈的根据，也成为后来刘统勋办案和皇帝惩处阿思哈的根据。最终，此案查出得实，阿思哈处以绞监候。

驻省提塘主要负责省内督抚向全省官员的公文、邸报等的信息发送；而在很多省份，提督的驻扎地往往远离省会，因此也常专设提塘，负责提督与督抚，及省内各总兵、副将、参将驻扎地的公文、邸报信息联络。因为这些军事驻扎地常常是根据地形险要和人口多少设置的，常规的驿传、铺递系统难以到达，所以，这种军内提塘还会在沿途设置专门的塘拨，以资递送。

这种为提督服务的提塘，在乾隆时期伪孙嘉淦奏稿案中曾一再出现。

---

① 《清高宗实录》卷 623，乾隆二十五年十月乙未。

当时伪稿案就发自于驻贵州安顺府的提塘吴士周，正是他将所得到的伪稿禀报贵州古州镇总兵宋爱，宋爱禀报云贵总督硕色，硕色奏报乾隆帝，才引发的这场大案。案发后，云贵方面的督抚奏折中交叉提到吴士周的身份，贵州巡抚开泰说："吴士周系承办古州等镇公务之提塘，住居安顺府普定县，与提臣同城"，后派普定县知县抓捕了吴士周。吴士周申明：自己是从当地的几个守备手中得到伪稿的，以为是启奏过的本章，所以抄禀总兵，并不知道是讹传的。[①]吴士周驻扎安顺府，与贵州提督同城，他把伪稿作为邸报送给古州镇总兵宋爱，及其他总兵，主要职责就是为提督与上级督抚、下级总兵，及其他军营将领的信息联络工作，甚至是与中央的联系。按清朝的规定，各省绿营的提督、总兵，其任命、解职等都由皇帝直接管理，他们具有折奏权，可以与皇帝进行直接联络。

按照清代各省的行政设置，总督、巡抚、布政使、按察使均为省级封疆大吏，之下有分守道和分巡道驻扎各地，然后有各府、县。在军队方面，一省之内，有八旗驻防的军事系统和绿营兵提督、总兵系统。

	总督	巡抚	布政使	按察使	八旗将军	提督[②]	总兵70人	道员92人，75地
直隶	保定		保定	保定	12处驻防	古北口	天津正定宣化马兰泰宁大名通永	保定天津宣化昌平通州大名热河
山东	济宁	济南	济南	济南	济南德州青州	济南	兖州登州曹州	济南兖州登州
山西		太原	太原	太原	太原绥远归化	太原	太原大同	代州太原运城绥远

① 《贵州巡抚开泰为审讯提塘吴士周等人事妥折》，乾隆十六年七月二十二日，见《乾隆年间伪孙嘉淦奏稿案史料选一》，载《历史档案》1998年第1期。

② 山东、山西、河南、安徽、江西五省巡抚，皆兼提督衔。贵州巡抚兼节制兵马衔。其余15省提督驻地与督抚均不同城。

续表

	总督	巡抚	布政使	按察使	八旗将军	提督	总兵70人	道员92人，75地
河南		开封	开封	开封	开封	开封	河北 南阳归德	开封陕州武陟 信阳
安徽		安庆	安庆	安庆		安庆	寿春皖南	安庆芜州凤阳
江西		南昌	南昌	南昌		南昌①	九江南赣	萍乡九江赣州
江苏	江宁② 淮安	苏州	苏州 江宁	苏州	江宁 镇江	江宁 松江	狼山松江 徐州淮阳 福山	苏州淮安宿迁 上海镇江
福建	福州	福州	福州	福州	福州	泉州 厦门	福宁汀州 漳州建宁	厦门延平漳州 台南
浙江		杭州	杭州	杭州	杭州 乍浦	宁波	定海海门 温州滁州 衢州	衢州嘉兴宁波 温州
湖北	武昌	武昌	武昌	武昌	荆州	襄阳	郧阳宜昌	武昌襄阳汉口 沙市施南
湖南		长沙	长沙	长沙		辰州 嘉庆 时改 常德	永州绥靖	衡阳澧州凤凰 营
陕西		西安	西安	西安	西安	固原	延绥陕安 河州汉中	西安汉中榆林
甘肃	兰州		兰州	兰州	宁夏 凉州 庄浪	张掖	西宁宁夏 凉州肃州	兰州凉州宁夏 秦州西宁肃州
四川	成都	成都	成都	成都	成都	成都	建昌川北 重庆松藩	成都泸州雅州 重庆保宁巴安

① 康熙时先后驻赣州、九江，乾隆时改由巡抚兼任。

② 两江总督驻江宁，漕运总督驻淮安。

续表

	总督	巡抚	布政使	按察使	八旗将军	提督	总兵 70 人	道员 92 人，75 地
广东	广州	广州	广东	广东	广州	惠州顺德	潮州琼州高州南澳碣石南韶北海	肇庆韶州惠州钦州高州
广西		桂林	桂林	桂林		柳州	左江右江柳州	桂林南宁柳州龙州
云南	昆明	昆明	昆明	昆明		大理	临元开化腾越鹤丽昭通普洱	蒙自曲靖大理普洱
贵州		贵阳	贵阳	贵阳		安顺	安义古州镇远威宁	古州安顺

以上为清代各省督、抚、藩、臬、提、镇，以及道员的设置情况，其驻地大多距离很远。首先，督抚多不同城；其次，八旗驻防的将军、藩司、臬司也有与督抚不在同城者；第三，提督基本上与督抚不同城；第四、分守道、分巡道、总兵则散布省内各战略要地。除此之外，各府县，以及军队系统在总兵之下还有副将统辖的协，散布在很多地方，其数量更多。

各省之中这些行政、军事机构之间的联系非常复杂，既有纵向的上下级关系，如督抚与道员，提督与总兵之间，同时也有交叉联系，如督抚与总兵、副将之间等，都有着密切的往来。由此，如何构建这些行政、军事机构之间的日常联系，如命令下达、公文传送，则是一个非常重要而且及其繁重和复杂的问题。这种沟通是由省内诸多提塘来完成的。

我们仍以伪孙嘉淦奏稿案为例，提塘吴士周之所以驻扎在安顺，是因为贵州提督驻扎在这里，他是专门负责提督的文报递送事务的提塘。提督与省城的联系，以及与贵州各地总兵的联系，都是由这个提塘来完成，所以，他将伪稿当作邸报送给古州镇总兵也是职责所在。

在浙江伪稿案中出现的松江小提塘陈公绶，原来是松江提督吴进义的提塘，后来吴进义调任浙江提督，驻扎宁波，与松江、南京一带距离较远，所以吴进义就让陈公绶继续留在松江，发给他报银，让他向自己及时报告江南的情况。提督作为一省之中的最高武官，职任封疆，具有向皇帝密折奏事的权利，而根据清朝自雍正时期的规定，地方大员不但要报告本省重要情况，而且有责任报告邻省的事务，以保证皇帝能够得到准确的信息。吴进义将陈公绶留在松江也是情理之中的事情。

这两个实例说明，在各省内部，有众多提塘存在，这些提塘构建起省内各个军政长官的联系网络。由于提塘在邸报发送的过程中，还可以复制、编辑、转发，他们就成为信息的“制造者”，一旦有人借助邸报发布某些假信息，便很容易引起政治动荡。乾隆时期的伪孙嘉淦奏稿案就是一个极其典型的案例。

我们也可以由此想象，清朝在全国各地曾设置了一个由诸多提塘组成的规模庞大的信息收集、加工和传递网络，犹如肌体中的血液，使清王朝的政令得以畅通。

3. 邸报的传递

驻京提塘如何把在京城得到的邸报等文报信息送回本省的提塘呢，是通过驿站、铺递还是另有专线？有人提出邸报等都可以被纳入驿站传递，这种观点值得商榷。①

首先，动用驿站并非易事，提塘尚无资格把邸报交给驿站传递。

根据清代的规定，京师动用驿站必须经过兵部捷报处，只有在文报信封上贴上兵部火票才能够交给驿站驰递。各地督抚等封疆大吏，也都由兵部每年发给一定数量的火票，必要时填写火票，动用驿站。否则不可能。即使封疆大吏，也常常因为把不必要的事务交由驿站驰递而受到皇帝的批评。以提塘的品级没有资格填写火票。

提塘在递送题本时，有时可以动用驿站，但须有题报的衙门发给火牌才行。“康熙二十四年覆准，一应本章均令原题衙门计算道里远近，豫定程限。……其提塘承差赍送本章，原题衙门给发火牌，向来沿途驿递，止填注

---

① 孔正毅：《清代邸报研究》，第138页，中国人民大学博士论文2011年。

并无需索等弊字样，钤盖印信。”[1]

其次，提塘给本省传递的都是邸报和相关部院的日常公文，一般没有紧急事务，毋须动用驿站。邸报不同于本章、奏折，提塘递送邸报，与上谕、本章、奏折的递送完全两码事，这几种文报的递送也完全不同。

如前所述，提塘从六科抄录本章后，再付梓印刷，由提塘发回本省，是为邸报。各省本章由皇帝批示后，以红本形式下发，内阁存档后，六科抄出，发给相关部院，相关部院以此为基础形成公文，是为部文，部文亦由提塘发递。皇帝的上谕分为明发、廷寄，明发者有内阁、相关部院处理；廷寄则由军机处直接填写火牌，交东华门外的兵部捷报处，快马驰递。

对塘递专线的探讨

提塘的邸报、公文等，可以交铺递送。然而铺递由人走递，速度较慢，所以各省往往在京城与本省之间专设塘递专线，沿途设塘拨，或派兵，或雇民，骑马驰递来自京师的公文和物品。

塘拨之设，各省不一，也并非朝廷统一安排，没有形成全国性的制度，因此会典中没有明确记载。然而，从很多奏折档案中可以看到这种设置的普遍性。一般每个塘拨设置二、三人至五人不等，由驻京提塘统一管辖。由此而形成由京师通往各省的塘报专线。

对于塘拨之设可以从康熙时期的一次争论中得到明确证实。当时，川陕总督齐世武曾奏请裁撤塘兵，将川陕一带的文报递送事务并入驿站。但兵部对此表示反对，认为将塘务并入驿递，势必增加驿站负担，使驿站苦累，因此主张保留塘递设施。最终，齐世武的建议没有被采纳。这次争论表明塘拨与驿站完全不同，同时存在，各负其责。

年羹尧自康熙末年也曾任川陕总督，他于康熙六十年奏请设立铺司，以传递文报，兵部此次同意了年的建议，并报皇帝批准，拨款设立。然而，至雍正三年十二月十一日，年羹尧被宣布“反逆不道、欺罔贪残”诸多罪状，赐令自尽。两天后，雍正皇帝在一份上谕中又公布了年羹尧的另外一条罪状，皇帝指出，当初年羹尧在拿到在四川全省设立铺司的经费后，实

[1] 光绪《大清会典事例》卷1042，《通政使司》。

际上并没有付诸实施，而是仍让原来的塘兵递送文报，设立铺司的经费则被年羹尧“俱乾没入己”。驿站铺司之事在当时由各省按察使统辖，因此雍正帝令当时的四川按察使高其佩查核回奏此事。①

雍正五年，山东巡抚塞楞额也曾提到，山东省自省城至京城设立塘拨三十二处，在雍正以前一直用从抚标两营绿营兵抽调步兵八十名，交相递送公文、邸报，由来已久。

雍正六年，闽浙总督李卫曾在奏折中提到清代闽浙二省塘递专线的设置历史。闽浙二省与京师之间塘递专线的设置始自顺治时期，由当时的总督张存仁题请设立。“浙省自杭州起至京师，沿途设立塘拨，兵丁二百四十名。凡闽浙二省一应京报、部文及咨行外省，俱各兵昼夜飞递。”

清代两江总督驻扎江宁，分别在江宁与京师设驻省提塘与驻京提塘，即京省之间设置提塘69处，传递京报、部文。②

充任塘拨之人，各省根据具体情况分为两大类，一类是由各省绿营士兵充任，称为“塘兵”，另一类由雇募的民人充任，称为“塘丁”。

山东与京城之间的塘拨由抚标绿营兵担当，自雍正时改为雇募民人充当。雍正五年，山东巡抚塞楞额认为承充塘递士兵均来自抚标，影响抚标兵力，影响军队训练，而且不便提塘管理。同时，山东每年有用以支撑塘拨的专门经费。“况东省各州县原有阅报银三千两，尽可召募夫役，以供递送。且以山东兵丁，派令远赴直隶传递公文，既不能携眷而行，又不能舍家而去，多系私行雇募之人。因而奸良莫辨，抽换遗失，百弊丛生。是以营兵而充塘拨，殊非妥协之举也。”因此奏请将济南与北京之间充任塘拨的绿营兵撤回，改为雇民承充。雍正帝对此表示非常支持，认为塞楞额的建议非常好，让他赶快具题，以便其他省份效仿。“你具题行，则他省不得不效尤矣，具题来。”③

塞楞额的建议虽然得到雍正帝的批准和实施，而且雍正帝也希望其他

① 《清世宗实录》卷39，雍正三年十二月丙子。
② 《明清档案》A 82~11，乾隆三年五月四日。
③ 《山东巡抚塞楞额奏请将原拨塘兵进行裁撤归营伍折》，《宫中档雍正朝奏折》第11辑，第109页。

各省能够效仿，但各省情况不同，经费来源不一，难以划一。塞楞额上奏之后不久，闽浙总督李卫即上奏表示不同意见。

当时，浙江杭州到京师的塘拨兵丁共 241 名，都由浙江各标、镇、协营按照所在位置的冲僻，拨派不同数量的兵丁担任，其待遇均按照兵丁原有粮饷给予，而非雇募民人。而闽浙总督节制两省，所以福建的文报也由这条塘线传递。对于山东巡抚奏请雇募塘丁取代塘兵的做法，李卫对此表示不同意。他认为闽浙两省距离京师遥远，而且没有专门的经费，“山东去京尚近，浙闽遥隔数省，一切兵机军务，全藉塘拨飞驰，呼应极灵，若将兵丁尽撤，俱责之驿递，则各站不胜劳苦。倘仍复设工食俱令公捐，徒托空言，有名无实，雇丁安能枵腹？势必久而星散，贻误匪细。在东省原有贴塘银数千两，可以凑给，浙省并无此费，岂能以此雇募如许塘兵？”[①]在李卫的坚持下，雍正帝放弃了将塘兵改为塘丁在全国推行的初衷，还是由各省自行解决，直到清末。

从以上提塘的设置与职责可以看出，清代很大一部分朝廷政令和政治信息的发布依靠提塘完成，通过京师与各省之间的塘拨，提塘把在京师得到的各种信息发送回本省。直到清末，文报局开始在京城及各省设立，新的政治信息传递系统开始形成。光绪三十二年（1907），直隶总督袁世凯奏称，直隶提塘传递公文，多有耽搁积压，塘务人员也多缺额，“至直隶提塘积弊已深，若再募人接充，难保不复蹈覆辙。惩前毖后，宜筹穷变通久之方。”[②]因此奏请裁撤直隶提塘，设立在京文报局。后随着邮传部成立，提塘事务划归邮传部管理。

省内不但有提塘之设，而且在军营之间多有塘兵设置，负责传递提塘发往各军营的公文、邸报。乾隆时期湖广总督那苏图的一个奏疏能够证明军内提塘设置的普遍性，甚至多到泛滥地步。

查镇、标、协、营额设经制官兵，俱按地方之险易，酌量设立……乃

① 仇润喜、刘广生主编：《中国邮驿史料》，第 254 页北京航空航天大学出版社 1999 年。

② 《提塘玩误塘务据实严参另筹办法折》，光绪三十二年七月二十一日，见仇润喜、刘广生主编《中国邮驿史料》，第 255 页，北京航空航天大学出版社 1999 年。

查湖广北南二省，各标镇协营俱于省会地方，并提镇驻扎处所，各设提塘一名，为请领钱粮及汇造奏销季报名册，而其实藉以揣探上司所行事务。凡关营伍者，提塘即雇请脚夫先期通行，以为整备弥缝之计，开营探之门，启指撞之弊，皆提塘从中为之线索，弊窦难以枚举。是提塘名色已宜急为革除。况每营设一提塘，必各给以名粮，以资工食，其中善于钻探者，又必多给名粮，以示奖励。故一营之中给粮一二三分不等，今北南两省提镇协营共十余处，所设提塘事不下百余人，占食名粮不下二三百份，殊属冒滥。[①]

中央接纳了那苏图的这个建议，对提塘滥设的情况进行了规范和调整，这一点可以从《清会典事例》中得到印证。

乾隆六年议准，经制营兵原为分防巡守，岂可藉端冒占？今各标协营于省会及提镇驻扎地方，各设提塘，每名给粮一二三分不等。又各营设有书识，每名给银一二三分不等，均属冒滥。嗣后提塘不许私设，若有应需办理之事，该标协营自给工食雇募，不许滥给名粮。至各营书识，除本身食粮一分外，不许多给，准于公费内量给工食，照例年终造册报销。[②]

经过议准并列入会典事例的，应该就是那苏图的奏疏。所以，这两段文字阐述了乾隆初年提塘私设的状况，但也证明了军内提塘和塘兵的存在，甚至到了“每营设一提塘”的地步，加上塘兵，湖北湖南两省提塘、塘兵数量不下一百人。

乾隆二十一年，正值清朝用兵准部之时，陕甘总督黄廷桂坐镇肃州，负责粮饷转运等后勤事务，以及军报转递。他的一个奏折证明一个省内提督、总兵之间军事塘递线路的存在，并且完全不同于驿站、铺递。

黄廷桂奏称：“自国家建立提镇，即已设立马塘，其来最久，不独陕甘

① 那苏图《敬筹楚省营制疏》，乾隆六年，《皇清奏议》卷37，《续修四库全书》第473册，第312页。

② 光绪《清会典事例》卷715，《兵部·兵籍》。

二处为然。然各直省亦俱设有马塘。盖缘提镇衙门非驻扎省会，即镇守严疆。虽所属营镇星罗棋布，形势联络，究竟相隔窎远，而声息亦必使呼吸可通。是以酌量近远，或相去四五十里，或六七十里安设一塘……"

这段话非常明确阐明：在各省之中，由于提督、总兵等大多不驻扎省会，散布于各地，距离遥远，所以必须设置马塘，以联络声息。

黄廷桂还奏报了陕甘两省马塘的设置情况。"每塘设兵不过二三名，马不过二三匹，都是从额兵额马内划拨。这些塘兵平时递送紧要文报，一旦遇到地方有紧急事务，这些塘兵能够迅速驰达，使得提督、总兵能够尽快得到消息，可以从容筹措应对。其巡防差操，轮替弗误。至于军营需马檄调，原按各营额马之数派拨，塘马亦在其内。初不因其安塘而遂免于拨解也。今若裁撤马塘，而以武职文移悉归驿递，州县骤添此一差，即在寻常之年已难兼应。"

《清会典事例》中还明确记载了各省提塘、塘兵传递邸报、文移的经费数量：

奉天提塘公费银二百两。

江苏总督塘兵工食银二千一百二十一两七钱一分，督标京省提塘银九百两，驻京提塘塘拨兵工食银一百二十两九钱八分……江宁塘站书识工食银二十四两。

安徽督抚坐京南北提塘纸张银一千五百六两。

江西塘兵饷银一百八十七两一钱，提塘廪给塘饷银二千二百五十六两。

浙江省额定耗羡章程等银共十六万二千三百六十二两有奇，有定款有定数者共十七款，除裁汰吏部户部兵部刑部户科饭食、提塘报资等六款，共银七千六十九两六钱。

福建提塘报资银一千二百两。

湖北协贴豫省塘站马夫工料银一千一百十四两八厘。原额银一千一百五十七两八厘。

湖南协贴豫省塘站银八百九十两。

河南驻京提塘纸张银三千两。……北路塘拨工料银二千七百三十六两。

磁州塘拨工料银二百五十二两。

山东提塘报资银六千八百六十一两。……提塘赍送兵马奏销册籍骡价银八十八两。……提塘赍送地丁投文掣批往返盘费银二百四十两。

山西提塘京报银二千五百六十两。原额银三千二百两。各铺司不敷工食银五百九十两九钱二厘。

陕西塘丁月饷银九百四十八两。

甘肃西安塘饷银七百两……

四川西安塘饷并脚价银八百四十两。

广东京、省两提塘工食银六千两。

广西临桂县分水塘艏夫工食银二十四两。千里马工食、并修船银一千五十两九钱七分零。

云南津贴楚豫塘饷银一千六百九十三两六钱。……塘报资银二千二百四十两。

贵州提塘办理通省公务盘费银五百六十两，巡抚衙门犒赏三营兵丁银一千五百两，楚豫马塘银七百九两一钱七分。①

从以上经费数额来看，除了直隶，每个省都有专门的经费供应提塘和沿途递送文报的塘兵或塘丁。而且这种经费设置中，也充分考虑了路线重叠的情况。湖北、湖南由两江总督统辖，其塘递文报必经河南，所以须向河南支付一定的经费；云南、贵州的文报经过河南、湖北、湖南，需要三个省的塘兵递送，所以分别向三省支付相应经费。

经费开支也让我们从另外一个角度看到塘递完全不同于驿传，驿站经费全部列于兵部经费项下，也就是说是由中央财政划拨；而提塘、塘递经费被户部列于各省耗羡项下动支，实际是由各省督抚自己来筹集的。前面提到的湖广总督那苏图关于塘兵经费的奏报中，专门提出塘兵的经费不得列支于军费之中，各协营将领所需要的塘兵费用，均需要自筹。即使乾隆时期的陕甘总督黄廷桂也曾坚持塘兵不同于驿铺，但会典事例也让我们看

① 光绪《大清会典事例》卷170，《户部·耗羡动支》。

到，西安每年需要从耗羡中动支塘丁银948两，甘肃则每年须向西安支付塘丁银700两。由此，可以判断，原来黄廷桂坚持让塘兵递送文报的做法，后来已经被“塘丁”取代，经费来源也由军费支出改为动支耗羡。

以上的事例证明，至少在清代前期，邸报传递到地方，大多通过官方的塘递专线，而非驿站，其传递方式、经费来源与驿站完全不同，同时它也是一种只有大规模政府投入、没有盈利的行政行为，其管理主要依靠官方的行政命令。然而，随着时间的迁移和行政机制的腐化，塘递专线的运转也日益迟滞，高成本愈来愈难以维系。然而，社会各阶层对政治信息的巨大需求，使市场的力量逐渐越来越多地介入到邸报信息的传递中，政治信息的发布呈现出越来越市场化的倾向。再加上清初政治斗争的复杂性，往往使政治信息真假莫辨。

三、邸报谣言与清初政治

1. 康熙五十三年的邸报谣言

顺治二年（1645）八月，皇帝在上谕中专门强调，所有的题奏本章，在没有奉旨下部前，严禁以揭帖的形式先行发抄，付诸邮递传播。“甚有原无本章，径以私揭妄付邮递钞传者，尤宜严禁”。这份上谕还提到，以前类似的事情可以既往不咎、姑不追论，以后则由通政使司、六科衙门参劾察究。[①] 从这份上谕可知，清朝对邸报的管理还没有建立起整齐划一的制度，很多奏章未奉旨下部即已发抄，甚至无中生有地制造虚假信息，明末以来邸报乱象仍然存在，亟待整顿。

然而，顺治初的那份上谕效果并不明显。三十多年后，散布揭帖、制造谣言的情况似乎更为严重。康熙二十一年八月，工科给事中姚缔虞针对当时有人散布揭帖的情况，主张严加管理、缉查。所谓匿名揭帖，犹如现在的匿名信。他认为有关部门督察不力，导致揭帖盛行、谣言流播。因此提出，应该交由五城三营、八旗步军，不时严查。“凡不系两造对理，布散

① 《清世祖实录》卷20，顺治二年八月己巳。

匿名揭帖，首告部院衙门投送者，将出首送揭之人，缉拏移送刑部，照律治罪。”若步军统领衙门等不能够及时拿送，则降四级调用。对于那些唆使劣棍粘贴布散首告的不肖官员，亦照此例治罪。如果对于那些粘贴布散揭帖之人，一个地方的主管官员，如果不能够及时查拏，而被其他地方的官员查办，从旁发觉，则分别罚俸。步军营兵、司坊衙役则处以枷责。此奏经过吏部研讨，并报康熙帝审阅批准，发给各部院衙门、直隶各省、八旗及包衣佐领遵行。①

姚缔虞的这个建议不仅受到重视，而且得以制度化，并写入会典事例。

一般来说，会典中每个事例、规定的形成，大都因为在当时遇到了那样的事情。我们现在无法考证姚缔虞为什么会在康熙二十一年八月提出这样的建议，在当时发生了什么事，背后有什么背景。清实录的记载虽简单，但还是让我们感受到邸报、揭帖、谣言之间错综复杂的关系。

如前所述，顺康时期对邸报制度的规范经历一个渐进的过程，提塘的人选，科抄、邸报的关系等，都日益明确，但是，最难处理的还是如何防止邸报中的谣言，这个问题在康熙五十三年时表现得尤为突出。从现在的一些资料来看，康熙五十三年，朝廷似乎饱受因邸报而引发的政治谣言之苦，不得不诉诸于严刑峻法来禁止。

一个非常明显的表现是，在会典事例中，在吏部的条目中，“捏造抄报”第一次成为一个“罪名”被列入会典事例之中，捏造抄报的第一个事例就是五十三年的相关规定。

捏造钞报。康熙五十三年议准：各省报房在京探听事件，任意捏造言语录报，系官，革职。该管官不行查出。一次罚俸六月，二次罚俸一年。三次降一级调用。（后改为任意捏造言语录报，系官，革职提问。该管地方官不行查拏，罚俸一年。）五城监察御史及五城司坊官、大宛二县不时稽察，傥有前项违禁之徒，从重治罪。该管官不行查出，后经发觉，照例议处。在京大臣贵近，亦须戒饬家人子弟，不得滥交匪类。傥有前项事发，

① 《清圣祖实录》卷104，康熙二十一年八月庚寅。

将滥交匪类之家人子弟，并不行约束之家主，一并照例议处治罪。[①]

从这个规定的出台可以判断，问题出在邸报和报房，可能有提塘或报房的人在京城到处打探消息，再写入邸报或者小报。而之所以让五城监察御史和五城司坊官，大兴、宛平二县查拿，查拿的不仅有造谣者，应该还包括在京城和京畿地区流播的那些小报。谣言制造者从那里探听消息，可能就是那些京城权贵的子弟们。

类似的内容也被列入会典事例兵部有关提塘的条目中。

康熙五十三年议准：各省提塘，除传递公文本章并奉旨科钞事件外，其余一应小钞，概行严禁。违者照刷造小说淫辞例，革职治罪。[②]

兵部的这项规定，还可以从《清实录》中得到印证：

康熙五十三年十一月，“兵部议覆：都察院左都御史揆叙疏言，近闻在京各省提塘及刷写报文者，除科抄外，将大小事件采听写录，名曰“小报”，送与各处。甚至任意捏造，骇人耳目。祈严加禁止，庶好事不端之人有所畏惧等语。应如所请，严行禁止，违者从重治罪。从之。”[③]

由此可以看出，提议强化对提塘报房和邸报加强管理、遏制邸报谣言的应该就是当时的左都御史揆叙，揆叙的传记中也记录了这一点。《清史稿》载：康熙五十三年，时任都察院左都御史的揆叙，上疏奏请查禁造谣小报。“近闻外省塘报，故摭拾大小事件，名曰‘小报’，骇人耳目，请饬严禁，庶好事不端之人，知所儆惧。”[④]

看来，揆叙的奏疏被交给兵部讨论，因为负责邸报事务的提塘属兵部管辖，如何治理整顿还需兵部落实。当然面对都察院最高官员的建议，兵部也只能“应如所请，严行禁止”，建议皇帝批准执行。

---

① 光绪《大清会典事例》卷112,《吏部》。

② 光绪《大清会典事例》卷632,《兵部》。

③ 《清圣祖实录》卷261，康熙五十三年十一月辛巳。

④ 《清史稿》卷287,《揆叙传》。

揆叙在这里提到的外省塘报，就是邸报，但应该是在各省加工后的邸报。

由此我们可以知道康熙五十三年这条规定出台的大致脉络。但是，揆叙为什么会有这样的主张？当时什么事情促使他提出这样的建议呢？又是什么事让皇帝也毫不犹豫地接受了揆叙的建议呢？

揆叙是明珠之子，在康熙晚年的储位斗争中，属皇八子允禩一党。他介入党争之深，从他死后雍正帝对他的墓碑的处理上可以看出。《清史稿·揆叙传》载：揆叙死于康熙五十六年，雍正二年，新皇帝下令对揆叙削官夺谥，碑文上注明“不忠不孝阴险柔佞揆叙之墓。”①

这里反复提到的小报，出自驻京提塘，是科抄之外的信息，被提塘加工，“将大小事件采听写录”，然后与邸报一起发行，外省很快得以流传。

然而，驻京提塘会把什么样的事情采听写录、制造成小报，发往外省呢？小报上的什么事情能够让一个掌握着全国检察大权的都察院左都御史感到“骇人耳目”、以至于力主严禁，甚至上干天听呢？结合当时的政治背景，以及揆叙本人的背景，我们的推论是：小报中肯定采写了很多储位斗争的信息，如此才能变得有吸引力，在当时还有什么能够比类似的信息出动政治最高层的敏感神经呢？

那一年，步步惊心的储位斗争已经暂告一段落，但政治斗争潜流急湍。皇太子胤礽虽在两年前被废，允禩虽然也早已被打入冷宫，但揆叙作为皇八子一党的中坚力量，在皇帝整治太子党过程中被任命并一直担任左都御史，在他任期内，噶礼案、托和齐会饮案接连发生，太子一党被严厉惩处。圣祖政治用心可谓深邃。在那之后几年中，康熙帝绝口不提立太子之事，但复立太子胤礽的活动一直没有中断。

揆叙所禁的小报中到底说了什么现在不得而知，是谣言还是真实的情况，更无从考证，但这种政治环境中，作为最高监察官员并卷入派系斗争的揆叙用严厉禁止的办法，抓一两个从事小报职业的人，可以以最快的速度压制、消除各种传言，对最高统治者来说，往往是一种最好的选择，康

① 《清史稿》卷287,《揆叙传》。

熙帝自然也会批准。但他们不会从制度根源上真正禁止小报，小报依然存在。

邸报传播谣言，往往是在一种复杂的政治环境中，特别是康熙晚年的诸子党争，为邸报谣言的产生提供了肥沃的土壤。大约也是在这个时候的另外一个案例，更能进一步证实谣言是如何写入邸报传播的，那就是高天戴捏造邸报事。

记载这个事件的是步军统领隆科多的一个奏折。当时，隆科多以满文奏报查处了一起编撰空言惑众案。原来，许久以来，京城内有传言“于陕西地方见无头鬼，不久即地震”一类的传说。后事情扩大，进入步军统领隆科多的视野。他对此事进行了追查，甚至咨转陕甘一带的官员追查谣言的来源。后经证实，该谣言是“本月初十日，自报房抄出之初九日小抄内载川陕总督鄂海折奏一事”，也就是说，这个谣言是借助川陕总督鄂海奏折的名义流传开的，而且写入小报之中，传播于社会之上。

隆科多立刻派人拿获报房人员等一系列嫌犯。首先是报房写小抄的绍兴府民金祥，金祥供他是胡梦昭报房内抄报之人，帮抄本报之苏州府民金丕成带来此稿给胡梦昭，然后由金祥抄入小报。金丕成是苏州人，也是该报房雇来的抄报之人，他被抓后，供称消息来自刑部抄本书办高戴天，由于高戴天为刑部专门抄本的书办，所以金丕成毫不怀疑的誊抄，载入小报。胡梦昭等也深信不疑。再审高戴天，他供称他的消息抄自他的同僚、刑部山西司协理书办绍兴府民赵世堂处；赵世堂则供称他的稿子来自同乡周志文，是他在周志文家居住时拿到的。周志文则称稿子来自工部书办秦伯如，秦伯如供出书办王仪征，王仪征供出书办童胜奇。据童胜奇供称，他抄自一个姓徐的人，他认识这个人，却不知其名字和住址。

案件追查到这里，隆科多通过满文奏折，向康熙帝报告了查案过程和进展状况，并奏请将这 11 人解送刑部治罪，特别是高天戴这种将谣言传给抄报人抄入小抄者，并将伪造底稿一起呈送康熙帝。

康熙帝的最后批示是“无影无稽，殊属可恶，理应严行查出头绪来”。[1]

---

① 《步军统领隆科多奏报拿获于小抄内擅录妖言之人员折》，《康熙朝满文朱批奏折全译》，第 1614 页，中国社会科学出版社 1996 年。

但这件事最终什么结果，没有档案能够证明后来是否继续追查、或查出了什么，似乎不了了之。显然，康熙帝本人虽也希望查出结果，但口气没有那么强硬，没有将其演化为一个大案。

隆科多是于康熙五十年开始出任步军统领的，直到康熙去世一直在这个职位上。他这个奏折没有上折的日期，奏折中提到的川陕总督鄂海也是在五十二年开始任职的，可以判断，这个事情可能最早发生着五十三年左右。在储位之争中，隆科多最初与揆叙等都是允禩一党。

再看邸报谣言与刘荫枢事件。

康熙五十四年，西北准部的策妄阿拉布坦派兵二千侵袭哈密地区，攻掠数寨，陈兵哈密城下。清军守城的游击潘至善驻防哈密，率所属兵二百名，一度击败准部之兵。清廷获悉后，立刻调兵遣将，强化防御。同时转运军饷，准备开战。但是由于粮饷运输困难，准部亦已退兵，形势暂时缓解。

可是到康熙五十五年正月，康熙帝突然收到贵州巡抚刘荫枢的上疏，原来，刘荫枢称从邸报上得知皇帝准备御驾亲征，因此疏谏皇帝不要因一己之怒而轻开战事，劳民伤财，生灵涂炭。因此劝皇帝息怒罢兵，与准部和谈划界，互不相扰。

本是抱着一片赤诚之心的刘荫枢，以为自己的这种劝谏可以向英明的康熙皇帝表明忠心，可谁知那他非但没有获得奖励，反而使以仁心怀柔天下的康熙皇帝颜面大失。康熙帝认为刘荫枢远在天边，对西北边界情形毫不知晓，自己也没有打算御驾亲征，相反为了百姓生计，一直在隐忍不发，没想到刘荫枢却有此奏疏。皇帝认为刘荫枢这样枉行具奏，是因为他听信讹传邸抄，因此，谕令将此事交九卿议处，最终将刘荫枢革职并发往傅尔丹等地方种地，军前效力，认真反思。[①] 虚假的邸报使君臣关系恶化，使一位巡抚丧失政治前途。

到这年七月，清、准在前线仍在对峙，清军常派小股兵力，前往袭击。康熙帝据此而言："朕经理军务已久，每事慎重，所以用袭击之兵。刘荫

① 《清圣祖实录》卷267，康熙五十五年正月戊午。

枢并不知此意，听传闻之言，即劝朕息怒休兵。用兵之事，如此妄奏，可乎？”[①]而且皇帝认为，刘荫枢的这种奏疏恰恰为很多无知之徒造谣生事提供了素材，而这些“空言文章”经常成为“与贼迎降”的原因。康熙帝指出，明末李自成之所以很轻易地进入京城，是因为当时的“空言文章”已经把李自成塑造成一个“迈汤武而无渐德、比尧舜而多武功”的伟岸形象。吴三桂叛乱时，贵州、四川一带的巡抚、提督、总兵等也都因为这种传言而投降吴三桂，到清军反击时，又因为类似的传言投降清军。康熙五十五年十月，在谕令大学士、学士、九卿等讨论海防问题时，康熙帝又以刘荫枢之事为例，指出："刘荫枢误听讹言，尚且恐惧，何况海外远方乎？”[②]至康熙五十六年正月，皇帝又旧事重提，他认为当时刘荫枢的奏章“徒饰虚语、摇惑人心”，一些将领听说后，厌战情绪严重，有的借口雪深路艰，米粮难运，不愿出兵。但后来军需转运非常顺利，保证了用兵的成功，证明刘荫枢妄奏的危害。[③]

可见，刘荫枢事件对康熙帝影响之大。

2. 雍乾时期的政治谣言

清代第二个邸报谣言比较集中的时段是雍正元年。相比而言，雍正帝在对待邸报谣言方面要比康熙帝严厉很多，或许这是由雍正时期尖锐的政治斗争造成，他不仅进一步发展了奏折制度，以获取尽可能多的和尽量准确的政治信息，而且在预防政治谣言、控制邸报信息发布方面也做很多制度上的改进。

雍正元年，有数项关于遏制邸报谣言的制度出台，并列入会典事例，再次重申对捏造抄报的严禁，“雍正元年议准：在京书吏提塘人等串通图利，讹造无影小钞，藉端吓诈。交与五城巡城给事中、御史、司坊官、顺天府大宛二县，不时严行访拏。若不行严拏，事发，该巡城给事中、御史各罚俸一年，司坊两县官员各降二级调用。”[④]

① 《清圣祖实录》卷273，康熙五十五年七月壬申。

② 《清通鉴》卷73，康熙五十五年十月二十五。

③ 《清圣祖实录》卷271，康熙五十六年正月辛亥。

④ 光绪《大清会典事例》卷112，《吏部》。

同时在会典事例的都察院则例中，也有类似的规定。

禁止谣言。雍正元年覆准：书吏提塘人等，除红本上谕外，如有讹造无影之辞者，该司坊官严行查拏。二年议准：吏兵部科衙役及各省报房，探听事件，捏造言语者，该司坊官严行查拏。[①]

非常巧合的是，像康熙五十三年的规定出自左都御史建议一样，雍正元年的新规也出自左都御史。当时，任左都御史的尹泰也曾疏请严查禁革小报，杜绝伪抄："六科书吏，贿通提塘，造为小钞、晚贴，内开口传论旨，或误翻清文，甚至伪造上有赐予及与诸臣问对，应请禁止。"[②]

可见，小报在当时作为邸报的一种衍生品，在引导舆论方面起着重要作用，其主要撰者为六科书吏，这种书吏曾多次出现在伪稿案中，每个驻省提塘都会有一批书吏为他抄录邸报、辕门抄等，或称为"字识"等。尹泰的这份奏疏表明，这些书吏还会利用邸报的内容，撰写小报，把朝廷的很多信息发送到社会更大范围内，以图谋利。这种行为甚至介入到高层的政治斗争中，影响着当时的政治斗争。

雍正帝继位后，曾有小报刊称，雍正帝嗜醉，日日饮酒，曾与隆科多饮至更深，隆科多沉醉不醒，令人抬出。雍正四年的端午节后，又有小报称，"初五日，王大臣等赴圆明园叩节毕，皇上出宫，登龙舟，命王大臣等登舟，共数十只。作乐，上赐蒲酒。由东海至西海，驾于申时回宫等语"，显然，雍正帝被塑造成为一个酒徒形象。

雍正帝嗜酒的流言似乎已经传播了一阵子，连遥远的四川也都获知此种消息。当时四川巡抚蔡珽进京数月后，经常觐见，却始终没有见皇帝饮过酒。故蔡珽奏称他自己非常惊骇于流言之毒。时任重庆总兵的路振扬也有同感，他在进京陛见皇帝时，也称在四川听到很多皇帝整日喝酒的传说，但觐见多日，"惟见皇上办事不辍，毫无酒气"。

---

① 光绪《大清会典事例》卷 1039,《都察院》。

② 《清史稿》卷 289,《尹泰传》。

雍正四年五月初九，雍正帝就这些谣言发布上谕，称自己天性素不能饮酒，是人所共知的事，尚且被如此造谣，可见谣言“何可限量也”？他在端午节也没有大宴群臣，乘龙舟饮酒作乐，只是与十多名大臣在圆明园简单吃了些东西，甚至根本就拒绝建造龙舟。他说自己完全可以大肆庆贺，不这样闹的原因，“非有意屏却谦游，盖厌其喧杂耳”！

雍正帝认为这些都是阿其那（允禩）、塞思黑（允禟）等党羽传播的流言，他们“每好造言生事，凡僧道喇嘛、医卜星相，甚至优人贱隶，以及西洋人，大臣官员之家奴，俱留心施恩，相与来往，以备其用。若欲排陷何人，即捏造无影响之言，使此等人传播，以簧惑无识见之辈”。因而下令兵、刑二部详悉审讯，报房如何捏造小抄，刊刻散播，以无为有？究其根源。至五月十九日，查出这种捏造谣言的人是报房的何愚恩、邵西山，二人被处斩监候，秋后处决。[①]

乾隆时期的伪稿案是借助邸报传播虚假谣言、对政治造成极大影响的一个典型案例。从上述的分析可以看出，在伪稿案之前，清朝实际已经发生过很多次借助邸报传播谣言的事件，伪稿案只不过是这种政治谣言传播的一个高潮。然而，伪稿案是邸报谣言影响政治最为严重的一起案件，它也促使朝廷更严格的整顿报房，特别是民间小报房。乾隆二十年（1755），御史杨开鼎奏称：各省提塘录传科抄，制作邸报，但一般又都与民间小报房关系密切，这些小报房往往通过六科即可获准开设报房，依赖提塘获得各种政治信息，经过加工改造后，在社会上售卖获利。小报房从业者都属于无职之人，及其容易私抄讹传，泄露机密。因此杨开鼎奏请严禁。[②]

此事经兵部讨论后，皇帝予以批准。次年，即乾隆二十一年，朝廷又下令成立提塘公设报房。提塘印发邸报都有自己的报房，原来都为私设，至此清朝批准各省提塘公设报房，“其应抄事件，亲赴六科抄录，刷印转发各省，所有在京各衙门抄报，总由公报房抄发，仍令六科五城御史严行访察。如有讹传私抄泄漏等弊，交部治罪。”乾隆三十八年又规定，提塘抄发

① 《清世宗实录》卷44，雍正四年五月庚子。

② 《清高宗实录》卷505，乾隆二十一年正月乙未。

的邸报内容，报兵部备案核查，以免私报信息。各部院衙门，如果有获准公布的信息，需要各衙门将原奏抄录，并加盖印信后，再转给提塘。而提塘刊刻颁发后，应将发抄底本以及原奏印文每十日一次报兵部备案。

制度越来越完善、严格，但借助邸报而产生的虚假信息能够禁止吗？在行政力量固然强大，但在商业社会中，在一切都可以成为商品的背景下，法规的力量显得非常有限。

四、邸报信息的商品化

如前所述，提塘掌握着以邸报为主的数量非常庞大的政治信息资源，这些信息不仅对政治和官场有影响，也对社会生活、经济生活产生直接或间接的影响，社会各阶层对邸报信息都有着不同的需求，这种需求很容易介入到市场经济的运作之中，使邸报信息转化为一种可兹售卖的商品。这种现象，宋明以来一直广泛存在。

对于明代邸报传播的特点，尹韵公是这样概括的：

1. 明代邸报的传递和发行既有中央部门通过官方驿站自上而下地传送到各级地方衙门的垂直方式，还有私人朋友之间的借阅传阅方式。2. 在这种层层下达的抄传过程中，邸报的内容因衙门或官吏的需要不同而被“贪污”和减少，即各取所需式的邸报，是明代邸报的各个重要特点。3. 明代邸报基本上是每天抄传，每期邸报刊登的消息在 1 条左右，每期字数至少在 5000 以上。4. 外地官吏阅读到最近一期邸报的时间，取决于官吏本身供职的衙门所在地跟京城之间的距离，距离越近，周期越短，距离愈远，周期愈长。5. 明代邸报主要是手抄，但也有雕版印刷，崇祯 11 年后开始出现活字版印刷邸报；但这里的活字版，指的是木活字，而不是、也不可能是泥活字或金属活字。

明清时期邸报的普及率有多大？市场规模有多大？尹韵公认为，明末时全国邸报的抄传量和发行量为大概在 13 万份左右。按当时全国人口 1 亿 3 千万计算，平均每 1000 人左右就有一份邸报。这个低限度的统计数字表明，按当时的标准衡量，明代社会的新闻传播事业已是相当地发达和繁盛。

台湾新闻史学者苏同炳则估计，每期邸报的发行字数“常在七、八千字以上”。每份印刷邸报的价格大概在300文，其产业价值应该至少在3万两白银以上。

新闻史学研究者认为，在明朝社会那样的印刷条件和技术背景之下，报纸的主流仍然是手抄，时而也有雕版印刷，木活字印刷只是在明末才渐渐起步，他们三者并存而行于明代的新闻传播事业之中，而泥活字、金属活字没有、也不可能闯入印刷报纸的殿堂。这样明末的邸报本身的成本可能还要高出二三倍。

实际上，一旦邸报送到地方州县，作为一种稀缺的信息资源，其价值往往不是靠这种成本计算能够估算出来的。对此，新闻史专家借助于明朝的一些文学作品，来捕捉邸报在人们日常生活中的作用。尹韵公曾对《金瓶梅》中的邸报信息做过专门梳理，如：

《金瓶梅》第十七回：西门庆的亲家因吃官司，女儿和女婿便回来躲避，西门庆一见，顿时慌了手脚，一面安顿女婿女儿，一面“叫了吴主管来，与了他五两银子，教他连夜往县中孔目房中，抄录一张东京行下来的文书邸报。上面端的是甚言语：‘兵科给事中宇文虚中等一本，恳乞宸断，及诛误国权奸，以振本兵，以消虏患事。（以下内容从略）西门庆不看万事皆休，看了耳边厢只听飕的一声，魂魄不知往哪里，正是惊损六叶连肝肺，吓坏三毛七孔心。”①

明清易代，社会对邸报的需求并没有改变，明末清初的王士禛曾在《池北偶谈》记载：

今（清初）之朝报，或曰邸报，亦有所本，见王明清《挥麈录》……其有所谓内探、省探、衙探之类，皆衷私小报，率有漏泄之禁，故隐而号之曰新闻。盖自宋时已然。又六科纶音册子，号晚帖，以当晚即知之，次日乃登邸报，故曰晚帖。亦有小报，谓之小抄。”②

---

① 尹韵公:《论明代邸报的传递、发行和印刷》,《新闻与传播研究》1989年第4期。

② 王士禛撰，靳斯仁校:《池北偶谈》卷4,《谈故四·朝报》，中华书局1982年。

至清代这种信息商业化的现象仍然非常普遍。乾隆时期的伪稿案证明各省的报房存在着很多以抄报、印报为生的报人，如在江西线索曾从施家延伸到江宁的报房，涉案的章锦、顾周章、凌耀祖都是在报房工作的人，然后又牵涉到安庆报房写字人周麻子，以及送京报的朱老三。他们以再加工邸报为谋生手段，而且有着比较严格的工作流程，规模应该很大。

对邸报的再加工和追逐利润、面向社会的大量刊印，其背后是社会各阶层对政治信息的需求。

最重要的一批阅读者就是参加科举考试的秀才、举人等，他们不是官员，不能完全保证能够阅读到邸报。但是不阅读邸报他们就无法了解时政，无法应付科举考试。仅此一点足以形成一个庞大的市场。书院在这邸报的传播过程中发挥过重要作用。

清代乾隆时期的名臣陈宏谋，广西临桂人。他在考中秀才后，即留心时事，“闻有邸报至，必借观之”。雍正元年，陈宏谋举乡试第一，成进士，改庶吉士，授检讨。[①] 罗威廉曾对陈宏谋年轻时的读书状况做过细致入微的考证，陈宏谋不但家境富裕，一直在广西最有名的书院宣成书院读书，而且广交师友，包括当时广西学政徐树敏都对陈宏谋极其青睐，这样陈有很多机会了解朝廷的各种政策。最大的优势在于宣成书院多年间一直坚持订阅邸报，鼓励学生们关注那些影响当时政府政策和来自京城及各省的信息。陈宏谋接受了这种熏陶，让他能够对世事了然于胸，并在平时的辩论中激情澎湃。[②]

所以，陈宏谋那时“借”阅的邸报，应该是书院订阅的，其实，也不是真正意义上的邸报，而是京报。

书院在清代的时候，已经从宋明时期的私学性质，被纳入到官学体系中。书院从建立到运行都得到官方的资助，也完全被官方制度化。同时也正因如此，它的经费充足，发展迅速。每个省会都有二至三所书院，甚至更多。如同陈宏谋在书院的经历，以科举考试为主要目的的书院，必须借

---

① 《清史稿》卷307，《陈宏谋传》。

② 罗威廉：《救世：陈宏谋与十八世纪中国的精英意识》，第38页，中国人民大学出版社2013年。

助于邸报才能及时了解国家政策与时事，才能形成对学生的有效指导。

齐如山在他的随笔《清末京报琐谈》称：每到乡、会试年头，报房的生意就会变得格外好。“各省应考的士子，进京之后，都要看《京报》，因为这于中进士后，殿试对策的时候，有相当的关系。……故报房在斯时，生意总是较兴旺。”①

可以看出，京报不同于邸报，它是邸报市场化的变形，是一种为获得利润的市场化运作方式。京报的产生被认为是中国新闻史上具有重要意义的事情。京城的邸报在发往全国供官员阅读时，也必须走向社会，满足各阶层的需要。京报的信息主要来源于邸报，京报的内容包括宫门抄和奏折两大类，宫门抄指朝廷的活动，包括上谕、大臣被召见、任职等；除了朝廷的这些活动，重要事情的奏折也被完整地印入京报。

雍正时期的一个案例能让我们看到，当时京报虽然还得不到朝廷承认，但已经在潜滋暗长。左都御史尹泰曾于雍正元年十一月十日奏报京报中的一些弊端。

尹泰想弹劾的事情是当时六科的一些书办，串通提塘，将朱批转卖给印制京报的人，使得各省督抚提镇以下的官员，甚至闲散官员都可买来阅览。同时他们还把皇帝的活动、口谕等抄在小抄、万贴一类书内，夹于报内发送。其中不乏满文有错译而发者，甚至还有伪造谕旨者。更有甚者，还故意编造皇恩赏赐、问答之事，然后通过贿买提塘、京报之人，让他们把这些事转发各省督抚，以炫耀皇帝对本省督抚的褒奖。②当然，皇帝也认可了这种说法，下令有关部门严查。

邸报与京报的不同是，邸报面对的是各级官员，它的发行完全是一种政府行为。而京报面对的是市场需求，或者说市场的需求决定了京报的产生。即使北京城内的官员，很多人也是依靠京报获得朝廷的信息，而不是邸报。级别较高的官员多数都是看全份，若下级人员，当小差式的，及商家住户，则大多数都是只看宫门抄。京外各处官员，及留心政治的读书人，

---

① 《齐如山随笔》，第 48 页，辽宁教育出版社 2007 年。

② 《都察院左都御史尹泰奏禁私发科抄批本以固国法折》，《雍正朝满文朱批奏折全译》，第 494 页。

则都是看全份的。晚清时曾在中国长期工作和生活的美国人卫三畏也曾记录下了京报行业的繁盛。

在中国各省，有上千的人以重抄或摘录《京报》为生，用以供给无力购买全份《京报》的读者。[①]

新闻史学者的研究表明，从乾隆时期到清末，见于记载和有实物可查的北京民间报房，共 21 家。辕门抄由书手、杂役等下级胥吏承办。[②]在乾隆年间的伪稿案中，我们也看到伪稿传播过程中，报房的工作人员是一个很重要的群体。安庆报房写字人周麻子、江西省城报房的章锦，江宁省城报房的顾周章、凌耀祖，赣州提塘凌耀祖等。

他们的研究还认为，在各省内部开发行售卖发行的京报，即辕门抄，为单张印刷的日报。这也就印证了为什么当单张的伪稿以邸报的形式出现时，很容易被人接受。

也就是说，政治信息的流转、传播已经进入商业化运作之中。

清代在道光时期还产生了一种“良乡报”、“涿州报”，也是京报的衍生品。京报在递送出京城后，在良乡专门设信据，然后从良乡开始按站雇人递送。

良乡报的特点是所载事件比提塘之报更加详细，递送亦较为迅速，且有专门的人经营，它面向市场，突破了提塘邸报的垄断性，很多地方官绅不惜重资购买。所以很多中央的消息，提塘邸报还没送到督抚手中，外面已经流传很广。“故各省之事，有臣等未知而他人先知者，亦有臣等不知而他人竟知者。”[③]久而久之，各省的长官大都也转而出资购买良乡报，相对来说，原来各省督抚依仗的塘递邸报，却因为迟延而变得不可靠，于是有的督抚转而裁减塘饷，把钱用于专门购买良乡报。但良乡报价格昂贵，每月最多可能需要三五千钱，所以，一旦达到各省省会之后，各省的提塘，就

① 转自潘贤模《清初的舆论和钞报》，《新闻研究资料》1981 年第 3 辑。

② 程丽红、申畅：《清代报业述评》，《哈尔滨师范大学社会科学学报》2012 年第 5 期。

③ 《鸦片战争档案史料》第五册，760 页，上海人民出版社 1987 年。

将良乡报翻印，向全省各地出售。

至于各省的塘递耗羡银的具体来源，则应该是全省各府州县，凡是需要阅看邸报的，均需向省里缴纳类似于“阅报银”费用，有时也被视为一种陋规。如嘉庆二十年，御史胡承珙批评地方陋规，奏请饬禁州县供应，邸报费用也称为州县很重的负担。“闻州县所解各上司衙门饭食季规等银，遂岁增加，如邸报一事，安徽省每年通派各属万金。一省如此，他省可知；一事如此，他事可知。”①

还有一些案例，虽然无法洞其原委，但也足以表明当时民间把邸报信息作为商品，贩卖获利的情况。

雍正十三年四月初十日，广东提督张溥向雍正帝奏报了访拿布散谣言之歹徒的情况。原来，在三月初一，厦门的差役在漳州府龙溪县抓获了一个叫陈记的人，罪名是“捏造江西碑文，刊刻贩卖”。陈记受审时供称，曾遇到一个从埯埔来的广东人，说有一桩江西的新闻。于是陈记问他要了刻卖。

至于“新闻”的内容是什么，现在不得而知，但可以知道，被视为造谣惑众的陈记，实际上是以刊刻贩卖各种新闻为生。以提督为代表的广东军方看来，漳州一带地处福建、广东交界处，民风彪悍，俗尚浇漓，“无赖之徒，阴图不轨，造谣惑众，结党联盟”，是一个不太稳定的地方，唯恐有人造谣生事。②事发后，黄冈协的副将郝重贤还派差人四处访察，看那些新闻是否造成了恶劣影响。也就是说官府很担心这些新闻会远近传播，唯恐百姓被其煽惑，贻害地方。对此，雍正帝的指示是“访拿奸匪，要于缉盗，应不时留心者。”

乾隆三十三年九月，福建民人李浩，背卖一种当地非常流行的结盟安良图、孔明碑记图等，被官府抓获。在官府看来，这种结盟图、孔明碑图等，表面上看劝人守法，但都属隐语妖言，如果任其传播，可能会引起一些不必要的麻烦。巡抚崔应阶将此事奏报皇帝，乾隆非常重视，他给这件

① 《清史稿》卷482，《胡承珙传》。

② 《广东提督张溥奏报访拿布散谣言之歹徒折》，《宫中档雍正朝奏折》第24辑，第524页。

事的定性是“传布新闻，冀赚钱文，亦属不安本分”，要当地官府严厉查办。[1]证明当时靠印制各种信息为生的人很多。

乾隆三十九年山东爆发王伦起义后，有关此次起义的各种信息开始传播到很多地方。在安徽怀宁县，官府抓获了一名叫杨世荣的人，此人正在到处售卖有关王伦起义的新闻，在起获的字单刻板中，包括伪造的平定山东省王伦起义之事的上谕，及有关淮安遭受水灾情形的奏折。杨世荣供称，这些刻板来自江宁城的许姓刻字店内，共九块，是一个叫王添顺的刻成的。杨世荣见是有关山东民变的事情，考虑到能够刊刻、印刷卖钱，于是和同伙胡老八一起买下，准备“摘写编造”，以此获利。

乾隆对这件事也非常重视，下令追查。同时又将驻扎在江宁城的河道总督高晋、江宁将军基厚，严厉批评，认为他们都驻扎在江宁城，却对此熟视无睹，疏忽大意，“听其售卖日久，毫无见闻，直至传播安省”。[2]

结　语

邸报首先是一种政治信息。中国历代王朝一直保持着一种专制集权、号令全国的政治体制，权力集中且能够有效地指挥各地官员，切实落实皇帝的意志，这被视为大一统政治的主要前提。在中国这样一个地域辽阔的国家内，在没有现代广播、通讯、电视、网络等信息发布形式的情况下，任何政令的发布都需要经过一个长距离的传递过程，这是一种高成本的信息传递方式，需要依靠国家政权组织的强大力量，依赖大量的人力、物力才能实现。邸报是为实现这些政治目的而设置的一个关键环节。它可以把最高权力中心的政情，以比较快的速度公诸于一个地域极为广阔的空间，准确地表达皇帝的意志。清代的邸报仍然保持着由中央发布各种政治信息的作用。各省官员、士绅、商民百姓对全国政情的了解都是通过邸报及其衍生品实现的。

其次，邸报是一种国家话语。从国家政治角度来看，朝廷掌握着邸报

① 《清高宗实录》卷817，乾隆三十三年九月丁亥。

② 《清高宗实录》卷972，乾隆三十九年十二月丙戌。

发行，是其政治地位的表现。新闻史学界一般都把邸报当作中国古代报纸的起源，但它与近代意义上的报纸的区别在于它完全由官方控制，也完全通过政府渠道刊印。而且，它不是“写”出来的，而是“抄”出来的，没有评论，没有归纳和分析，只是在原文刊发一个一个的上谕、奏章。毫厘不差的转载语言中包含着一种不可置疑的政治话语权。邸报也不具有大众性，从政府刊印的角度来看，它的读者仅限于各级官员。王天根通过对晚清报刊，特别是八国联军时期清廷《行在抄报》的研究认为，虽然慈禧等人狼狈西逃，但仍在《上谕汇存》中记载大量官员更替的命令，以此表明慈禧及光绪等核心人物的权力，而在混乱的战事中统一舆论。《行在抄报》也一直没有中断，并记载那些在与八国联军战事中死难的将士和朝廷对他们家人的封赏，“以此表示清朝在危机时刻仍然受到拥护，彰显逃离首都的这些核心人物掌握权力的合法性。”①

正因为邸报发布的上谕、题本等全都是原文排印，不经任何删减、改编，使其也成为记录了一个朝代典故的文献，起到存一代之史的作用。

《国榷》是记载明末清初历史的一部重要典籍，其作者谈迁，在南明政权时，曾被召为内阁中书，派做史官，可谈迁拒绝上任，反而回归故里，专门研究明朝典故，他认为嘉靖以后明朝实录，多由阉党执笔，记载失实，而崇祯一朝虽然皇帝忧勤惕厉，但史料毁于战火，难以记述。于是谈迁自己到处搜罗崇祯朝邸报，补其缺文，终于写成《国榷》一书。

顺治八年（1651），清朝组成以大学士刚林为首的班子，启动明史纂修工作。然而，明清之际战火四起，明朝留下来的实录等资料残缺不全，尤其是天启、崇祯时期。在搜求各种史料时，邸报也名列其中，“宜敕内外各官，广示晓谕，重悬赏格，凡钞有天启崇祯实录，或有汇集邸报者，多方构求，期于必得。或有野史、外传、集记等书，皆可备资纂辑，务须广询博访，汇送礼部，庶事实有据，信史可成。”②

同治时期的满洲人穆缉香阿，字居南，镶红旗人，史称他通晓国故，

① 王天根:《晚清报刊与维新舆论建构》，第 3 页，合肥工业大学出版社 2008 年。

② 《清世祖实录》卷 54，顺治八年闰二月癸丑。

其原因则是“家藏邸报，自国初以来几备”。[①]

第三，正因为邸报作为国家话语具有很高的权威性，再加上清初激烈的政治斗争犹如一种催化剂，使政治谣言经常借助邸报及其衍生品流行于社会之中，转变为一种舆论，反作用于朝廷政治。所以，在清初很长时间内，邸报谣言一直如影随形，时隐时现。而从顺治、康熙，到雍正、乾隆，皇帝们对邸报谣言表现出极高的敏感度，对其打击力度也在不断升级，直到乾隆时期伪稿案的爆发和皇帝的铁腕应对，使这一矛盾激化到顶点。

同时，我们也应该看到，由于邸报发行基本局限于官府，社会其他阶层的商民百姓能够看到邸报的人少之又少，根本无法满足庞大的社会需求和相应的市场需求，也就是说政治信息的掌握者、发行者与受众者之间存在着巨大的不对称，因此，为各类小报的贩卖留下巨大的空间，政治信息由此成为一种可资获利的商品。当邸报衍生品的发行成为一种商业行为，必然寻求更具诱惑力的话题，其中难免真真假假。但邸报的权威性乃至神秘性，决定了一旦一个信息以邸报的形式出现，即使是假的、伪造的，必然会获得民众的巨大信任而迅速传播开来。康熙、雍正的几个案例及乾隆时期的伪稿案都证明，清廷努力控制政治信息的行为及事后的铁腕应对，归根结底还是会造成对自身公信力的伤害。

（作者单位：中国人民大学清史研究所）

① 《清史稿》卷423，《穆缉香阿传》。

试析清代户部的民事审判机制

◎胡祥雨

近年来，清代民事审判一直是学界热点，吸引了包括滋贺秀三、黄宗智、俞江等一大批学者的关注。[①]这些学者使用的史料、提出的见解可谓精彩纷呈。不过，总的说来，目前学界对清代民事审判机制的研究至少有如下两个遗憾：一是受制于清律的规定，“眼光向下”只关注地方（尤其是州县一级）如何处理民事纠纷；二是基于第一点，学者们在利用档案时，往往多使用州县档案，基本不涉及中央司法档案。由此，尽管有关清代民事审判的研究叠出不穷，却极少有人关注清代中央司法审判机构，尤其是主管天下刑名事务的刑部和主管土地赋税人丁的户部，如何处理民事纠纷。

---

① 滋贺秀三：《清代诉讼制度之民事法源的概括性考察——情、理、法》，载滋贺秀三等著，王亚新等编译：《明清时期的民事审判与民间契约》，第19~53页，法律出版社1998年；黄宗智：《清代的法律、社会与文化：民法的表达与实践》，上海书店出版社2001年；俞江：《明清州县细故案件审理的法律史重构》，《历史研究》2014年第2期。相关研究的综述，可以参阅吴佩林：《清代县域民事纠纷与法律秩序考察》，《绪论》，中华书局2013年；胡祥雨：《清代法律的常规化：族群与等级》第四章第一节，社会科学文献出版社2016年。

鉴于刑部和户部在清代政治中的重要地位，并且二部均大量审理京师民事案件，厘清此二衙门的民事审判机制，将有助于我们了解整个清代的民事审判机制。

关于清代刑部如何处理民事案件，以及户部处理民事案件的一般规定，笔者已有论述。[①] 对于户部处理民事案件的机制，目前学界尚无人涉及。本文主要从一个案件出发，分析清代户部处理民事案件的机制。本文所称民事案件，指依据清代法律（如《大清律例》、《户部则例》）规定和刑部、户部的实践，不涉及罪名的户婚、田土、钱债案件。[②] 需要指出的是，户部审理的涉及旗人的户口、田房案件，并非全为民事案件。只有不涉及罪行的户口、田房案件，方为民事案件；如果涉及罪名，则属于刑事案件。

一、清代户部处理民事案件的缘由

清代户部主要管理全国户口、土地和赋税，但同时亦是重要的审判机构。户部的审判职能并非清代独有，至少在明代，户部除参与重大案件的会审外，还审理京师田土案件。[③] 户部的司法功能在清代得到延续。据顺治八年谕，百姓有冤枉者，“如例其应呈、应诉六部衙门者，照旧准理”。[④] 这说明清初户部亦可处理案件。

不过，清代户部审理的却是京师一特殊类型的人口、田土案件。由于清军入关后，在京畿地区大量圈地，所以许多土地被旗人占有。这一特殊背景造成户部处理大量涉及旗人的土地纠纷。就笔者所见档案，顺治初年户部审理的案件主要为涉及旗人的投充和田土案件。[⑤] 据顺治十年的一份题本，清廷决定“凡地土人口词讼”由户部审理，户部由此拟定章程进行规范。按照户部所题，一，如果原被告中有满人（旗人），外州县不便拘讯，

① 参阅胡祥雨：《清代法律的常规化：族群与等级》第四章；胡祥雨：《清代京师涉及旗人的户婚、田土案件的审理》，《云梦学刊》2004 年第 3 期。

② 详见胡祥雨：《清代法律的常规化：族群与等级》，第 160~162 页。

③ 那思陆：《明代中央司法审判制度》，第 79~80 页，北京大学出版社 2004 年。

④ 乾隆《大清会典则例》卷 124，《文渊阁四库全书》第 623 册，第 705 页，台湾商务印书馆 1986 年。

⑤ 如《内阁大库档案》，登录号：088718~001，056254~001。

应由户部审理；如系民告民，在内由五城、大兴宛平两县，在外由地方官审理，不准送部。二，如果满汉争执土地，需要勘查者，应派满洲官员会同地方官勘查。三，非本身之事而代告者，分别旗、民人等，处以鞭责。皇帝同意户部所拟规定。[①]据此，户部审理涉及旗人的人口和土地案件。由于清代旗人以京师为家，所以很多外地涉及旗人的田土案件也由户部审理，也可视为京师案件。

清代后来的规定亦遵循顺治十年（1653）的规定。按乾隆四十八年（1783）定例"八旗人等如有应告地亩，在该旗佐领处呈递，如该佐领不为查办，许其赴（户）部及步军统领衙门呈递。其有关涉民人事件，即行文严查办理。若违例在地方官滥行呈递者，照违制律从重治罪，该管官员俱各严行议处。"[②]《户部则例》则规定："旗、民争控户口、田房案件，旗人由各本旗具呈，民人由该地方官具呈，不准赴（户）部越诉。若果系该管官审断不公及实有屈抑而该管官不接呈词者，始准赴部控诉，审实将该管官参奏议处。若妄行逞刁，照诬告律加三等治罪。"[③]《清会典》中关于户部现审处（设于乾隆十三年）的职责规定为"掌旗民之讼事。旗民争控户口、田房之案，旗人于本旗具呈；民人于地方官具呈。如该管官审断不公，及实有屈抑，而该管官不接呈词者，许其赴（户）部控诉。"[④]《户部则例》中"现审田房词讼"所涉及之规定亦全部涉及旗人（包括驻防）。[⑤]再《大清律例》明确规定户口、田房轻罪案件为州县自理案件，甚至禁止京控。[⑥]

据此可知，对于京师民人与民人之间的户口、田土案件，如外地各州县例，由五城或步军统领衙门自理，而不由户部处理。对于涉及旗人之户口、田土案件，在京师实行两级审判，只有八旗、步军统领衙门或是五城御

---

① 《内阁大库档案》，登录号：036361。

② 此例系乾隆四十八年定例，《读例存疑》卷39，第678~679页，据胡星桥、邓又天主编：《读例存疑点注》，中国人民公安大学出版社1994年。

③ 《户部则例》卷134，《通例·现审田房词讼》，嘉庆七年修刻本，第17页。

④ 光绪《清会典》卷二四，第1a页。

⑤ 见《户部则例》卷134，《通例·现审田房词讼》下各条。

⑥ 《读例存疑》卷39在乾隆三十四年所定京控例文下载：乾隆三十七年律例馆按语云："外省州县小民，敢以户婚、田土细事来京控诉，必非安分之人，仅将原呈发还，无以示儆。今拟于听其在地方官衙门告理下，添入仍治以越诉之罪一句"，见该书第678页。

史等机构无法处理的情况下，方可移交户部（或者由涉案者到户部呈诉）。

二、孟均朴告高大霸地案

孟均朴系镶红旗汉军明德佐领下族长，高大系宛平县民人。孟均朴之族有祖留地四十余亩，道光年间典给西姓，西姓又典给马姓。光绪十三年四月，孟均朴之族在马姓处将土地赎回，准备用作茔地，但当时耕种之高大不同意。孟均朴于是在西城察院喊告高大霸地。西城察院希望高大出银五十两交给孟姓作为押租银，仍由高大承种并按年照数交租，但孟均朴不同意，故未能结案。西城察院即将此案移送户部审理。户部于六月二十六日就孟均朴是否为该旗之族长，该地是否为公产，对退地立茔一事该族人等是否知道，以及税契与原典及现赎之人名字互异等事行文镶红旗汉军都统衙门，让镶红旗饬令该参、佐领将以上细节查明，并要求合族人等画押，参、佐领加具印结于二十日内咨部。经镶红旗汉军查明，孟均朴所供是实。户部接到咨复后，因孟均朴合族立茔令高大退地，并无增租另行招佃之事，与“例案”相符，即断令高大将地全数退出。随牌饬宛平县即将孟均朴、高大传案，派役如数将地退交，收领取具、退令各状，办结报部以便销案。至此，此案业已审理完毕，只剩下执行尚未完成。但是宛平县将孟均朴高大传案后，又以高大惟以此地度日，别无生理，即酌令高大交押租银八十两，勒限交清。孟均朴亦念高大系老佃，从无欠租，情愿遵断，再另择立茔之地。不久高大交齐押租银八十两，宛平县当堂饬令孟均朴收领取具、交令，完案甘结。宛平县将拟结缘由并案卷向顺天府通详，由顺天府咨送户部销案。户部查此案“核与本部前行不符，原难照准”，但考虑到高大靠此地度日，又愿交押租银八十两，且孟均朴同意另择地立茔，未便深究，以免讼累，即照宛平县所拟办理，准其销案。户部将此案札顺天府转饬宛平县并咨镶红旗汉军都统同时移会西城察院查照，一体销案。户部咨镶红旗汉军都统的时间是光绪十四年（1888）七月二十七日。[①]

① 档案《八旗都统衙门·政法》第527号。

三、户部处理民事案件的机制

1. 此案为何系民事案件

学界对于清代是否存在民事法律有较大争议。笔者从清代法律的规定和实践出发，认为清代法律中具有调节民事关系的法律条文，这些条文不涉及罪行，在实践中，审判官员将案件双方平等对待。此案即是一典型民事案件。首先，案件不涉及罪行，无人因为此案受到任何刑罚。其次，此案涉及的是财产纠纷。第三，最为重要的是，此案之原被双方在民事法律前是平等的。表面上看来，此案原告系享有特权之旗人族长，另一方则为普通民人，二人地位并不平等。而且，由户部来审理这一案件，亦在程序上体现了旗人的重要地位。但户部审理此案时，并未因为二人的不同身份而影响判决，只是依法裁断，不偏袒有特权的旗人，也不偏袒可能失去土地耕种权的民人。

2. 调处与判决相结合的处理方式

此案孟均朴在西城察院控告。西城察院虽然隶属于都察院，但实际上相当于京师地方衙门，其长官为巡城御史，一般满汉各一名。西城察院显然明白如果让高大退地的话，会给这一家带来什么样的后果，所以接到案件后，力图进行调处。在调处过程中，西城察院不顾《户部则例》的规定（详后），建议此地仍由高大承种。如果调处成功，则此案即可完结，但孟均朴不同意，西城察院只好将此案移送户部。西城察院的处理方式表明，京师地方衙门更乐意充当调停人的角色，同情弱势一方，而不是依法判决以维护处以强势一方的原告的权益。

户部接手此案后，即咨镶红旗汉军都统衙门，就案情细节进行调查。户部确认案情之后，即按照《户部则例》的规定断结案件。户部在结案时，并未援引任何律例，但通过对比法律条文和户部判决，可以确定户部断案依据的是《户部则例》中的相关规定。在给镶红旗汉军都统的咨文中，户部称："查孟均朴供称与合族同议立茔，因令高大退地，并无增租另行招佃情事，与例案相符，自应断令高大将地全数退出。"《大清律例》未见相关律例，而《户部则例》则有相关规定："民人佃种旗地，地虽易主，佃户仍旧，地主不得无故夺佃增租。如佃户实系拖欠租银，许地主撤地另佃。倘佃户指霸呈官勒退，或地主实欲自种，佃户虽不欠租，亦应退地。若并无前项情事，而庄头地棍串嗦夺佃增租者，审实严加治罪。”户部查明孟均朴家族并非“夺佃增租”，具有保护高大一家“佃权”的味道。《户部则例》又规定：“民佃地亩，业户因建坟占地若干，准其撤地，其余地亩仍租给原佃承种。如撤地后并不立坟，另行招佃者，照夺佃例办理。”[①] 此案孟均朴因为建坟要求高大退地的请求，完全符合则例，户部断案的依据应为《户部则例》。

由于民事案件不涉及罪行，档案中，户部承审官员并未直接言明系引用《户部则例》断案，但这不影响《户部则例》的法律效力。其原因可能与黄宗智对州县民事审判不直接引用律例的分析类似，主要是户部对此类案件的审判意见是面对当事人的，没有必要引用法律来为判断作辩护。[②] 必须强调的是，户部审理的人口、田房案件，如果涉及罪名，往往严格引用清律或者《户部则例》的相关规定，对罪犯施加刑罚。

由此不难看出，与地方官不同，户部在京师地方官调解失败的情况下，严格按照《户部则例》断案。至于高大一家的生计问题，户部未必毫不知情，但是户部判决并无考虑这一点。换言之，在调解失败的情况下，户部处理民事案件，主要是依法判决，而非调解。户部不顾高大一家的生计而依法断案，其原因可能在于作为中央司法审判机构，必须在法律的规定下运作，没有如地方衙门那样可以为了维护社会稳定而不顾法律了结纠纷。

户部判决后，当即下令执行。因地在宛平县，户部即牌饬宛平县传涉案双方将地亩交割。对于宛平县来说，遵照户部所断将地交与孟均朴是其职责。但该县竟然无视户部判决，再断由高大出押租银结案，实际上又回到了先前在西城察院欲拟之“判决”。至于高大在宛平县是否使用了什么手段，无从查考，但该县所断明显偏护民人则是事实。如照户部判决办理，高大将无地可种，这对地方官来说毫无好处。与户部严格依法断案不同，

---

① 《户部则例》卷 10,《田赋四 · 撤佃条款》，同治十三年刊本，第 3a-4a 页。

② 黄宗智的分析见《清代的法律、社会与文化：民法的表达与实践》一书第 85 页。

西城察院和宛平县均力图调处，尤其是宛平县，居然否定户部判决。这当与他们为亲民之官有关，因为他们更加清楚，让高大失去土地会给高大一家和社会带来什么样的后果。至于孟均朴为何在宛平县又同意继续由高大耕种，除了户部咨文里所提的高大系老佃并无欠租情事外，另一个原因可能是再打官司成本太高。而其中最明显的是处理时间过长，孟均朴之族于光绪十三年四月间赎回该地，不久即在西城讼诉，户部接到案后为调查案情咨文镶红旗汉军都统的时间是六月二十六日，而此案最后销案后，户部再咨镶红旗的时间已是光绪十四年七月二十七日。除去行文时间（镶红旗汉军都统、顺天府与宛平县衙署均在京师内城，和户部可以说近在咫尺），孟均朴同意宛平县结案时已经距最初涉案一年左右。在打官司期间，高大又已耕种了一年。如果孟均朴坚持高大退地，难以保证宛平县和高大不再行拖延，而这对孟均朴之族明显不利。且清代民人和地方官一道就地亩事欺骗旗人并不罕见。早在乾隆年间，就有旗人置地，到地方领地时，被移甲换乙，以次易好，所领之地已非原地。[①]

户部收到宛平县的判决后，由于涉案双方均无异议，此案实际上已经完结。但户部仍表示宛平县所断与该部“前行不符，原难照准”，只是考虑到高大无地则将别无生计，孟均朴又同意另选茔地，为免讼累而同意销案。可见，户部认同宛平县所结仍有变通的味道，可看出最终结案权力仍在户部。这种变通，亦反应出户部对民事案件的灵活态度，即民事案件优先采用调解等方式结案，只有在调解失败之后，户部才会依法断案。与之相对的是，不管是户部还是刑部，处理刑事案件时，即便罪止笞杖，所拟判决往往会依法执行。[②]

户部的这种民事处理机制，与刑部的民事处理机制非常类似。二者均不在民事案件中应用刑罚，力主民事案件最好自行调解，在调解无法解决纠纷的情况下，均依照法律断案。而地方衙门则更多地依据实际情况，对弱者抱有更多同情，在法律原则与社会和谐冲突时往往力图确保后者。户

---

① 《清高宗实录》卷136，乾隆六年二月丙申。

② 清代细事案件又可分为民事案件和轻微刑事案件（罪止笞杖）。户部清代刑部和户部均大量审理笞杖案件，而且均依法断案。

刑部二部与地方官有着两种不同的民事案件处理机制，当与他们在官僚体制中的不同地位相关。[①]

3. 地方衙门是否在民事案件中应用《户部则例》

这一案件并非只是个案，尽管因为史料原因缺少统计，但档案中户部应用《大清律》或者《户部则例》断案是常态。或许因为户部处于管理机构的上层，而且户部所理案件多关系旗人，具有特殊性。但《户部则例》中有大量并非针对旗人的内容，他们的具体应用到底如何？如州县面对徒以下户口、田土案件，若调处失败，《大清律例》又无相关规定，而《户部则例》则有，县令如何拟断？《户部则例》是否如在户部那样发挥效力，这些问题值得进一步探讨。

清代明确规定断罪引律例。[②]郑秦提到《户部则例》中的相关条款亦可作为州县审理自理案件的法律依据，但并未予以证明。他在利用宝坻县档案探讨清代"民事审判"中如何具体应用不同的法律规范时，一方面过分强调《大清律例》中断罪引律例的规定，同时又得出除上诉案例外，州县在审理"民事案件"时可以不必一定引用《律例》，州县有相当大的自主空间。[③]黄宗智在《清代的法律、社会与文化：民法的表达与实践》一书中认为"民事案件"如无法在庭外和解而进入正式的法庭审理，县官会毫不犹豫地按照《大清律例》来审断。[④]日本学者滋贺秀三等人尽管在"民事审判"上与黄宗智等人的观点相左，但认为处理"民事案件"时《大清律例》是唯一被引照的法典，各部门《则例》"在判语中被引照之处却几近于无"。[⑤]毫无疑问，清代户部处理的不涉及罪行的田房案件，均符合日美等国学者有关"民事案件"的概念，但他们均忽略户部对此类案件的审理。由于所用史料的限制，他们亦未关注《户部则例》在审判中的应用。

张晋藩注意到《户部则例》的法律效力，在他和林乾合著的《〈户部则

---

① 胡祥雨:《清代法律的常规化：族群与等级》，第 195~196 页。

② 见《大清律例》卷 37，第 648 页。

③ 详见郑秦《清代司法审判制度研究》第 207~209 页，湖南教育出版社 1988 年。

④ 见该书第 13 页。

⑤ 见滋贺秀三《清代讼诉制度之民事法源的概括性考察——情、理、法》，载《明清时期的民事审判与民间契约》第 19~53 页。

例〉与清代民事法律探源》[①]一文中指出《户部则例》为旗民田土争讼提供了法律依据，但并未给出具体证明。2003年，林乾和张晋藩再次撰文证明《户部则例》的应用效力，对“夺佃定例”等条例的应用给予了证明。[②]该文虽利用清代各种文献证明《户部则例》到达州县一级，但没有给出任何实际案例证明州县运用《户部则例》断案。

近年来对州县档案的研究进一步深化，[③]但未见学者特别关注州县官是否在民事审判中应用《户部则例》。如果州县官频繁运用《户部则例》断案的话，在目前学界广泛使用的淡新、宝坻、南部、巴县等地方档案中应该会被学界找到相关证据，但据我所知，尚未见任何学者使用上述档案论证《户部则例》在州县的应用。考虑到即便是《大清律》，州县官员在民事审判中也未必完全遵守，我认为虽然《户部则例》可能是州县解决纠纷的依据之一，但其在州县民事审判中的地位并不重要。

（作者单位：中国人民大学清史研究所）

① 载《比较法研究》2001年第1期。

② 详见《〈户部则例〉的法律适用——兼对几个问题的回答》，载朱勇主编《〈崇德会典〉、〈户部则例〉及其它——张晋藩先生近期研究论著一瞥》，第76~111页，法律出版社2003年。

③ 有关州县处理民事案件的机制，目前最翔实的是吴佩林《清代县域纠纷与法律秩序考察》，第五章。

试论中国佛教史籍的发展及变化

◎曹刚华

中国佛教史籍[①]肇始于魏晋，早期来华的印度僧人带来了佛教经典，其中就有《龙树菩萨传》、《马鸣菩萨传》等印度早期佛教传记，但是印度并没有重视这种史学撰述的继承，后续佛教史传之作不多。相反，这种史学撰述意识在中土传统史学的影响下开始兴盛，《高僧传》、《释迦谱》、《出三藏记集》、《洛阳伽蓝记》、《比丘尼传》等大批佛教史籍应时而出，开辟了中国佛教史籍之先河。自魏晋以来，历经隋唐、宋元、明清之历史长河的更替，中国佛教史籍形成了一个特有的史籍系统，这批文献内容丰富，体裁多样，记载了中国佛教的发展源流，又与中国历史上的政治、经济、文化等密切相关，因而既是研究中国佛教史，也是研究中国传统史学的重要资源。中国佛教史籍的学术价值早就引起

---

① 本文所指中国佛教史籍是指由汉传佛教僧人或文人、居士以及研究者撰写的佛教史，包括纪传体、编年体佛史、僧传、寺志、灯录、经录等文献，具有宗教性、历史性、文献性、传播性四个特点。参见《宋代佛教史籍研究》第1页，华东师范大学出版社2006年。

诸多学者的注意，陈垣先生《中国佛教史籍概论》首开系统性研究中国佛教史籍之先河。其后，蓝吉富、严耀中、邓子美、魏承思、靖居、陈钟楠等诸多海内外学者亦多从整体性、系统性上，解构中国佛教史籍发展的分期、变化及其特点。[①]但这些解构过多关注于文献列举、版本考订，或是不注重一朝一代佛教史籍之发展特点，或是没有从魏晋至民国长时段来考察中国佛教史籍发展及变化的内在特质，因此很大程度上影响了我们对中国佛教史籍——这一代表印度佛教精神、中土史学优秀传统以及西方影响下科学研究集中体的系统研究，故再撰此文，以求方正。

纵观中国佛教史籍的发展，它肇始于魏晋，发展于隋唐，繁盛于两宋，衰落与调整在元明，复兴在清代，转型在民国。它的数量繁多，体裁体例丰富，史料价值珍贵，实是研究中国佛教史与中国历史文化的一个巨大宝库。正如陈垣先生所言："中国佛教史籍恒与列朝史事有关，不参稽而旁考之，则每有窒碍难通之史迹。"[②]至民国时期，随着西方学说传入到中国，中国佛教史籍进入现代化研式与传统撰述并列的两种范式。

一、肇始与形成时期

佛教自进入中土之后，便逐渐有了佛教史籍，魏晋时期是中国佛教史籍的开始，数量之多，分类之细，为历代佛教史籍之楷模。当时的僧传有僧人专传，如季禺的《竺法乘赞传》、顾恺之的《竺法旷赞传》等，有僧人类传，如竺法济的《高逸沙门传》、郗景兴的《东山僧传》；也有规模宏大

① 如严耀中《试论佛教史学》从中国佛教史学发展的角度概述了中国佛教史籍发展的原因及体例来源（《史学理论研究》2002年第3期）；邓子美《佛教史籍在历史编撰上的贡献》从佛教灯录体史籍对传统学案体史书的影响等角度来考察佛教史籍与传统史书编撰的关系（《史学史研究》1990年第2期）；陈钟楠《略说中国佛教史学文献》把中国佛教史学文献的形成与演变分为形成期、繁荣期、完善期、调整期四个阶段，认为魏晋佛教史学文献是形成期，唐代是繁荣期，宋代佛教史学文献是完善期，元明清则是调整期（《古籍整理研究学刊》2001年第3期）；蓝吉富从中国佛教史学发展的角度来探讨中国佛教史籍（《中国佛教史学的规模及其特色》，《内明》1972年第3期）。相关著述还有魏承思《中国佛教文化概论》之第五章《中国佛教史学》（上海人民出版社1991年），靖居《中国佛教史学之研究》（《佛学研究》1998年年刊）。等等。

② 陈垣：《中国佛教史籍概论》，《中国佛教史籍概论》，第1页，中华书局1962年。

的僧人总传，如释宝唱的《名僧传》、释慧皎的《高僧传》等。此外，其他体裁的佛教史籍也有出现。记载名山、寺塔的有释慧远的《庐山记略》、释支遁的《天台山铭序》等；专详佛教通史的有南齐竟陵王的《三宝记》、北周净蔼的《三宝集》等；外国志传佛教史籍有释道安的《西域志》、释法显的《历游天竺记》等；经录体的佛教史籍则出现了释道安的《综理众经目录》、释僧祐的《出三藏记集》等。①

这种佛教史籍撰述的传统意识到隋唐时期又被隋唐佛教史家所继承，并有一定的发展。僧传仍是隋唐佛教史籍编撰的重点。僧人行状与专传就约有三十三部之多，其中著名的有释彦琮《法琳别传》、释慧立《慈恩寺玄奘法师传》等。僧人总传则有释道宣的《续高僧传》等。②此外，经录体则有《历代三宝记》、《开元释教录》、《大唐内典录》等，志乘体则有释慧祥《古清凉传》、释神邕《天台地志》、释法琳《清溪山记》、释彦琮《大唐京寺录传》等，基本上是以继承魏晋佛教史籍为主。③

为什么中国佛教史籍会产生于魏晋？会出现僧传、经录体、志乘体、感应传等诸多体裁的佛教史籍？为什么中国佛教史籍会由初期简单的专传，变成复杂的类传、总传；由简单的人物记载，变成系统的佛教僧传通史，有详细的人物记载、精彩的史学品评？这种由简单到华丽的转换，背后则昭示着早期中国佛教史籍与印度佛教史籍、传统史学之间复杂的融合关系。

1. 印度佛教史籍开启了中国佛教史籍撰述风气，是中国佛教史籍产生并继续发展的因素之一。

首先，印度僧传影响并开启了魏晋僧传的撰述风格。印度人不善于记述，较少有系统、详细的历史记载。④在早期翻译的佛经中，较多的是《四阿含经》、《无量寿经》、《大方广佛华严经》等反映佛祖及其弟子思想、教义的经典，很少会看到具有历史性书籍的存在。现存翻译过来的历史性书籍只有《提婆菩萨传》、《龙树菩萨传》、《马鸣菩萨传》等几部僧传。由

① 汤用彤：《汉魏两晋南北朝佛教史》，第409~416页，北京大学出版社1997年。
② 汤用彤：《隋唐佛教史稿》，第93页，中华书局1982年。
③ 汤用彤：《隋唐佛教史稿》，第94页。
④ 宋道发：《佛教史观》，第1页，宗教文化出版社2009年。

元魏西域三藏吉迦夜共昙曜译的《付法藏因缘传》虽然记载了印度传法世系，从大迦叶起，其后依次传法为阿难、摩田提、商那和修、忧波毱多等二十四人，颇与僧人类传相同，但该书“其内容多取材于旧籍，象《优波毱多》传记的一部分，就是大体上采用安法钦译《阿育王传》的原文。又象《龙树提婆》传记部分，也是用罗什所译两传原文而略改动。这些都表明本书大部分出于编纂，而非翻译。”① 既是后人编纂，而非原始翻译，亦无印度佛教早期类传之说。所以，传入中土具有历史记载性质的书籍只有《提婆菩萨传》、《龙树菩萨传》、《马鸣菩萨传》等几部僧人专传。这几部僧传的传入及翻译可谓是中土僧传产生的外在因素之一。

魏晋大部分僧传都已亡轶，现存只有南朝梁高僧慧皎的《高僧传》以及较早的释宝唱撰述的《名僧传》（现残存一卷）。《名僧传》是僧人总传，分为外国法师（第一、二、三）、神通弘教外国法师（第四）、高行上中国法师、高行中中国法师、高行下中国法师、隐道上中国法师、隐道中中国法师、隐道下中国法师、律师、外国禅师、神力等类。

在撰述风格上，《名僧传》处在印度僧传、《高僧传》的中间，它记载的一个个僧人单传更接近于印度僧传，比较印度僧传、《名僧传》中记载的僧人传记，可以较明显看到印度僧传与《名僧传》之间的撰述风格有一定的相似。

印度僧人专传、《名僧传》更注重对僧人史事的叙述，不注重僧人外在形象、内在神气的描述，而《高僧传》则非常注重对于人物外在容止的记载，后者与前两者存在较大的差异。

自佛教传入，大批印度佛教僧传就被翻译成中文流入中土，从早期印度僧传中，我们可以清晰感受到印度僧传注重对僧人史事的叙述，忽视对人物形象的描写。如《提婆菩萨传》曰：“提婆菩萨者，南天竺人，龙树菩萨弟子婆罗门种也。博识渊揽，才辩绝伦，擅名天竺，为诸国所推。”② 撰述者用很简单语言表明了提婆菩萨的身份、种属及其特长，很少对传主进

① 中国佛教协会编：《中国佛教》第四辑，第 119 页，东方出版中心 1989 年。

② 鸠摩罗什译：《提婆菩萨传》，《大正新修大藏经》第 52 册，第 186c11~13 页，（台北）佛陀教育基金会 1990 年。

行个性化的人物形象记载。再如《龙树菩萨传》亦是如此，都不过多注重对人物外在形状、内在神情的品评。“大师名龙树菩萨者，出南天竺梵志种也。天聪奇悟，事不再告。在乳哺之中，闻诸梵志，诵四韦陀典各四万偈，弱冠驰名，独步诸国，世学艺能，天文地理，图纬祕讖。及诸道术无不悉练。”①

《名僧传》中的撰述风格与此略同。如《名僧传》第三曰：“求那跋陀（梁言功德贤也）中天竺人也，少传五明，天文书算、医方咒术、风甬盈虚、世间术业，多所究竟。而志力坚明，偏习方等，以外典杂事弊释氏，乃遁游师子国，依师入道。”②又如，《名僧传》第十九曰：“佛驮跋陀（或云浮头婆驮。梁言觉贤），北天竺人也，九岁失父母，为外家所养。年十七出家，师令诵经，五人同业，四人一月，敌其一日，博览经律，精力过人。”③

《高僧传》则与上述两种僧传风格完全不同，较多会关注传主的容止、神情的描写。高僧的身高，胖瘦、内在气质与风度都是撰述者注意的地方。一方面身体的雄壮魁梧是《高僧传》中记载僧人一个重要指标。如释僧渊“风姿宏伟，腰带十围”，④“释昙邕，形长八尺，雄武过人。”⑤另一方面，秀气风雅也是撰述者记载传主的又一个指标。如记载释僧澄是“风姿详雅，妙解深经”。释僧远则是“言论清畅，风容秀整”。⑥此外，内在气质风度的体现，即“神”的内敛，也是撰述者对传主记载的又一重要考量。如帛尸梨密多罗，是“天姿高朗，风神超迈，直尔对之。便卓出于物。”⑦释法雅则是“凝正有器度，雅风采洒，落善于枢机。”⑧类似这种“风神秀逸”、“神情爽拔”等词汇常见于《高僧传》对传主的描写中。

印度僧传、《名僧传》没有撰述者独立的史论结构和意识，而《高僧传》有较为成熟的史学批评结构及思想。

① 鸠摩罗什译:《龙树菩萨传》,《大正新修大藏经》第 52 册，第 184a19~23 页。
② 释宝唱:《名僧传》第 3,《卍新纂续藏经》第 77 册，第 351a 页,（台北）新文丰出版公司 1997 年。
③ 释宝唱:《名僧传》第 19,《卍新纂续藏经》第 77 册，第 355a 页。
④ 释慧皎:《高僧传》卷 8,《大正新修大藏经》第 50 册，第 375b 页。
⑤ 释慧皎:《高僧传》卷 6,《大正新修大藏经》第 50 册，第 362c 页。
⑥ 释慧皎:《高僧传》卷 8,《大正新修大藏经》第 50 册，第 377c 页。
⑦ 释慧皎:《高僧传》卷 1,《大正新修大藏经》第 50 册，第 327c 页。
⑧ 释慧皎:《高僧传》卷 4,《大正新修大藏经》第 50 册，第 347a 页。

印度佛教中本来就很少有史学评论形式及其思想的存在。早期印度佛经中，在一段经文之后，常有偈颂出现，或为总结所讲内容，或为提醒后来者便于记忆之用，其形式有传记性，亦有散文性，为印度佛经之规制。[①]故此，在印度佛经中，佛祖的偈颂是无所不在。正如《高僧传》卷二曰："天竺国俗甚重文制，其宫商体韵，以入弦为善。凡觐国王，必有赞德，见佛之仪，以歌叹为贵。经中偈颂，皆其式也。"[②]但亦如上所言，这种早期的偈颂或是便于记忆，或是总结讲过内容，或是采用散文叙事，或是采用传记讲述，形式内容多不固定，其本意的偈颂内涵中并没有史学批评或总结的意识。

故无论是在《龙树菩萨传》《马鸣菩萨传》，还是在《提婆菩萨传》等印度佛教僧传中，我们看到的只是传主史事的记载，并无撰述者对其一生史实的总结和评价，在全篇中，也并无设立这种类似"论曰"、"赞曰"的形式结构。《名僧传》的结构亦是如此，释宝唱只是进行简单的分类，然后将各个僧人专传附属于各个类别之下即可，亦没有在一个类别之后，就一个僧人或一整个类别进行阐释和总结。可见，这种简单的归类思想，没有史学总结和评价的做法与印度僧传之间有一定的关联。

因此，从印度僧传、《名僧传》比较可见，简单明了，不重外在形貌、内在神情，不注重史学总结是印度僧传与《名僧传》的共有的撰述风格。这种不同风格的对比，在一定程度上显示了印度佛教僧传对中土早期僧传的产生具有一定的开启性，亦是为什么中国佛教史籍会从僧传开始的主要因素之一。

其次、诸如业力因果、神通力、感应、三时说、本迹论、垂迹论等印度佛教思想经中土僧人阐释后，影响了中国佛教史籍的撰述，成为贯穿中国佛教史学的主题之一。

如印度佛教中原有的业力因果思想，传入中土后即与儒家性命说之间的融合展开了融合。在南北朝释慧远的业力理论中，就引入"性命自然，

① 萧丽华:《佛经偈颂对东坡诗的影响》,《台湾中兴大学第四届通俗文学与雅正文学学术研讨会论文集》, 2003 年 3 月。

② 释慧皎:《高僧传》卷 2,《大正新修大藏经》第 50 册，第 332b 页。

性分夙定”等儒家之说，但慧远又都视其为前生所定之业，今生之自然，从而被因果报应论融摄。[①] 再如隋唐时期的僧神清也把性命说与这种佛教学说连系在一起，他认为运动产生业，然后业再产生善恶、性命。“夫业者，生乎运动者也，动有违顺，成乎善恶，善恶钟乎报施，然后有性命穷通生焉。”认为是天地之运动才是产生业、性命的源头，这样他就把自然之天地运动作为产生一切的原力，把儒家的性命与佛教的业力统一到天的概念中，从而认为“机运之业，有于轻重，……性命之报，有于今后”。[②] 认为今世之命皆由往世所定，来世之命皆由今世所定，以此来解释儒家“天道之赋命而有其厚薄”，这也是在用印度佛教学说来合融儒家的性命说。这种带有印度佛教因子的业力因果思想则成为中国佛教史籍撰述的史观之一。

再如，早期佛教中的三时说亦是如此，指佛教发展的三个阶段，称为正时（此为佛教兴盛时期）、像时（此为佛教持续发展时期）、末时（此为佛教衰微时期）。这三个时期互相循环发展，永不停息，以此来表明佛教盛衰发展是一个很自然的事情，有盛亦有衰，这是一种历史循环论的学说。正如北朝僧人慧思在《誓愿文》中说：“（释迦如来）正法、像法皆已过去，遗法住世，末法之中，是时世恶，五浊竞兴，人命短促，不满百年，行十恶业，共相杀害。”[③] 认为北朝时，佛教的兴盛已过，当世末法，佛教衰微。此时的佛教史家并没有将更多的目光投注于传统史观，而大多是从纯粹佛教理论来看待佛教本身的变化。这种思维在佛教世俗化的发展下，于隋唐时期有所改变。隋唐佛教史家一方面仍采用佛教三时说来思考佛教的兴盛发展，如唐僧道宣在《续高僧传序》中说：“犹恨逮于末法，世挺知名之僧未睹嘉猷，有沦典籍。”认为唐代仍是处于末法衰微时期。这些都表明早期佛教史家在思考佛教兴替问题上，撰述佛教史书时，已经将三时史观纳入到自己思维范畴。

除了上述两个具有印度佛教因素之外，魏晋时佛教经录体史书的创作亦与早期印度僧人有一定的关联。“西晋武帝时，通晓西域三十六国文字的

---

① 王月清：《中国佛教伦理研究》，第 40 页，南京大学出版社 1999 年。

② 释神清：《北山录》卷 8，《大正新修大藏经》第 52 册，第 620b 页。

③ 释慧思：《誓愿文》，《大正新修大藏经》第 46 册，第 788a 页。

竺法护，携带大量梵本佛经，从敦煌来到长安。他先后翻译了一百五十四部佛经，……大约在晋怀帝永嘉(307~312)末年，他编撰了《众经录目》一卷，用来记录自己翻译的经典，从而产生了由佛教学者撰作的第一部佛经目录。”[①] 东晋时期高僧则在此基础上，针对以往经录“只注意记录佛经的名称，不注意记录译经的时间、地点、译经者、新旧译，”[②] 从起炉灶，编撰《综理众经目录》一卷，成为历代经录的楷模，而印度僧人撰述的《众经录目》对中国佛经目录体史书的开创则功不可没。

2. 中国传统史学的优秀因子是早期佛教史籍产生和发展的又一个重要因素。

单有印度佛教僧传、佛教经录以及佛教思想的外在影响，实不足以产生中国佛教史籍的撰述，中国惯有的优秀记载之风才是早期佛教史籍产生和发展的真正内在动力。

正如有学者所言，佛教在魏晋已经有相当的发展，出现了许多杰出的僧人，他们创建寺院、授徒讲学、制定礼仪、翻译佛经，对佛教在中国的发展作出了很大的贡献，时人为了纪念他们的成就，便把这些僧人的生平事迹、宗教活动记载下来，就出现了最早的佛教僧传。[③] 看见高僧大德的光辉事情就要记载，这是秉承中国传统史家之“有闻必录”的优秀传统所致[④]。可以说，印度僧传的影响以及中国传统史学“有闻必录”的惯性思维促使了早期中国僧传的产生，二者缺一不可。

其次，传统史书的体裁、体例、撰述观念以及史料的取舍、结构的编排完善了早期佛教史籍的撰述，促使佛教史籍走向了具有中土化史学影响的格局。

魏晋南北朝、隋唐时期佛教史籍撰述已经有了初步发展，出现了一大批记载佛教史事的作品，其体裁主要是僧传、志乘体、经录体、感应传等几种，如记载名山、寺塔的有释慧远的《庐山记略》、支遁的《天台山铭

---

① 陈士强:《大藏经总目提要·文史藏》第1册，第4页，上海古籍出版社2008年。

② 陈士强:《大藏经总目提要·文史藏》第1册，第5页。

③ 魏承思:《中国佛教文化论稿》，第152页，上海人民出版社1991年。

④ 陈钟楠:《略说中国佛教史学文献》，《古籍整理研究学刊》2001年第3期。

序》等，专详佛教通史的有南齐竟陵王的《三宝记》、北周净蔼的《三宝集》等，外国志传有僧道安的《西域志》、释法显的《历游天竺记》等，志乘体则有北魏杨衒之的《洛阳伽蓝记》等。[①] 而这些各种各样佛教史籍的出现则是中国传统史学影响的结果。

如北魏杨衒之撰述的《洛阳伽蓝记》，作者感慨洛阳佛教盛衰变迁，见“城郭崩毁，宫室倾覆，寺观灰烬，庙塔丘墟，墙被蒿艾，巷罗荆棘。……京城表里凡有一千余寺，今日寮廓，钟声罕闻。”昔日佛教胜景已不复在，恐“后世无传，故撰斯记。由于洛阳“寺数最多，不可遍写”，故其所录，“上大伽蓝，其中小者，取其详世谛事，因而出之。先以城内为始，次及城外，表列门名，以远近为五篇。”[②] 按照寺院的地理分布，共分城内、城东、城南、城西、城北五卷，记载每个佛教寺院的发展状况及掌故。从上可见，无论是撰述者撰述的缘由，还是该书的体裁、体例均与传统史学、方志学有诸多关联，尽管结构简单，但却开启了中国佛教方志编纂的源流，意义重大。又如，释慧远《庐山记略》、释支遁《天台山铭序》的撰述亦受到传统方志撰述的影响。

在史料的取舍上，南朝梁高僧慧皎撰述的《高僧传》为其中的代表者。该书取材广泛而严谨，“辄搜检杂录数十家，及晋、宋、齐、梁春秋书史，秦、赵、燕、凉荒朝伪历，地理杂篇，孤文片记。并博谘古老，广访先达，校其有无，取其同异。”[③] 所参考的佛教文献就约有七十多种之多，[④] 是当时僧史之集大成者。

在结构的编排上，史学批评上，梁朝高僧慧皎撰述《高僧传》，将高僧分为“译经”、“义解”、“神异”、“习禅”、“明律”、“忘身”、“诵经”、“兴福”、“经师”和“唱导”等十类，在每类之后，撰述者皆对这一类涉及的佛教史事与僧人做一评述。如他在神异类中最后总结何谓神异？“论曰：神道之为化也，盖以抑夸强摧侮慢，挫凶锐解尘纷。至若飞轮御宝则善信归

① 汤用彤：《汉魏两晋南北朝佛教史》，第 409~416 页。

② 杨衒之《洛阳伽蓝记·序》，第 1 页，中华书局 2012 年。

③ 释慧皎：《高僧传·序》，见《大正新修大藏经》第 50 册，第 418c19~418c20 页。

④ 汤用彤：《理学 佛学 玄学》，北京大学出版社，第 72~79 页。

降，竦石参烟则力士潜伏，当知至治无心刚柔在化。……故先代文纪并见宗录，若其夸炫方伎左道乱时，因神药而高飞，藉芳芝而寿考，与夫鸡鸣云中，狗吠天上，蛇鹄不死，龟灵千年，曾是为异乎？”①其中，详细阐述了佛教神异与社会动荡之间的联系，认为佛教神异史事的出现正是现实社会动乱祸乱的结果，故此，文献中的神异与佛教中的神异有本质的区别。可见，《高僧传》不仅有了固定的“论曰”体式，而且撰述者还总结佛教历史发展，批评佛教诸多现象，评论高僧大德的是非臧否，史学批评思想昭然若显。

对世俗社会变迁的评述上，早期佛教史籍中也处处可见传统史学的影响。传统史学对于中国历史上分裂时期的记载，总跳不出“正闰”观念，或奉南方为正统，或奉北方为正统，隋费长房所撰《历代三宝纪》的“帝年”中，将魏晋南北朝分裂时期曾有译经事业之国，均依先后编年，未有正闰之分。在《北山录》中，神清并未采用隋费长房说法，而仍是采用儒家传统史观来叙述中国历史。“古者三代之正，有所取舍，夏后氏尚黑，建寅为正，殷人尚白，建丑为正，周人尚赤，建子为正。”②先明三代顺充，后继之以秦、汉、魏、两晋、魏承汉代为土德，后“鼎迁于晋。”两晋之后则以南朝为正，北朝为闰，十六国则称伪。但他并未象传统史家那样一味地崇正抑伪，而也依德，道来评述。如他虽然称前秦为伪，但又赞其得霸之道，“彼伪犹愈于真杰，诚可谓得霸之道也。”③

此外，魏晋隋唐时期传记的发达、编年体的盛行等诸多传统史学因子都对早期佛教史籍产生了重要的影响。如隋代费长房的《历代三宝记》就受到了编年体史书的影响，④唐僧神清撰写的《释氏年志》则完全采用的是编年体方法，可惜此书早已亡佚。

可以说，魏晋、隋唐时期是中国佛教史籍初创和发展的两个重要阶段。在这一较长的时间段中，大量的佛教史籍纷纷出现，诸如僧传、经录、感

① 释慧皎:《高僧传》卷 10,《大正新修大藏经》第 50 册，第 395a04 页。

② 释神清:《北山录》卷 1,《大正新修大藏经》第 52 册，第 579c 页。

③ 释神清:《北山录》卷 3,《大正新修大藏经》第 52 册，第 588c 页。

④ 该书帝年部分有三卷，采用编年方法编写，每卷由绪论和表格两部分组成，帝年上编甲子、朝代、年号，下注其间重要的世俗政事或佛教大事，始于周庄王十年，终于隋开皇十七年。

应传、志乘等佛教史籍的体裁在此阶段初创并得以发展，在撰述意识上，严谨而博采众家的撰史态度，严肃而敏锐的史学评论都是早期佛教史籍具有特色。而这一切的产生与形成则是印度佛教因子与中国传统史学双重影响的结果，这些都为以后佛教史籍的发展打下深厚的基础。

二、繁盛时期

两宋时期是中国佛教史籍发展的繁盛时期。两宋时期，随着社会经济文化的发展、佛教自身的新变化等因素的影响，佛教史籍著述也出现了繁盛之象，现存的就有四五十部之多。一方面，魏晋南北朝隋唐时期的传统佛教史籍在这个阶段得到进一步地继承和发展。另一方面，随着根据时代的变化，宋代佛教史籍也有自己一些新的变化，新特点。

一是产生了《佛祖统纪》、《释门正统》、《景德传灯录》、《大慧普觉禅师年谱》等一批佛教史书，创建了纪传体、灯录体、年谱体佛教史籍新体裁，丰富了中国佛教史籍的内容。如灯录体佛教史籍萌芽于南北朝，隋唐五代具有雏型，出现惠矩《宝林传》、惟劲《续宝林传》等书。[①]真正的灯录体史书开始于宋景德年间僧道原《景德传灯录》，该书“披奕世之祖图，采诸方之语录，次序其源派，错综其辞句……校岁历以愆殊，约史籍而差谬，咸用删去”，章法初具规模。其后才有《嘉泰普灯录》、《天圣广灯录》、《五灯会元》等或续或扩之作，形成宋代灯录体佛教史籍之盛。[②]

二是宋代佛教史家在传统史书、以往佛教史籍的基础上，改造了编年体、僧传、志乘体等一些旧体裁，使之更适应两宋文化、佛教的变化，使之重新焕发了活力。如在编年体的时间上限问题上，宋代佛教史家或是采用两晋南北朝隋唐时期较为流行的周王二十四年甲寅佛圣人释迦牟尼诞生日为撰述时间的上限，如宋僧本觉撰写的《释氏通鉴》；或以东汉明帝永平七年佛教传入中土为记时的上限，如宋僧祖琇《隆兴编年通论》将佛教记时与编年体史书融合在一起，形成编年体佛教史籍的特色。

---

① 苏渊雷:《灯录与〈五灯会元〉》，见释普济编集《五灯会元》，第1412页，中华书局1984年。

② 参见曹刚华《宋代佛教史籍研究》，第70页，华东师范大学出版社2006年。

三是由于受到传统史学的影响，避讳、曲笔与直书、记事详略、语言繁简等本是传统史书的编撰体例，与佛教史事相结合，也被运用到宋代佛教史籍的编撰中，形成了宋代佛教史籍特有的编撰风格。如求事之真是宋代佛教史籍中直书现象的一个具体表现。宋代佛教史家多坚持在撰述史书时做到秉笔直书，求事实之真。僧志磐在《佛祖统纪》中就强调“尧舜之德必书，跖蹻之行必书。天时人事，善恶臧否，莫不毕录。”[①] 认为不仅好的德行需要记载，坏的行为也要记载。因此，在《佛祖统纪》中既有许多高僧大德的高尚事迹，也有类似“筠州沙门惠洪，坐交宰相张商英、节使郭天信，流崖州”[②] 等佛门不屑的丑事记载。释赞甯在《宋高僧传》也把求事实之真、追求实录精神作为自己的撰述目标。[③] 这些都表明追求实录精神撰述史籍已经成为当时佛教史学界的一种风气。

四是在佛教史观与史学思想方面，宋代佛教史家也达到了比较高的水平。佛教史观，简单说是指佛教史家对佛教发展及社会变迁的一种看法。它肇始于两晋南北朝时期，发展于隋唐时期，特有的佛教理论与中国古代世俗史观的结合，构成了当时佛教僧人史观的两大因素。一方面，佛教史家运用诸如因果报应等佛教学说来评价世俗历史人物和事件；另一方面，他们也注意将世俗史观的优点纳入到佛教史籍的撰述中。隋唐时期，随着佛教与世俗社会文化融合的发展，传统世俗史观在中国古代僧人史观中也越来越加明显，诸如天命史观、五德史观等众多世俗史观中的命题，也屡屡在佛教史籍中出现。

两宋时期，随着三教融合的继续和传统史学的新发展，佛教史观也发展到了一个新的高度。概括来说，宋代佛教史观有两方面的特点。一是继承并发扬魏晋隋唐以来佛教史观的传统，诸如因果报应论、天命观等魏晋隋唐时期佛教史家重视的命题在宋代佛教史籍中也有所反映；第二，随着宋代传统史学、理学思想的新发展，宋代佛教史观也受到影响，表现出时代的烙印，诸如天命史观、人事观、王霸史观、正统史观、皇极、“心”与

---

① 释志磐:《佛祖统纪》卷 38,《大正新修大藏经》第 49 册，第 356b 页。
② 释志磐:《佛祖统纪》卷 46,《大正新修大藏经》第 49 册，第 419c 页。
③ 释赞宁:《宋高僧传 · 进高僧传表》,《大正新修大藏经》第 49 册，第 709a 页。

“气”等理学家经常探讨的命题也被宋代佛教史学家所使用。如宋代高僧契嵩阐释正统时，就说得天命者即是正统。什么是天命呢？他认为人心、人德是天命的两个重要因素，反对以往那种“奉天之命”的观念，非常重视“人心”在安天命方面所起的重要作用，十分强调人的主观能动性。“夫天命者，因人心而安人也，是则人心归其德乎，五行七政顺其时乎，虽曰奉天之命，其实安天之命者也。后世不仁而弃德，始异者之致之也，坐其罪故不容于刑。天命者大命也，人命者禀天而成形，亦大命也。”①故在这种思想影响下，他赞同夏、商、周三代和汉、唐、宋为正统之朝代，而以秦、隋不得人心，虽有天下而不得为正统。这种思想颇与当时的理学观点相似。此外，宋僧志磐、赞甯、惠洪等也都有自己独到的史观看法，这些都表明宋代佛教史家对佛教发展、社会变迁内在原因的理解达到了一个新的高度。

在史学思想上，宋代佛教史家在撰述佛教史书时也有自己一些认识，相对魏晋、隋唐来说，内在的主动性更多一些。诸如撰述史书的目的是什么？史书的功能是什么？怎样才是一部好的史书？如何正确处理史料？等问题都在两宋时期更为当时佛教史家注意，探讨范围逐渐扩大，认识不断深化。如宋僧志磐讨论何谓信史时，说：“有一代君臣，必有一代之史，……尧舜之德必书，跖蹻之行必书，天时人事，善恶臧否，莫不毕录。有可法，有可诫，谓之信史。”②认为史书撰写应该善恶必书，类似尧舜的美德善行要记载，而如跖蹻之恶行也要记录，这才是可信之史。此外，宋代佛教史家也更注重史学批评，史料的来源与考订、强调引文的规范性等问题，这些史学思想的出现都表明宋代佛教史家整体水平的提高，史学的自觉意识进一步增强。

三、调整期

元明时期是中国佛教史籍发展的调整阶段，正如有学者从理论创新上的缺乏，宗派发展衰弱等角度，认为五代以后的佛教是“衰微中的延续”，

① 释契嵩：《镡津文集》卷5，《大正新修大藏经》第52册，第672a页。
② 释志磐：《佛祖统纪》卷38，《大正新修大藏经》第49册，第356b页。

总的情况是大势已去，开始由高峰向下跌落。[①]元明佛教的衰弱也对佛教史籍的编撰有很大的影响，特别杰出的佛教史家和优秀的佛教史籍很难再出现，体裁体例上也没有大的突破，大部分多是在前代佛教史书的基础上墨守陈规，或是致力于各种的续写之作。如续写前代编年体的佛教史籍有元高僧熙仲的《历朝释氏资鉴》、念常的《佛祖历代通载》、明高僧幻轮《释氏稽古略续集》，僧传体的则有明高僧如惺的《大明高僧传》、释明河的《补续高僧传》，灯录体史书则有明高僧玄极的《续传灯录》、释文琇的《增集续传灯录》、释净柱的《五灯会元续略》等。这些续作一方面起到了拾遗补漏的作用，另一方面也有诸多令人不满意的地方。[②]

但元明佛教史籍也并不是一无是处，也有一些新作与亮点。如在体裁上，朱时恩仿效朱熹《资治通鉴纲目》，编撰《佛祖纲目》，创建了纲目体佛教史籍。再如，志乘体佛教史书的发展更是明代佛教史籍的一大亮点。

与魏晋、唐宋时期相比，明代佛教志乘史书不仅著述数量多，而且还改编了传统方志体例，提出不少有关史学撰述的真知灼见。明代佛教史家在继承早期佛教志乘史书传统的同时，大胆而自觉的吸收《大明一统志》等传统方志的优秀经验，改造佛教志乘，在结构布局、撰述意识等方面形成较为成熟的规范，许多观点为后代佛教史家所仿效，明代实为中国佛教方志的定型与成熟时期。

明代佛教志乘史书的数量繁多，现存的就有近百部，在中国佛教文献学史上构成了一个重要支脉。纵观其发展脉络，可以分为两个阶段：一是明中前期，尤以成化、正德时期为主。如成化时有僧弘斌的《江心志》，正德时有许国诚的《鹤林寺志》、《鹿泉寺志》、邵宝的《慧山记》等。这一阶段佛教志乘史书在体例、编撰手法上处于转型时候，既有简单平目体的撰述，也有融合传统方法的佛教志乘史书。二是明晚期，此为明代佛教志乘史书的繁盛时期，尤以嘉靖、万历、崇祯三朝的规模和影响最大。嘉靖时有金銮《摄山栖霞寺志》、孙昌裔《三修西天目志》，万历有释镇澄《清凉山志》、周

① 方立天:《中国佛教与传统文化》，第 84 页，上海人民出版社 1988 年。
② 魏承思:《中国佛教文化论稿》，第 159 页。

应宾的《重修普陀山志》，崇祯时有释行几《黄檗山寺志》、顾元镜的《九华山志》等。大批佛教志乘史书的出现成为当时佛教史学界的一大盛象。

在结构布局上，明代佛教史家采取继承与创新共存的态度，一方面继承《古清凉传》、《广清凉传》、《补陀洛迦山传》等的传统；另一方面更多的是从传统方志中吸取营养，创新、改编佛教方志的撰述结构，并形成一定的规范，平目体、纲目体、政书体、辑录体、游记体成为明代佛教志乘史书的主流。

明代佛教志乘史书的成熟，不仅表现在数量、结构布局上，还表现在他们对于编修佛教志乘史书思想认识的提升上，如怎样才是一部好的佛教志书？如何正确处理史料？等等问题都是明代佛教方志编撰者在前人基础上，结合修志实践总结出的宝贵经验，为清代佛教志乘史书的繁盛提供了理论基础，这些都是明代佛教史籍的闪光之处。

四、复兴期

清代是佛教的衰弱时期，但对佛教史籍编撰而言则是的一复兴时期，说清代是中国佛教史籍的复兴时期，其原因在于与历代佛教史籍编撰相比，清代佛教史籍编撰数量之多是前代所未有的；在佛教史籍体裁的运用和史学批评上，清代佛教史家继承前代佛教史籍的同时，清代佛教史籍还有一些新的变化，呈现自有的特点。

据不完全统计，目前现存清代佛教史籍有数百部之多，出现了释音纬《大觉普济玉林禅师年谱》、释如纯《黔南会灯录》、释宏壁《三峰藏禅师纪年录》、悟开《莲宗正传》、释超永《五灯全书》、纪荫《宗统编年》、周春《佛尔雅》、释静挺《学佛考训》、释超纲《黄山翠微寺志》、谢元福辑《灵谷禅林志》等一大批清代佛教史书。

在编撰体裁上，清代佛教史籍仍以以继承前代为主，诸如编年、经录、传记、灯录等体裁在清代佛教史籍编撰中占有重要的地位，变化的则是宋明以来佛教方志、年谱等新式体裁在佛教史籍编撰中占有绝对的数量，成为清代佛教史籍体裁的主力军。

如在前人撰述的影响下，以及清代禅宗内部宗派斗争的需求下，清代有大量的灯录体史书。清代曹洞宗僧众撰述的灯录有释智沄《洞上祖宪录》16卷、释智楷《洞宗大觉续灯录》40卷（存24卷）、释智楷《卫灯录》10卷、释海宽《五灯会元缵续》1卷、释元贤《续灯录》6卷、释净符《祖灯大统》98卷等。

《卫灯录》10卷，编撰者清曹洞宗古杭白岩二叶智楷编集，编撰目的在于捍卫洞宗之正统地位，灯继不灭之精神。所谓“灯者，继日月而通乎昼夜之道者也。”但是自元明以来，禅宗“不幸妖风四起，一足山变而出乎户牖间，灯耿耿不明矣。”智楷“于是求其卫之之术，而灯以不息昼夜之道，以通法道之在人间，犹日月之在天也。”[①] 故其编撰《卫灯录》之心实由振兴法道衰退之势，但是其心中的禅宗法脉，则是曹洞而非临济。

清代临济宗僧众撰述的灯录则更多，有释通容《五灯严统》25卷、释通问《续灯存稿》12卷、释性统《续灯正统》42卷、释明喜《淄门世谱》、释通醉《锦江禅灯》、释行悦《列祖提纲录》42卷、释超永《五灯全书》102卷等。这些清代灯录或是在内容上有所增删，编撰章法变化不大，或是删繁就简，汇编简化，便于观览，总体来说，并没有超过宋元明时期的编撰水平。

除禅宗灯录之外，清代还出现了贤首宗、律宗灯录，亦是清代灯录撰述的又一大特色。贤首宗灯录的代表者为清嘉庆九年贤首高僧心露编撰的《宝通贤首传灯录》及光绪年间续编的《宝通贤首传灯续录》，律宗灯录则有清乾隆高僧源谅编撰的《律宗灯谱》。

在史学批评思想上，清代佛教史家亦与前代相比多有变化与创新。清代佛教史籍中亦存在了大量的对佛教历史发展，高僧大德的史事、寺院山林的盛衰、传统社会与佛教之间的关系等评论内容，是清代佛教史籍中一个重要的组成部分。如《南宋元明僧宝传》中处处可见撰述者对佛教发展、僧人史事的评述。如该书卷一记载“赞曰：余考建炎之扰，高蹈物表，不无其人。普公直蹑不测之垒，因机示教，布置节次，毫忽不乱，此其智力

① 释智楷:《卫灯录·序》，清刊本。

愿力，可称两足矣。惟颠末追慕船子，虽钓尽清波金鳞不遇，而公之慈风凛然在也。”[①] 又如《居士传》中亦可见编撰者对居士史事的诸多评价。该书卷二一曰：“知归子曰：明远之学，于天台三观之旨。知所致力矣。子正与杨大年并号参禅有得。观其去来之际。非其验耶。文富张赵平生勋德具载于史。予独序其学道之始卒。以着其所存者如此。”[②]

从上可见，佛教史籍在清代再次复兴，编撰数量之多，体裁运用广泛且有新变化，史学评述意识加强，这些都是比追唐宋佛教史籍的繁盛之象。而这一切“复兴”则与清代佛教的变化有着十分紧密的联系。

五、转型与百家争鸣

民国时期，随着内忧外患的交织、社会现象的日益丰富、西方、日本撰述方法的传入，佛教史籍在撰述内容、结构安排上都有向近代著作转型的趋势，呈现了既有继承以往佛教史籍撰述之传统，又有在清代乾嘉考据之学影响下佛教史研究的新思路，还有在西方、日本佛教史新式研究影响下出现的新的佛教史籍，出现了中国佛教史籍撰述的“百家争鸣”新局面。

首先，对魏晋隋唐以来，中国佛教史籍的延续继承撰述，仍是民国时期部分佛教史家坚持的一个理想，如释震华《续比丘尼传》六卷、李园净编《地藏菩萨本迹灵感录》（上海世界佛教居士林 1928 年底初版）、《观音灵感近闻录汇编》（上海佛学书局 1939 年初版）、温光熹《观世音菩萨本迹因缘》，（上海大法轮书局 1948 年再版）等，[③] 其中以喻谦《新续高僧传》六十五卷、释德森《净土圣贤录三编》为代表。

《净土圣贤录三编》由净业学人释德森，在 1933 年编撰于苏州报国寺清净室。该书编撰之缘由在于，一方面延续唐宋明清编撰信奉净土人士传记的传统，“《净土圣贤录初编》为彭二林居士之侄希涑所辑，二林所鉴订。自佛世以至清乾隆时，得编入之四众，已近有五百传。虽记载少

① 释自融撰，释性磊补辑：《南宋元明僧宝传》卷 1，《卍新纂续藏经》第 79 册，第 590c 页。

② 彭绍升撰，赵嗣沧点校：《居士传》卷 21，第 105 页，成都古籍书店 2000 年。

③ 北京图书馆编：《民国时期总书目：宗教分册》，第 39 页，书目文献出版社 1994 年。

而遗漏多，亦大有可观。道光末，有莲归居士胡珽，为之续编，所载亦近百六十传。二编，文笔圆妙，记事确实。修净业者，得此六七百篇之良模懿范，自可发起深信，切实修持，为生西之高抬贵手。”[①]另一方面则感于民国时期“念佛往生之人，确较昔时为多。而深知净土利益，有心提倡者，记录亦正不少。时有人提议此时实有继辑三编之必要。”[②]德森于是孑啊请教民国高僧印光老和尚后，决定以《种莲集》和晚清民国时期的往生传等为基础，编辑《净土圣贤录三编》。该书结构上，与前代往生传大致相同，分为往生比丘第一、往生比丘尼、往生居士、往生女人、补遗五部分。

喻谦《新续高僧传》六十五卷，则为民国时期旧式佛教史籍编撰的高峰之作。正如上所言，僧传之作，自魏晋时起产生，历朝几乎都有高僧传记，体例略同，如梁朝释慧皎《高僧传》、唐代释道宣《续高僧传》、宋代释赞甯《宋高僧传》、明代释如惺《明高僧传》等。喻谦于 1923 年完成的《新续高僧传四集》实则是中国旧式佛教僧传的最后一部，无论是在编排结构，文字审定、还是在收录的僧人数量，史学规范上，都足以代表当时民国旧式佛教史籍编撰的较高水平。

《新续高僧传四集》编撰之缘由在于撰述者对于宋元之后《高僧传》编辑的不满，正如时人靳云鹏言：“自梁武以逮赵宋，选辑僧传，代有其人。然自宋而后，时历四朝，岁近千载，其开国之初，若元若明以迄有清，莫不推崇象教，故一时高座传经阐化异迹神力，多有足纪。”但是明僧如惺编辑的《明高僧传》“所辑鑱及数卷，辞事阙略参差，尤甚不能称为完书。”[③]实不能反映宋元以后，尤其是清代、民国时期高僧大德之光辉事迹。故喻谦“尊其所闻，广加甄采，汰其复杂，成书六十六卷，得高僧千数百人，”撰成《新续高僧传四集》，“是编之作，非徒为桑门龙象之楷，亦启寰宇和平之福。”可谓当时佛教史籍撰述之“亦盛矣。”[④]

其次，民国时期，进化论、科学与自由以及伦理学、社会学等西方思

---

① 释德森:《净土圣贤录三编·序》，民国二十二年苏州灵岩山寺刊本。

② 释德森:《净土圣贤录三编·序》。

③ 靳云鹏:《新续高僧传四集·序》，见喻谦《新续高僧传》，民国十二年北洋印刷局影印本。

④ 靳云鹏:《新续高僧传四集·序》。

潮与新式研究方法纷纷涌入中国，佛教内外之研究者亦不免受其影响。

在佛教史观上，美国人宣达尔斯（K.J.Saunders）撰述《美国佛学界之中国佛学史观》一书由李一超翻译，上海佛学书局在 1931 年 10 月初版。该书翻译自著者《佛教史各时代论》中关于中国佛教的论述，包括三教之接触，佛教的最初输入、中国佛教现状等 42 部分，其中涉及的美国佛教史观亦随之传入中国。[①] 再者，在 1930 年 10 月，上海佛学书局出版，慈忍室主人与当时佛学大师太虚共同编辑、审定的《进化论》、《社会学》、《教育学》、《政治学》、《伦理学》等系列西方学说与佛教学说对话丛书，来探讨进化论、真正佛学家当为世界大劳动家、佛学研究之历史观等诸多问题。[②] 这些都反映了西方思潮对当时佛教史书撰述存在着一定的影响。

在研究方法上，西方实证思想对佛教史书的撰述影响颇大，法国人普纪吕司基（M.Przyluski）《佛学研究》一书由冯承均翻译，上海商务印书馆 1930 年 10 月初版，1935 年 2 版，该书主要是考证佛入涅槃前最后之巡历，佛经原始诵读法，印度佛教数种职名考，那先比丘经中诸名考等内容。法国人莱维（S.Levi）、孝阀纳（E.Chavannes）撰述的《法住记及所记罗汉考》（冯承均翻译 上海商务印书馆 1930 年 9 月初版）则就针对《法住记》中所记载阿罗汉事情进行考证。法国人莱维（S.Levi）还撰述《大孔雀经药叉名录舆地考》（上海商务印书馆 1931 年 9 月初版）以僧伽婆罗，义净不空的译本与梵文文本对勘《大孔雀经》中的人名、地名等。[③] 类似这种实证研究方法来研究佛教文献，亦对当时佛教人物、典籍研究产生一定的影响。如深受西方思想影响甚深的胡适，就采用这种怀疑加上实证的方法，相继撰述了《菩提达摩考》、《白居易时代的禅宗世系》、《论禅宗史的纲领》、《禅学古史考》、《〈坛经〉考》（系列）以及编辑《神会和尚遗集》4 卷（上海东亚图书馆 1930 年 4 月初版）等著述。[④]

民国时期，将西学方法与中国传统学术融合研究中国佛教史的是陈垣

① 北京图书馆编:《民国时期总书目：宗教分册》，第 82 页。
② 北京图书馆编:《民国时期总书目：宗教分册》，第 75 页。
③ 北京图书馆编:《民国时期总书目：宗教分册》，第 68 页。
④ 北京图书馆编:《民国时期总书目：宗教分册》，第 53 页。

先生，他也在此时期撰述了《清初僧诤记》、《明季滇黔佛教考》、《中国佛教史籍概论》等佛教史籍，如陈垣在1940年12月出版的《清初僧诤记》主要记载了禅宗掌故，遗闻旧事，包括临济，曹洞之争，天童之争，新旧势力之争等。[①]这些佛教史籍，在一定程度上都显示了陈垣新旧方法结合的治学态度，正如他本人曾总结道："余今不业医，然极得医学之益，非只身体少病而已。近二十年学问，皆用医学方法也。有人谓我懂科学方法，其实我何尝懂科学方法，不过用这些医学方法参用乾嘉清儒考证方法而已。"[②]其中的医学方法则是具有西方科学研究精神的方法，乾嘉清儒考证方法则指的是中国传统考据之学。类似将这种新旧方法融合为一体来研究佛教的还有余嘉锡撰述《牟子理惑论检讨》（北平燕京大学1936年12月初版）对《弘明集》中《理惑论》的作者牟子加以考证。[③]岑仲勉撰述《佛游天竺记考释》，（上海商务印书馆1934年10月初版）就佛国记中的人物、时间、地点进行考证。[④]再如，陈寅恪则周游列国，通晓西方诸国语言，归国之后，亦多采用西方之方法研究中国佛教。[⑤]

此外，西方撰述之法对民国时期佛教志书编撰的影响亦为明显，出现了章节体、具有"大事记"的佛教方志。如白志谦编撰的《云冈石窟寺记》采用章节体方法，全书分为六章：第一章石窟寺创建之历史、第二章 石窟寺之现状、第三章 石窟寺建造艺术之系统、第四章石窟寺建造工艺之特征、第五章 石窟寺佛像之现状、第六章结论。每章下面再分细目，如第一章石窟寺创建之历史，编撰者就又分为石窟寺创建之情形、石窟寺当年之景物进行记载。全书结束之后，还有附录。[⑥]这种体例方法即使与现代方志相比较，也相差不多。又如《金陵大报恩寺塔志》在全书最后专门设置"大事记"，采用编年手法，记载从吴赤乌三年（240）金陵大报恩寺的开始，至

---

① 北京图书馆编:《民国时期总书目：宗教分册》，第54页。

② 陈垣:《陈垣全集》第23册，第593~594页，安徽大学出版社2009年。

③ 北京图书馆编:《民国时期总书目：宗教分册》，第68页。

④ 北京图书馆编:《民国时期总书目：宗教分册》，第68页。

⑤ 关于陈寅恪佛教研究采用的方法，研究较多，不赘言。可参见夏星《陈寅恪与佛学》(《世界宗教文化》1998年第4期)、彭华《陈寅恪与佛教研究》(《宗教学研究》2006年第4期)。

⑥ 白志谦:《云冈石窟寺记》第1章，见杜洁祥主编《中国佛寺史志汇刊》第2辑第29册，(台北)明文书局1980年。

清代同治四年（1865）十二月，江宁机器制造总局将寺院土地强占为生产厂房千年沧桑的变化。[①]

再次，相比西方思潮之影响，日本佛教史学研究方法的影响则更为深切。日本佛教史书之撰述本自仿效中国古代佛教史籍之编纂，如日本第一部综合性佛教史书《元亨释书》，全书由传赞论表志五种体例构成，共记载了416位元高僧的传记。该书无论是在撰述意图，还是在体裁体例，以及史料的选择采用上，都受到了中国佛教史籍的影响。[②]但是自“明治以后，历史的研究方法作为学问的方法而被采用，特别是在佛教史研究中，村上专精与鹫尾顺敬共同出版的《佛教史林》，引入了这种历史的研究方法。”[③]其后，出现明治39年（1906)金尾文渊堂出版的吉永智海师的《支那佛教史》、明治40年（1907)出版的境野黄洋的《支那佛教史纲》（森江本店）以及稍后常盘大定博士昭和13年（1938)春秋社出版的《支那佛教研究》、宇井伯寿于昭和11年（1936)由岩波书店出版的《支那佛教史》等诸多经典研究中国佛教史的佛教史书。[④]

而这些日本新式研究的论著亦传入到中国，如岛地墨雷、生田得能撰述，听云、海秋翻译《三国佛教略史》由上海佛学书局于1930年2月出版发行，该书主要记载印度佛教略史、支那佛教略史（叙述中国自东汉至清的佛教史）。[⑤]这些传入到中国的日本新式研究佛教史的论著对中国佛教研究产生了重大影响。如第一部较系统、科学化的中国佛教史是民国十七年蒋维乔撰述的《中国佛教史》，该书在很大程度上是“借资于东籍，竭年余心力，以成此书”，[⑥]其中的“东籍”指的是日本境野黄洋在1907年出版的《支那佛教史纲》。[⑦]再如，另一部著名的《中国佛教史》由黄忏华撰述，在长沙商务印书馆1940年3月初版，全书分中国佛教之肇始时代（东汉至

① 张惠衣：《金陵大报恩寺塔志》，南京出版社2007年。

② 塙保己一：《群书类从》第5辑，第527页，続群书类従完成会1980年。

③ 镰田茂雄著，圣凯译：《近代日本的中国佛教史研究》，《法音》2000年第2期。

④ 镰田茂雄著，圣凯译：《近代日本的中国佛教史研究》，《法音》2000年第2期。

⑤ 北京图书馆编：《民国时期总书目：宗教分册》，第82页。

⑥ 蒋维乔：《中国佛教史》，第1页，湘潭大学出版社，2011年。

⑦ 肖平：《近代中国佛学研究事业的兴起与日本》，《中山大学学报论丛》2000年第3期。

西晋）、中国佛教之进展时代（东晋至南北朝）、中国佛教之光大时代（隋唐）、中国佛教之保守时代（五代至清），[①] 该书亦多是以日本人宇井伯寿于1936年由岩波书店出版的《支那佛教史》为基础编撰而成。[②] 可见，民国时期，日本新式研究佛教的方法对当时中国佛教史研究影响之深，亦形成了一批新式的中国佛教史籍。

余　论

中国佛教史籍的发展历经了肇始、发展、繁盛、调整与转型五个时期，在这一长时段中，佛教史家辈出，撰述了大量的佛教史书。一方面，这些史书从佛教的角度出发，既记录了当时佛教发展、融合的这一过程，也记录了当时佛教徒眼中的中国社会、中国历史及民众思想，是研究中国佛教发展及中国古代社会的的巨大资料宝库，具有十分珍贵的史料价值。另一方面，这些佛教史籍历经千年的发展，无论是在撰述目的、体裁体例，还是在史书的功能、史料的收集与考订、编撰的风格等各方面都取得了丰富的经验，这些也都为现当代佛教史学的发展与变化提供了宝贵的财富。

综而言之，中国佛教史籍是中国古代文献中一个独特奇葩，它既有佛教文献的特点，也有中国传统文献的因子，民国时期还具有西方科学研究之精神。前者指其具有强烈的宗教性，即佛教史籍在记载佛教发展历史、评价历史事件与社会变迁的同时，会大力的宣扬佛教教义理论，如佛教史家运用佛教垂迹论、因果论、三时论评价历史人物，品谈社会变迁。这也决定中国佛教史籍中某些荒诞性、神秘性色彩，迟滞了中国佛教史籍的发展。传统文献因子是指其受到中国传统史学的影响，在传统历史编撰学影响下，佛教史家自觉实用地借用资世存史、体裁体例、实录直笔、人物评论等概念，采用传统考据治学的方法，给予了中国佛教史籍新生命与力量，促使了中国佛教史籍的全面发展。西方科学研究之精神则是指民国时期，随着西方自由观、进化论、实证方法的传入，再加上，日本佛教史研究新

① 北京图书馆编:《民国时期总书目：宗教分册》，第82页。

② 肖平:《近代中国佛学研究事业的兴起与日本》,《中山大学学报论丛》2000年第3期。

方法的影响，赋予了中国佛教史籍走向了更加历史化的研究道路，正如蒋维乔总结民国学术所言："一切学问，均有学理的研究和历史的研究二种，于佛教何不独然，"数千年来，只有汗牛充栋的教理资料，并无系统研究的著作，而民国时期的"历史的研究"恰恰再次体现了西方、日本新式方法影响的结果，"则所得结果，必益精确。"亦可使中国佛教史籍之编撰由传统资料的编辑、汇编走向东西方法融汇的新视野研究之中。故此，印度佛教之精神、中土佛教之观点，加上中国传统史学中的精神，以及西方、日本学术思想影响所致的研究科学化，构成了数千年来，中国佛教史籍绵绵发展、融汇、东西贯通的史学特质。

（作者单位：中国人民大学清史研究所）

历史记忆与庄氏史狱

◎阚红柳

"庄氏史狱"[1]是清初著名的一起文字狱案。清顺治十八年（1661），史狱案发，其前后经过大致如下：浙江湖州南浔富户庄廷鑨欲以"瞽史"自居，购得故明相国朱国桢未完成的《明

① 庄氏史狱，又称"庄氏史案"、"庄廷鑨《明史》案"、"庄廷鑨明史狱"等，学界研究成果颇多：较早的有朱襄廷《庄史案辑论》（国立中山大学语言历史学研究所1926年刊行）、谢国桢《庄氏史狱参校诸人考》（《图书馆学季刊》1930年第4卷第3、4期）、周延年《庄氏史案考》（1932年著者刊），注重史狱史实的具体考辨；其后又有商全《清初"庄廷鑨明史狱"中的一件轶闻——查继佐与吴六奇关系考》（《北京大学学报》1988年第2期）、杨林《试析庄氏史案对清初私家修史的影响》（《清史研究》1992年第2期）、钱茂伟《庄廷鑨修史考论》（《宁波大学学报》1998年3期）、胡万川:《历史与小说之间：查伊璜与大力将军传奇》（《清代学术论丛》第五辑，文津出版社2003年）等，进一步分析史狱所关涉的人物及史学与文学研究的细节；晚近所出研究成果，则以张兵、张毓洲《庄廷鑨〈明史案〉与清初江浙文学生态》（《社会科学战线》2011年第5期）和英国学者白亚仁《江南一劫：清人笔下的庄氏史案》（浙江古籍出版社2016年）为代表，补充了更多清初的诗文资料，令庄氏史狱的来龙去脉更为清晰。较比前人研究，本文更为注重凸显庄氏史狱在有清一代文字狱研究中的个案意义，通过梳理清人对这起文字狱案的各种文献载述，深入思考文字狱对清代学林所产生的历史影响。

史》[①]一部，征聘名士删削润色，并增补了崇祯朝及南明史事，定名为《明史辑略》，刊刻发行。因书中颇有忌讳语，为吴之荣告发，遂酿成大狱。其时庄廷鑨已死，被碎尸，其父庄胤城及其兄庄廷钺及弟侄年十五以上者，皆被论死，妻女被发配沈阳为奴。此案除首犯庄廷鑨和朱佑明二家外，株连极广，凡列名参校的当地名士，如潘柽章、吴炎、董二酉、张嶲、韦全祉、蒋麟徵、茅元铭等二十余人[②]，及其亲属、刻工等皆罹祸，共七十余人，参校者中惟有查继佐、陆圻、范骧三人因事发前检举获免。"庄氏史狱"被全祖望称为"江浙两大狱"之一[③]。因案发在顺治、康熙朝之交，官方记载无存，故有关庄氏史狱多为民间的文献载述。有清一代不少学者以不同视角记述了史狱前后经过，笔者拟粗为梳理，借以展示清代学界对庄氏史狱的历史记忆，并由此论析文字狱对学界的影响。

一、问题的提出

清代学者赵翼，最早提出了"文字之狱"与"文字之祸"的概念，并作了初步分析。赵翼认为，文字之祸首起于宋金和战之时，"秦桧赞成和议，自以为功，惟恐人议己，遂起文字之狱，以倾陷善类"[④]；次起于明代初年，"时帝（指朱元璋）意右文，诸勋臣不平，上语之曰：'世乱用武，世治用文，非偏也。'诸臣曰：'但文人善讥讪，如张九四厚礼文儒，及请撰名，

① 据《费恭庵日记》云："顺治十八年辛丑十二月，湖州逆书案起，乌程南浔相国朱文肃公名国祯，博学多著述，有良史才，作明书大事记、大政记、大训记，俱系天启时所刻。又有《明书》一部，仿《史记》廿一史例未刊，然其论赞大抵俱称朱史氏，其未刻之《明史》亦然。相国殁后，其诸孙贫，因以其稿出售于人。浔中有贡生庄胤城者，字君维，家富，长子子襄名廷鑨，有才而瞽，欲以瞽史自居，购得此书稿，乃聘诸名士茅元铭、吴炎、吴楚、吴之铭、张嶲、唐元楼、严云起、韦全祉、蒋麟徵、潘柽章约十六七人，群为删润论断，又以史中未备者，采乡先达茅瑞徵《五芝纪事》及《明末启祯遗事》，名曰《明史辑略》，求庚辰进士李令皙为之序。"（转引自谢国桢《增订晚明史籍考》，第63~64页，中华书局1964年。）

② 《明史辑略》的参校者，文献记载颇有出入，顾炎武《书吴潘二子事》云"十八人"，《费恭庵日记》云"十六七人"，翁广平《书湖州庄氏史狱》称"二十四人"，朱襄廷《庄史案辑论》则称有"二十八人"，笔者取顾炎武说，再加上列名参订而未罹祸的查、陆、范三人，当有二十余人。另可参见谢国桢《庄氏史案参校诸人考》。（《谢国桢全集》第七册，第37~40页，北京出版社2013年。）

③ 全祖望所说的另一大狱为戴名世《南山集》案。

④ 赵翼：《秦桧文字之祸》，曹光甫校点《廿二史札记》卷26，第378页，凤凰出版社2008年。

则曰士诚。’上曰：‘此名亦美。’曰：‘《孟子》有士诚小人也之句，彼安知之？’上由此览天下章奏，动生疑忌，而文字之祸起云。”[①] 对文字狱的消极影响，赵翼亦略有论及。秦桧以文字狱作为构陷异己的手段，“因而附势干进之徒，承望风旨，但有一言一字稍忌讳者，无不争名告讦，于是流毒遍天下”[②]；而一般的文人学者，受此震慑，对文字著述深为忌讳，“甚至司马伋自言《涑水记闻》非其曾祖光所著，李光家亦举光藏书万卷悉焚之，其威焰之盛，真可畏哉！”[③] 自赵翼后，谈及文字狱的恶劣影响，人们往往引用龚自珍《咏史》中的诗句，“避席畏闻文字狱，著书都为稻粱谋。”近代以来，尚有不少学者对文字狱进行系统梳理、分析与研究。其中，较早科学全面解析文字狱消极影响的当属梁启超，他认为，文字狱对有清学界的影响渐趋深化，“凡当主权者喜欢干涉人民思想的时代，学者的聪明才力，只有全部用去注释古典”[④]，乾嘉考据学遂盛行学界。并指出，“窃计自汉晋以来二千年，私家史料之缺乏，未有甚于清代者。盖缘顺康雍乾间文网太密，史狱屡起，‘禁书’及‘违碍书’什九属史部，学者咸有戒心。”[⑤]

自梁启超后，谈及文字狱影响的学者很多，著名者如章炳麟、鲁迅等等[⑥]，不一一具述。大体来说，在文字狱的影响问题上学界似乎已经形成了一种惯性思维——即“禁锢了思想，摧残了文化，败坏了吏治、学风”，这是常见的固定模式。诚然，宏观来看，文字狱是中国文化发展史上的毒瘤，任何一起狱案，对思想、文化的发展乃至学术风气的倾向，都有一定的消极影响，总体上以此概括论定并无不妥。但是，单一化并且固化的思维会导致忽略历史的变动性和复杂性，具体到每起文字狱个案，其影响究竟有多大，波及范围有多广，士林在文字狱压力之下具体的动向与反应如何，恐怕还要具体问题具体分析。一般来说，官方文献与统治者的意向相一致，与文化专制、思想管控等内容相关，而士人关于文字狱事件的民间文献载

---

① 赵翼：《明初文字之祸》，曹光甫校点《廿二史札记》卷32，第497页。
② 赵翼：《秦桧文字之祸》，曹光甫校点《廿二史札记》卷26，第378页
③ 赵翼：《秦桧文字之祸》，曹光甫校点《廿二史札记》卷26，第379页。
④ 梁启超：《中国近三百年学术史》，第21页，吉林人民出版社2013年。
⑤ 梁启超：《中国近三百年学术史》，第277页。
⑥ 参见章炳麟《讨满洲檄》、鲁迅《买〈小学大全〉记》等文。

述则更易于凸显文字狱压力下学术界的具体反响，即此而论，庄氏史狱为具体而微观地研究文字狱在学林的持续性影响提供了典型个案。

作为清初文字狱大案，庄氏史狱持久而漫长地保留在清人的记忆之中，甚至可以说，断断续续，几乎持续了有清一代。从时间来看，史狱发生后，即有顾炎武的《书吴潘二子事》、王士禛的《香祖笔记》、蒲松龄的《聊斋志异》等文字记述；清统治中叶，有董世宁的《乌青镇志》、全祖望的《江浙两大狱记》等记述；再晚一些，有杨凤苞的《记庄廷鑨史案本末》、翁广平的《书湖州庄氏史狱》等记述；晚清，汪曰桢的《南浔镇志》亦大量辑录了前此关于史狱的各种记述。就空间来说，史狱发生在浙江南浔，一直为南浔及邻近地区学人关注，但影响远及其他地区，如山东的蒲松龄、江西的蒋士铨、湖南的魏源等均对此案有文字记述。

更为重要的是，庄氏史狱给学术研究留下了丰富的私人记述。官方记载极少，不见于实录、起居注等官方档案文献之中，但民间的私人记述却很多，且来自不同群体，不同地区，从而为翔实研究史狱提供了丰厚资料。就史狱的人群影响来看，可见的记述性文字既包括史狱当事人的记述，如查继佐；当事人亲属的记述，如陆圻的女儿陆莘行，范骧的儿子范韩，潘柽章的弟弟潘耒[①]等等；当事人友人的记述，如吴炎、潘柽章的朋友顾炎武，参校者的友人陈寅清等等。甚至，还有与史狱当事人没有任何关联的学者的记述，如蒲松龄的记述，蒋士铨的记述等等。

庄氏史狱保留在清代学人的记忆[②]当中，而历史记忆则生动真实地再现了人们对历史事件的分析、判断乃至评价。系统梳理这些文献材料，或能对研究文字狱影响的变化性与复杂性有所裨益。

---

① 潘耒有文字记述其兄潘柽章学行，但侧重文字狱案的文字不多，有记载言潘耒曾为其兄陈述冤情，为之昭雪，从潘耒入史馆参与修《明史》可知，当为实情，惜未见诸官方记载。

② 海登·怀特曾说："史学理论中有一种老生常谈，说的是由事实而得出的故事是一种浓缩，即将行为经历的时间缩减为讲述的时间、将人们有关某个特定历史时期所知的一切事实缩减成只剩那些重要的事实，这种浓缩不仅对特定时空范围内发生的事件是如此，对于人们就这些事件可能会知道的事实也是如此。"（海登·怀特：《叙事与诗性的历史》，刘东主编《中国学术》总第十七辑，第25页，商务印书馆2004年。）历史记忆依不同个体的倾向而产生选择性和差异性，对于庄氏史狱记述的个体差异，可以用于透视清代文字狱的多面影响。

二、人格与操守：当事人及其亲属之记述

就目前所见的文字记述来看，庄氏史狱涉案者虽多，但本人留下文字记述当时情形的仅有查继佐，他在《得案日记》中备叙史狱情形。《日记》已不可见，但其弟子沈起所作《查继佐年谱》保留了《日记》的部分内容。

康熙元年壬寅（1662）先生六十二岁。

时旧乌程令吴之荣与庄氏为仇，讦奏伪史于朝，词连先生。是冬，钱唐令慕公（天颜）奉督台赵公命（日记：察院赵君邻）。以手版晨至敬修堂求见，云："署中有愿见颜色者，某为介绍"。先生曰："邑令而晨来，其为某乎？某候此久矣！"不入室，果以庄史见收二十日。将执内勘，诫子勖曰："吾行而故不知同参阅姓氏十八人也。即偶闻，万勿露。彼自有命，毋命出汝口，使天下曰：'东山有子杀人'。"（日记：吾浙部抚求同参三人外十八人姓名，呼问余儿勖。部赵怜勖幼子，衿且弱，诫左右试刑名，耳曰：'毒及夫人，共督出十八人。'勖以余初诫，死不承命。刑甫及肤，儿高呼。赵翻诫用刑者，谕府丁：'律，逆十五以上无坐者。'勖卒自陈十五以内。）[①]

查继佐初罹史狱，首先警告幼子查嗣勖不得透露其他参阅人姓氏，以免引起更大范围的牵连，并颇为豪放地安慰儿子，"即以为不祥乎？使吾偃息在床，死儿女之手，岂若普天下穷乡僻澨稍识大义者，咸为我跌足叹息，胜汝匍匐走乞巨公题墓石。速去，毋乱人意。"[②]

查继佐除在《日记》中对本人狱中情形交待之外，尤其注重记述的是牵连入狱，但无罪释放的缘由。

康熙二年癸卯（1663）先生六十三岁。

浔案波累者以千数，不能尽拘而北，遂移狱还浙讯。在执咸不赦，惟

① 沈起：《查继佐年谱》，第 54 页，清沈起、陈敬彰撰，汪茂和点校《查继佐年谱 查慎行年谱》，中华书局 1992 年。

② 沈起：《查继佐年谱》，第 54~55 页。

先生与范（骧）、陆（圻）同释（日记：范、陆系余牒连名，部抚虑内勘必反，亦起解入都。而部对无名，且原案已南发，范、陆亦南返。《适然歌》："逡巡诸公果自焚，湖头侥幸存三君。）[①]

关于投牒检举，《日记》中亦加记述：

（范）骧居海宁，治远莫致，其弟文清合词简举，问之杭严熊光裕（字雪庵，时署按察事），不得报。是月之五日，余自作牒四六体，投督学胡尚衡，亦不得报。余手启胡：语涉鼎革，而衡文不知之乎，他日门户之忧，当与共之，勿谓此日不言，故警。始以原牒行湖府学。学官为赵君宋，温州人，颇有深望。时鑨已卒，父老七十余岁矣。自言此书无不敬，可上闻，即奈何渔猎君宋毒之，详于府道。庄不得已，行千金寿知府陈某，而亦输君宋四百余。劈板，计六十囊。奉督学指，存板湖府库，为已其事。[②]

《查继佐年谱》中还记述了查继佐出狱后的行迹，他先是入京拜谢在狱期间为其奔走出力的诸位好友；继而出游名山大川，尽显豪情；最后闭门著书，终成一代纪传体史书《罪惟录》。《日记》关于史狱情形文字记述不多，却大致体现了查继佐的基本认识和思考：虽受史狱牵连，但尽可能固守了士人的品格与节操，没有牵连参阅的另外十八人。从查继佐入狱的表现以及出狱后的行迹，似乎文字案并未对其人产生过多影响。查虽亲历史狱仍能续修《罪惟录》不辍，据沈起《查继佐年谱》记载，"乙巳，先生六十五岁，始杜门手辑，前稿名《先甲集》，近稿名《后甲集》，著《鲁春秋》上下两卷。"[③]甚至，受其影响，查之弟子沈起，明知查继佐因修史而受连累入狱，仍醉心其业，"尝拟撰《明书》，谓明不亡于流寇，而亡于厂卫，断自成化十二年秋，始设西厂，绝笔焉。晚节以穷死。"[④]有明确修史意图的

① 沈起：《查继佐年谱》，第 56 页。

② 沈起：《查继佐年谱》，第 53~54 页。

③ 沈起：《查继佐年谱》，第 58 页。

④ 孙静庵：《明遗民录》卷 11，孙静庵编著，赵一生标点《明遗民录》，第 84 页，浙江古籍出版社 1985 年。

沈起，可惜命运多舛，未竟其书。

幸免于难的另外两位——范骧和陆圻本人没有留下文字记述，但其子女却相继有文字详述史狱经过。陆圻之女陆莘行有《老父云游始末》，作于康熙四十六年（1707），除叙述史狱详细经过外，尤重详述陆氏一族受史狱牵连阖门入狱的凄惨以及家族内部的团结互助，共度难关。出于为人子女的独特视角，陆莘行注重记述史狱对家庭的灾难性影响，陆圻得祸，入狱前对子女沉痛告诫，“终身不必读书，似我今日”①。行至金山下，又发下誓言：“苟得生还，所不祝发空门，有如大江。”②陆圻出狱后，果然祝发为僧，尽管子女一再苦苦哀求，终未改初衷，不肯离寺返回家中。史狱给陆圻的家庭带来了难以弥补的伤痛，失去父亲的关爱，陆莘行痛苦不安，她沉痛地说，自父亲离家为僧，“不睹亲颜三十九年矣，人生之惨，有如是乎？”③

同查继佐一样，陆莘行在文字中强调父亲陆圻保守了士人的基本人格和操行，如入狱时镇定自若，安排家事从容不迫，孝事父母，爱护子女等等。甚至，在案狱冤情大白，陆圻因事先举告与查、范同得庄、朱家产之一半时，陆圻的反应是：“合家获免幸矣，反贪他人之财耶？”④而且，陆圻亦有《陆子史稿》存世，据谢国桢考证，“圻曾参与庄氏修史之役，以自陈得免于难。是书为其所撰史稿，存食货志、舆服志，及杂记明季三案及弘光、隆武朝遗事，与圻所撰《纤言》多同。”⑤史狱于陆圻本人之治学，影响亦有限。

并且，陆圻得以免罪的缘由亦为陆莘行所重，但所论与查继佐有不同：

康熙元年壬寅春二月，父友王于一者自闽至浙，客昭康寺，忽疾作，父急为调治，旦夜不息，王竟不起，父为棺殓，并出床头十金，令其仆扶

---

① 陆莘行:《老父云游始末》，或称《陆丽京血罪云游记》，出自于浩辑《明清史料丛书八种》第六册，陆莘行《秋思草堂遗集》，第319~343页，北京图书馆出版社2005年。

② 陆莘行:《老父云游始末》，第322页。

③ 陆莘行:《老父云游始末》，第322页。

④ 陆莘行:《老父云游始末》，第335页。

⑤ 谢国桢:《增订晚明史籍考》，第14~15页，中华书局1964年。《纤言》一书有南京图书馆馆藏钞本，惜未见其书，无法考知其书作于史狱之前抑或史狱之后，但陆圻在修史方面确有成果，于此可见。

柩归里，偕诸同人送至江浒。有为父言，湖州庄姓者有著秽史，抵触本朝，兼有查陆范评定姓名，大为不便。父曰：“风马牛不相及也。何得有此？”归家自思范君文白远隔海昌不及相问，查君伊璜住居不远，何不一询。因往查，查适他出，父入书室，见案头果有此书。查归，父谓之曰：“此何物，尚置是耶？若不早图，祸将作矣。”即具牒文宗，行文湖州教谕赵君宋查验，赵亲至庄……[1]

依陆莘行所言，最早发现庄氏史书问题，并检举上报的为其父，而查则与庄氏史书脱不了干系，至少还在案头放置，曾经阅读过。[2]范骧之子范韩著有《范氏记私史事》，内容与《老父云游始末》相类，除记述史狱发生的前后经过外，还指出传闻讹误，称赞范骧狱中的节操，并强调发现史书有违碍问题，首先报官检举者为其父。就行迹来看，范骧被释放后志气如常，门人私谥为清献先生。

史狱当事人与其亲属的记述留下了对文字狱的第一手材料，换言之，这是史狱亲身经历者的历史记忆。由于其他参阅者已罹难，无法留下文字记述当时情境，查、陆、范三人及其亲属的记述弥足珍贵。综合比较分析史狱的三位当事人及其亲属的记述，如下事实值得关注：

其一，史狱确实给三人及其家庭造成恐惧与创伤，但程度因个体差异而有所不同。对查继佐来说，仅为其人生传奇之一个情节[3]；而对陆圻及其子女而言，史狱不啻晴天霹雳，改变了陆圻的命运，亦给陆氏家族带来巨变。

其二，当事人对史狱的记忆有很多细节上的出入，但亦有某些共同之处，如强调免罪原因，标榜清白，并注重叙述罹难过程中保持的操守与立场等等。从历史记忆的角度来说，回顾并记述当时情景难免会掺入个人感情色彩，所作的评判亦带有主观性，为此，三方之记述难免有不同。而历

---

① 陆莘行:《老父云游始末》，第320页。

② 从查继佐的史书《罪惟录》中亦可看出查曾阅览庄史，并用“庄史氏曰”引述庄廷鑨史书中的评论。

③ 查继佐在史狱中的经历，为很多文人学者夸大其词，写入传奇，虽不免舛误，但流传广泛。

史记忆的相同之处则体现士人心态的一般性特征，展示出清初士人经历史狱时的心态，这一点对文字狱的研究尤为重要。庄氏史狱的当事人及其亲友的文献记述提示我们，在政治高压与文化恐怖的状态下，经受文字狱磨难的士人仍然在尽量保持与维护士人的尊严与人格。从这一角度可以看出，文字狱案的当事人以个体为缓冲器，部分消解了文化高压的消极影响。

三、是与非：考证派①记忆中的庄氏史狱

史狱发生后，顾炎武写下《书吴潘二子事》，全祖望著《江浙两大狱记》，这是两篇较早记述史狱的文字。在史狱中遇难的吴炎、潘柽章是顾炎武的好友，因而顾以友人身份悲痛记述了史狱经过：

苏之吴江有吴炎、潘柽章二子，皆高才，当国变后，年皆二十以上，并弃其诸生，以诗文自豪。既而曰："此不足传也，当成一代史书以继迁、固之后。"于是购得实录，复旁搜人家所藏文集、奏疏，怀纸吮笔，早夜矻矻，其所手书，盈床满箧，而其才足以发之。……又数年，潘子刻《国史考异》三卷，寄予于淮上，予服其精审。……会湖州庄氏难作。庄名廷鑨，目双盲，不甚通晓古今，以史迁有"左丘失明，乃著《国语》"之说，奋欲著书。其居邻故阁辅朱公国桢家，朱公尝取国事及公卿誌状疏草，命胥钞录，凡数十帙，未成书而卒。廷鑨得之，则招致宾客日夜编辑，为《明书》，冗杂不足道也。廷鑨死，无子，家赀可万金。其父胤城流涕曰："吾三子皆已析产，独仲子死无后，吾哀其志，当先刻其书而后为之置嗣。"遂梓行之。慕吴、潘盛名，引以为重，列诸参阅姓名中。书凡百余帙，颇有忌讳语，本前人诋斥之辞未经删削者。庄氏既巨富，浙人得其书，往往持而恐吓之，得所欲以去。归安令吴之荣者以赃系狱，遇赦得出，有吏教之买此书恐吓

① 笔者以顾炎武、全祖望的文字记述为考证派记述史狱经过之源，并认为《费恭庵日记》、陈寅清《榴庵随笔》、杨凤苞《秋室集》、翁广平《书湖州庄氏史狱》、汪曰桢的《南浔镇志》、傅以礼的《庄氏史案本末》、近人周延年的《庄氏史案考》等均为考证性文字，若以实质论，汪曰桢、傅以礼与周延年之著作更切实际，但三著实际上为记述史狱文字的汇总，为与史狱当事人的记述区别开来，特以考证派来指代此类文献的特征。事实上，这类文献确有互相依托，以增益内容并澄清事实的特点。

庄氏。庄氏欲应之，或曰："踵此而来，尽子之财不足以给，不如以一讼绝之。"遂谢之荣。之荣告诸大吏，大吏右庄氏，不直之荣。之荣入京师，摘忌讳语密奏之。四大臣大怒，遣官至杭，执庄生之父及其兄廷钺及弟侄等，并列名于书者十八人，皆论死。其刻书、鬻书并知府、推官之不发觉者亦坐之。发廷鑨之墓，焚其骨，籍没其家产，所杀七十余人，而吴、潘二子与其难。当鞫讯时，或有改辞以求脱者，吴子独慷慨大骂，官不能堪，至拳踢仆地。潘子以有母故，不骂，亦不辨。其平居孝友笃厚，以古人自处，则两人同也。……方庄生作书时属客延予一至其家，予薄其人不学，竟去，以是不列名，获免于难。二子所著书若干卷，未脱稿，又假予所蓄书千余卷，尽亡。予不忍二子之好学笃行而不传于后也，故书之。且其人实史才，非庄生者流也。[①]

因顾炎武主要为两位友人列传，史狱仅为背景，故而对史狱的很多细节交待不详。其后传之广泛的又有全祖望《江浙两大狱记》，比较顾炎武的记述更显简略，并多有舛误。顾与全文献记述的初衷为传信史于后世，令史狱罹难者的事迹得以彰显于史册，二人均为学界泰斗，影响甚巨。

传承信史流传的精神，另有不少学者撰述文字进一步缕述史狱的详细经过，如《费恭庵日记》、陈寅清《榴庵随笔》[②]、杨凤苞《秋室集》、翁广平《书湖州庄氏史狱》、汪曰桢的《南浔镇志》等等，这些学者更为侧重史狱记载的细节出入，力图还原真实的历史，本文按其文献载述的考辨性特点将其归纳为考证派。考证派学者多与史狱有所关联，就籍贯来说有一定地域近缘性特征，多为南浔、乌程人，或为江浙中人，或曾居其地，对当地情况有较深入了解[③]；就身份来说或为受害者之友人[④]，或曾参与营救[⑤]，或对

① 顾炎武:《书吴潘二子事》，清顾炎武著，华忱之点校《顾亭林诗文集》，第115~116页，中华书局1959年。

② 《费恭庵日记》与《榴庵随笔》均作于全祖望《江浙两大狱》前。

③ 费之墀（恭庵）、陈寅清，汪曰桢都为乌程人，杨凤苞为湖州人，翁广平为江苏吴江人。

④ 陈寅清在《榴庵随笔》中自称："所列纂录诸子与余有交，故略序其概，其余不相知者不及录也。"《榴庵随笔》收入《南浔镇志》，参见卷37《志余五》。

⑤ 费恭庵曾参与营救李霜回之长孙。

史狱有浓厚研究兴趣，因而知之甚详；就生活的时代而言，考证派学者与庄氏史狱并无密切的时间关联，分别处于不同时代。总体来看，在有关史狱的文献记述中，愈后而以考证为主的内容愈多，并愈益细微。

考证内容涉及史狱的前后经过，与本文关系不大，故笔者不拟详述考证之过程，仅略为列举考证的内容如下：

一，详述庄廷鑨著书经过与辨析庄氏一族之人品；

二，史狱当事人朱佑明得祸之因果；

三，案情审理的详细经过；

四，参订者的姓名与生平；

五，庄氏史书违碍内容；

六，查、陆、范得以幸免于难之原因。

考证性的文字载述亦可视为士林对庄氏史狱的一种历史记忆。通过考证，应该说，一方面，史狱发生的前因后果更清晰，史狱的受害者——从庄廷鑨父子兄弟到参阅诸生的行迹更鲜明，史狱的惨烈程度也愈益展现。在庄氏史狱的发生地及近缘地区，士人一再地重复并细节化地展现文字狱案的细节，反映出文字狱对士林影响的另一方面，即士林并未完全惊慌失措，惶恐不安，甚至通过漠视、忽略等方式去淡化历史记忆，而是通过一代又一代人的努力勇敢地承担了真实记述历史事实，以便其流传的历史责任。清醒而冷静的考证文字是清代士林对文字狱的缓释，在一定程度上表明了士林在文化政策压力下保持个性与操守，承担文化责任的努力。

四、查继佐与吴六奇：庄氏史狱的传奇与文学记忆

庄氏史狱在清初影响很大，传扬开来，遂形成多种传闻。其中，查继佐与吴六奇两人遇合的传奇流传最为广泛，影响亦最为深远。记述这一传奇故事的主要有钮琇的《觚賸》、蒲松龄的《聊斋志异》、王士禛的《香祖笔记》、蒋士铨的《雪中人》等等，后来如《啸亭续录》、《清稗类钞》等亦记述了查吴故事，但多为转述钮、王之作。

《觚賸》是这样记述查继佐与吴六奇相识的经过的：

浙江海宁县查孝廉字伊璜，才华丰艳而风情潇洒，常谓："满眼悠悠，不堪酬对，海内奇杰，非从尘埃中物色未可得也。"家居岁暮，命酒独酌，顷之愁云四合，雪大如掌，因缓步至门，冀有乘兴佳客相与赏玩。瞥见一丐者避雪庑下，强直而立。孝廉熟视良久，心窃异之，因呼之入坐而问曰："我闻街市间有手不曳杖，口若衔枚，敝衣枵腹而无饿寒之色，人皆称为铁丐者，是汝耶？"曰："是也。"问："能饮乎？"曰："能。"因令侍童以壶中余酒倾瓯与饮，丐者举瓯立尽。孝廉大喜，复炽炭发醅与之，约曰："汝以瓯饮，我以卮酬，竭此醅乃止。"丐尽三十余瓯无醉容，而孝廉颓卧胡床矣。侍童扶掖入内。丐逡巡出，仍宿庑下。达旦雪霁，孝廉酒醒，谓其家人曰："我昨夜与铁丐对饮甚欢，观其衣极褴褛，何以御此严寒？亟以我絮袍与之。"丐披袍而去，亦不求见致谢。[①]

查继佐与雪丐雪夜同饮结识后，又在杭州长明寺与其相遇，见其仍是落魄模样，"侧露肘，跣足，昂首直行"，于是，查继佐又详细询问其身世，得知铁丐名吴六奇，豪放能酒，因少时好赌而流落为乞丐。查与铁丐相处一个多月，厚赠送归故里。后吴六奇从军，因功授为广东水陆提督，遣人拜谢查继佐。在这段慧眼识英雄与感恩图报为主题的佳话当中，庄氏史狱无疑只是陪衬。

先是苕中有富人庄廷钺者，购得朱相国《史概》，博求三吴名士增益修饰，刊行于世，前列参阅姓氏十余人，以孝廉夙负重名，亦借列焉。未几，私史祸发，凡有事于是书者，论置极典。吴力为孝廉奏辨得免。[②]

王士禛的记述与钮琇大致相类，其内容更为简要，主要叙述查与吴之遇合，谈及史狱仅寥寥数语而已，"数年，值吴兴私史之狱，牵连及之。吴为之营救，查遂获免于难。"[③] 蒲松龄、蒋士铨在小说与戏曲中对此故事另加

① 钮琇：《雪遘》，《觚賸》卷7。
② 同上。
③ 王士禛：《香祖笔记》卷3，《王士禛全集》第六册《杂著》，第4529页，齐鲁书社2007年。

改造和应用，足见其流传之广。就现存文献来看，庄氏史狱的流传主要依托于两条文献线索，关于史狱的考证与传奇类文献几乎是相伴而行的。一方面，浙中人竭力挖掘本地乡土文献，对涉案人物及案情经过予以详足分析。另一方面，查继佐与吴六奇遇合，知恩图报的故事不胫而走，给本来血腥恐怖的史狱笼罩上传奇色彩。

查继佐得以幸免是否是出于吴六奇的大力营救，尚有待于考证[①]，属实与否对本文讨论的问题亦影响不大，笔者不拟深入[②]。事实是，在文学的记忆中，史狱是一个传奇。诚然，文学再现历史总带有过多的夸张与想象，查与吴的传奇无疑是历史事实基础上文学的一种塑造，但却流为街谈巷议，令人们津津乐道。那么，传奇寄托了士林怎样的情怀？

以文学手段对文字狱予以加工、雕饰可以从两方面来考察：其一，客观一点来说，查与吴的故事本带有文学色彩，与传说中英雄报恩类故事的内容结构大相类似，即英雄落魄时得恩人之知遇，恩人落难时得功成名就之英雄适时报恩营救，这种千古美谈本来就易于改造为传奇。其二，以传奇故事改造和加工史狱情节，是士林对庄氏史狱的另类记忆，可视为士林在文字狱高压下一种情绪的释放。传奇渲染的魔幻色彩与大欢喜的结局冲淡了恐怖氛围，并营造了一个英雄拯救时世的美妙幻觉，以避免因畏惧和恐慌离席而走，张皇失措。史狱的文学记忆揭示出士人的某些心理状态，而传奇故事长久及广泛地传播则反映出士林对潜在的文字狱危机预设了某种心理干预。

五、结　论

通过梳理和分析记述史狱的多种文献，可以看出，自庄氏史狱案发，士林对该事件的历史记忆是颇为特殊和复杂的，既有文化专制与思想钳制

---

① 查继佐本人及弟子沈起等对此矢口否认，查承认曾识拔一位能诗自负的乞丐，但名叫陆晋，而非吴六奇，参见《查继佐年谱》第25、26、50页。

② 可参见胡万川《历史与小说之间——查伊璜与大力将军传奇》，《清代学术论丛》第五辑，（台北）文津出版社2003年。

之下必然的情绪，如悲愤、恐惧与逃避，应该承认，这是清朝统治者在文化领域制造文字狱案的本义；但是，另一方面，在文字狱的高压之下，士林的历史记忆也承载了学界应对文化高压的学术坚持、疏解、调整，甚至缓释。庄氏史狱的启示在于：对文字狱影响的研究和分析应注重士人阶层的反应。士人阶层是文化政策推行后的直接承受者，其认识、心态及至反应、行为是研究文字狱影响的主要载体。士人阶层是文字狱政策的反光镜，但折射出来的光辉究竟如何则视个体差异而有所不同。应该说，宏观来看，受儒家传统伦理道德观念影响，士人大都强调品格与操守，不会沦为完全意义上的文字狱被动受害者。换言之，从某种意义上可以说，士人群体所具有的韧性与张力会一定程度地缩减文字狱所造成的破坏。微观来看，个体承受能力不同，表现情绪的方式各异，文字狱对士人的影响又不可一概而论。本文研究庄氏史狱的历史记忆即为表明，文字狱对士林的影响不是，也不能一概而论，更不能固化为单一的结论。

当然，具体到庄氏史狱而言，笔者认为，进一步分析文字狱的文献资料之时，还应该注意以下两点：

一，庄氏史狱受特定偶然性因素的影响。对文字狱影响的研究和分析要注意偶然性因素的作用。文字狱并不是中国封建专制制度的必然产物，而是各有其特殊的历史背景，总是受某些偶然因素支配的，并不具备统计意义上的确定性。[①]就性质来说，文字狱是封建君主与士人之间权力争夺的必然结果。但文字狱是断续出现的，没有规律性，不是历朝历代都有，不是每个皇帝统治时期都有，并非一定会出现，它形成于偶然性因素起作用的某个历史时空。过分强化或忽视偶然性因素，不对具体历史具体分析，容易导致文字狱研究的失误。

庄氏史狱的爆发即有一定偶然性，与此后雍正、乾隆朝的文字狱相比，“庄氏史狱”并非清朝统治者对知识界刻意吹求，有心罗织，当时统治政策基本上仍然以怀柔为主，清朝政府的惩戒措施并不是主要针对私家修史，而是根据案件所做的特殊处理，正如孟森所指出的，“清初禁网尚疏，有志

① 参见郭成康、林铁钧：《清朝文字狱》，第 47、48 页，群众出版社 1990 年。

著作之人，裒集明代史实，并不甚知有忌讳。庄氏乃家富遭忌，又修史之名太震，致掇奇祸。”[①]至于查、陆、范罹奇祸而能全身而出，亦有偶然性，在此基础上史狱方能以传奇形式传布。显然，这些偶然性因素只作用于特定的文字狱案例，而不具备普遍性。

在文字狱的相应研究中注意个案的偶然性因素，更易于得出准确的结论。换言之，庄氏史狱历史记忆的复杂情形，并不一定适用于清代其他文字狱个案。

二，对文字狱影响的研究和分析要结合特定的历史环境与背景。应该注意的是，就数量而言，与其他狱案相比，文字狱案例并不多，不是每时每刻都在影响和规范着学界，文字狱案受害者的人数与其他案例也没有可比性。就庄氏史狱来说，数十人遭受杀戮，数百人遭受株连，如果与清初同时期其他压制士人的事件相比，如科场案、奏销案、哭庙案等等，无疑显得不那么重要，影响亦有限。具体来看，庄氏史狱虽因庄廷鑨私修史书而引发，但清初蓬勃发展的清初私家修史，亦未因此中断。美国密歇根大学明清史教授司徒琳指出，庄氏史狱残酷而血腥，“然而，耐人寻味的是，尽管 1661 到 1663 年发生的庄氏史狱造成了浙江七十多位学者的惨祸，但 17 世纪 60 年代的修史工作并未因此顿减。”[②]史狱虽为压制江南士人，但如梁启超所言：

其时康熙帝已即位，鳌拜一派执政，袭用顺治末年政策，变本加厉。他们除糟蹋那等下等念书人外，对于真正知识阶级，还兴许多文字狱，加以特别摧残。最著名的，如康熙二年湖州庄氏史案，一时名士如潘力田柽章、吴赤冥炎等七十多人同时遭难。此外，如孙夏峰于康熙三年被告对簿，顾亭林于康熙七年在济南下狱，黄梨洲被悬购缉捕，前后四面，这类史料，若仔细搜集起来，还不知多少。这种政策，徒助长汉人反抗的气焰，毫无

① 孟森：《明清史论著集刊》，第 141 页，河北教育出版社 2000 年。

② Lynn Ann Struve, “Uses of History in Traditional Chinese Society: The Southern Ming in Ch’ing Historiography”（《传统社会中史学之功用——清代史学史上的南明》），第 103 页。此为作者博士论文。

效果。[①]

庄氏史狱的影响特定于清初遗民众多，反清情绪高涨的时代背景，亦与清朝统治立足未稳，文化政策以怀柔为主相关，离开这一特定背景，论述文字狱的影响将是缘木求鱼，本末倒置。

（作者单位：中国人民大学清史研究所）

① 梁启超：《中国近三百年学术史》，第15页。

催生石来源及使用之探讨青金石的定名与清朝青金石、

◎张永江

青金石，古玩收藏界也称“帝王石”、“帝王青”。是一种稀见的天蓝色半宝石。地质学上定义为以含碱性铝硅酸盐矿物为主的矿石，含有少量的黄铁矿、方解石等杂质的隐晶质集合体。现代已经作为一级玉石，与红宝石、绿松石、珊瑚等并称。

现代宝石界对青金石的分级，主要依据颜色、纯度、大小的标准分为四级：青金石级、青金级、金克浪级和催生石级。其中最低的催生石级定义为：不含黄铁矿，含较多白色方解石等杂质矿物，呈蓝白混杂或蓝星点分布。这和清代的分类不同。清代青金石、催生石二者并称，虽关系密切，但属于两类宝石。

目前学术界关于青金石的研究，主要集中在以下几个领域。首先是地质学的宝石鉴定[①]方面，侧重研究产地、宝石学特征、分级和鉴定问题；其次是文

① 代表性的如伏修锋、干福熹、马波、顾冬红：《青金石产地探源》，《自然科学史研究》2006年3期；白洪丽：《青金石及其鉴藏》，《收藏家》2011年6期。

物及艺术品鉴赏[①]领域，介绍其质地、工艺和文化价值。其三是史学领域成果，着眼于青金石利用的历史文化视角[②]，但多属于一般性的介绍。现在，学术界、收藏界公认，中国青金石的大量利用始于清代，皇室和官方是主要消费者，但只限于零星介绍[③]。青金石在古代中国经历了怎样的认知过程？清朝为什么能够大量使用青金石？这些青金石的来源和途径如何？其使用范围有何规定？都尚未研究。本文通过有关的档案、文献记述，试作钩稽探讨。

一、清代以前对青金石的认知与青金石定名

青金石作为宝石在中国使用的历史，始于汉代。但直至今日，人们对它的传入史仍然认识很有限。在中国古代资料中，与青金石有关的美称有许多，如璆琳、金精、瑾瑜、兰赤、金螭、青黛、琉璃、瑟瑟等。佛教称为吠努离或璧琉璃，来自西方，是佛教七宝之一，也是古代东西方文化交流的见证物。上述名称常常被研究者作为青金石的古代称呼。但实际上，古代对宝石的分类，并没有现在这样清晰，上述称呼是笼统的指碧色（包含蓝绿及相近颜色）宝石，包含青金石而非专指青金石。

我们先从学术界的研究和史料上做一番梳理。青金石的信息最早见于《魏书·西域传》，“大月氏国，…自干陁罗以北诸国，尽役属之。世祖时，其国人商贩京师，自云能铸石为五色瑠璃，于是采矿山中，于京师铸之。既成，光泽乃美于西方来者。乃诏为行殿，容百余人，光色映彻，观者见之，莫不惊骇，以为神明所作。自此中国瑠璃遂贱，人不复珍之。”张星烺先生在“五色瑠璃”之下注释：“今代之骨克察河（Kokcha）上流，仍有著

---

① 杨晨：《青流雅素，金外之音——谈两件青金石雕山子的艺术价值》，《数字时尚（新视觉艺术）》2013年2期。

② 阿布力克木·阿不都热西提：《西域青金石与东西方经济文化交流》，新疆大学硕士论文，2003年；阿合买提江·艾海提、阿布力克木·阿布都热西提：《青金石古今中外名称考》，《丝绸之路民族古文字与文化学术讨论会会议论文集》，2005年；叶舒宪：《苏美尔青金石神话研究——文明探源的神话学视野》，《中南民族大学学报》2001年4期。

③ 冯伯群：《清代官员的顶子》，《中国档案报》2001年12月21日；黄德晃：《清朝官员的顶戴》，《中国商报》2002年5月23日。

名之瑠璃矿（Lapis lazuli）。”[①]骨克察河，今译科克奇河，位于今阿富汗巴达赫尚省，自古以来就是著名的青金石产地。显然，这里的“五色瑠璃”，被视为青金石了。但严格讲古来瑠璃就是冶炼合成品，是古代玻璃，虽然色泽近似青金石，与取自自然的青金石矿物仍然有别。“璆琳”，对应汉语作“瑠璃”或者“琉璃”。商周时代已经开始炼制，实物亦不鲜见。因此，古代典籍中出现的“璆琳”、“瑠璃”以及“颇梨”，尽管包含青金石，但多数可以排除在青金石之外。真正与现代青金石含义接近的称呼应该是“瑟瑟”、“金精”、“兰赤”。这些称呼的出现，都在南北朝时期之后。瑟瑟，关于其确切含义，学者的看法尚不完全一致。著名东方学家劳费尔认为，瑟瑟（sit–sit）乃萨珊朝波斯的宝石。含义复杂，有时指建筑石材（如孔雀石），有时则是装饰宝石（如翡翠一类）。[②]不同时代，瑟瑟所指并不相同。他没有排除包括青金石的可能。而谢弗则断定是天青石或青金石。[③]语言学者也证明，明代《高昌馆杂字》中读作 xixir(sirsir)，有译为玛瑙或水晶的。另有一词 Naqewar，汉译为“石青”，正确写法应为 Laqewar，是伊朗语词 Lazhuward 的对应词。因此，瑟瑟包括两个含义：1、指青金石或天青石；2、不仅用来指青金石，还可指颜色相近的玛瑙、绿松石、孔雀石等。[④]从史料上看，瑟瑟也见于《魏书·西域传》：“波斯国，…出金、银、鍮石、珊瑚、琥珀、车渠、马脑，多大真珠、颇梨、瑠璃、水精、瑟瑟、…等物。”“干陀国，…出马、驼、驴、…阿薛那香、瑟瑟、麞皮、氍毹、锦、迭。”[⑤]。既然同一史籍中同时出现了颇梨、瑠璃、瑟瑟的记载，则其不可能同时与青金石有关。此外，《周书·异域传下·波斯》记载：“〔波斯国〕又出白象、师子…马瑙、水晶、瑟瑟。”[⑥]还有，《新唐书·高仙芝传》：“仙芝为人贪，破石，获瑟瑟十余斛。”[⑦]这里谈到唐西域边将高仙芝攻破中亚地区

① 《中西交通史料汇编》第三册，第 1337 页，中华书局 2003 年。
② 劳费尔:《中国伊朗编》，林筠因译，第 345~350 页，商务印书馆 1964 年。
③ 谢弗:《唐代的外来文明》，吴玉贵译，第 500 页，中国社会科学出版社 1995 年。
④ 阿布力克木、阿布都热西提:《与青金石有关的突厥语宝石名称考》,《西域研究》2008 年第 3 期。
⑤ 《魏书》卷 102,《西域传》，中华书局 1974 年。
⑥ 《周书》卷 50,《异域传》下，中华书局 1974 年。
⑦ 《新唐书》卷 135,《高仙芝传》，中华书局 1974 年。

的属于昭武九姓集团的石国，获取大量宝石。石国即今中亚塔什干城，“东南有大山，产瑟瑟。”大山，应该是兴都库什山。《册府元龟》载，同属昭武九姓的康国（撒马尔干）也产瑟瑟，但应该是贸易所得。开元五年，康国王还遣使向唐朝进贡毛锦、青黛。①可贵的是，《新唐书》还记载了著名的宝石产地库克察河流域。当时这一地区归属于俱兰国，紧邻吐火罗国。“俱兰，或曰俱罗弩，曰屈浪拿，与吐火罗接。环地三千里，南大雪山，北俱鲁河。出金精，琢石取之。”还提到吐火罗国北部有颇黎山，在开元、天宝年间数次向唐朝“红碧玻璃”。②类似记载也见于《册府元龟》，开元二十九年（741），吐火罗遣使献红颇黎，碧颇黎，生玛瑙、生金精等物。③按张星烺先生注释，俱兰，或曰俱罗弩，曰屈浪拿，名见玄奘《西域记》卷十二④，其原音为 kuran，在今骨克察河（Kokcha R.）上流，拉其瓦特（Lajwart）地方，以产琉璃驰名。⑤与此记载可以相互印证的还有《马可波罗游记》的相关记述。“此州出产刺巴思红宝石（rabisbalais），此宝石甚美，而价甚贵。……同一境内别有一山，出产瑟瑟（azur,lapis-lazuli），其莹泽为世界最。产于矿脉中，与银矿同。”⑥这里，azur,lapis-lazuli 译为“瑟瑟”。但一般直接译为“青金石”。劳费尔同样引证了这一段，但中译本径自译为“青金石”。劳费尔还引用了马可波罗研究专家亨利·玉尔的注释，“lajwurd 矿（由此字转写出 l’azur 和 lazuli）一如红宝石矿，驰名已久。矿在科克恰河上游之可兰山谷中扬甘地带。通俗的语源是 Hamah-kan 或‘万矿山’。1838 年伍德曾视察这些矿山。”⑦还提到最优等的在布哈拉出售。综合中西两种史料。可以确认以下几点：1、现今阿富汗东北部，毗连塔吉克斯坦、乌兹别克斯坦的兴都库什山区自古就是出产包含青金石在内的各种宝石的富矿区。2、金精就是青金石，提取方法是在原矿石（生

① 《册府元龟》卷 966，卷 971，中华书局 1985 年。

② 《新唐书》卷 221，《西域传》。

③ 《册府元龟》卷 971。

④ 《大唐西域记》卷 12。原文为：“屈浪拿国，睹货逻（即吐火罗）国故地也，……有山岩中，多出金精，琢析其石，然后得之。”上海人民出版社 1977 年。

⑤ 《中西交通史料汇编》第三册，第 1408~1409 页，中华书局 2003 年。

⑥ 冯承钧译《马可波罗游记》第 1 卷第 46 章《巴达哈伤州》，75 页，上海书店出版社 2000 年。

⑦ 劳费尔：《中国伊朗编》，林筠因译，350 页。

金精）中“琢制”。[①]3、唐代的青黛、瑟瑟、琉璃，一定包含青金石在内。所以直到民国时代，冯承钧、张星烺仍用“琉璃”、“瑟瑟”指代青金石。

另一方面，史料也提示我们：至迟到元代，人们已经开始意识到青金石与绿松石的区别，从而使用新的称呼加以区别。著名的例子是由出使西亚的常德口述，刘郁整理的《西使记》中的两处记载。一处记载报达（巴格达）的富庶，称“所产大珠曰太岁强（弹）、兰石、瑟瑟、金刚钻之类。”校注者陈得芝注曰:“兰石，薄乃德（俄国学者）注称可能是指天青石（lapis lazuli）的波斯语名（lajward）之首音。瑟瑟，薄乃德注称，并非 G.Pauthier（法国汉学家颇节）所言乐器，而是一种宝石。李时珍《本草纲目》卷八“宝石”条:“《山海经》言骒山多玉，淒水出焉，西注于海中。多采石。采石即寶石也，碧者，唐人谓之瑟瑟；红者，宋人谓之靺鞨。今通呼为寶石。”另一处说“兰赤生西南海山石中，有五色，鸭思价最高。”注释指出:“兰赤、鸭思，均为宝石的译名。前者可复原为碧琉璃（lapis lazuli）的波斯语名 Lajward；后者似可复原为阿拉伯语的 yashm/yashb（碧玉——引者注）。”[②]可见当时汉语中出现了青金石的新名称“兰石”或“兰赤”，是当地波斯语、阿拉伯语称呼的汉语音译。因为常德身临其地，有条件将其与瑟瑟区分开。不过，这个新名称只此一见。同样生活在元代江南的陶宗仪就不知道这一名称。他专门记述了五种“回回石头”，包括红石头、绿石头、鸦鹘、猫睛和甸子。没有提到瑟瑟和兰石。与青金石有关的应该是鸦鹘。鸦鹘也称亚姑，有红、青、黄、白各类。青亚姑名下又列有三种“青亚姑，上等深青色；你兰，中等浅青色；屋扑你兰，下等如冰样，带石，浑青色。”[③]陶宗仪专门请教过回回商人，“鸦鹘”一名无疑来自阿拉伯语。应该是 yagut(宝石）一词的音译。在江南，“鸦鹘”一名更流行。直到明代，谈到域外宝石的书籍还常常提到“鸦鹘石”，留下了“鸦青”、“鸦青色”等形容词。而“兰石”、“兰赤”之名在中原内地社会上并未普及。常德眼中的瑟瑟，江南陶宗仪称为“甸子”，也称“靛子”，就是

① 劳费尔不很肯定，但大体承认“唐时金精似指青金石”，同上书，349 页。
② 陈得芝:《[常德]〈西使记〉校注》,《中华文史论丛》2015 年 1 期。
③ 陶宗仪:《南村辍耕录》卷 7,《回回石头》，中华书局 1958 年。

绿松石。

明代史籍中仍有瑟瑟，但所指似乎已转向绿松石。明初所修《元史》记述成宗七年六月“西京道宣慰使法忽鲁丁以瑟瑟二千五百余斤鬻于官，为钞一万一千九百余锭。有旨除御榻所用外，余未用者宜悉还之。”至大二年八月“詹事院臣启金州献瑟瑟洞，请遣使采之，帝曰：‘所宝惟贤，瑟瑟何用焉；若此者，后勿复闻。’”①数量如此之多的瑟瑟，只能是绿松石。到明后期，《万历野获编·外国·乌思藏》则明言：“其官章饰，最尚瑟瑟；瑟瑟者，绿珠也。”沈德符清楚地将瑟瑟定义为绿色宝珠，即西藏常见的绿松石。

重要的是，明代对青金石的认识取得了重大进展。在明代的官方文献中我们第一次明确地看到了“青金石”一词的出现。《明实录》中记载，“礼部言，比土鲁番速坛阿黑麻王并其妻哈屯呵嗒各具番书，遣使贡马。本部已请赐马价、表里。此外又贡磁（硫）黄、青金石，非边关验放之数未敢进收。”②此事发生在弘治二年（1489）。在俞汝楫《礼部志稿》和徐日久《五边典则》都有记述，不过是把阿黑麻、呵嗒，记作了阿合玛特和鄂端或阿嗒，史源应该都是礼部的奏文，并进一步透露了礼部和边关拒收青金石的原因。首先，按照明朝的规定，周边各边疆民族政权到明朝“朝贡”，在贡期、贡物种类和数量及折价回赐方面都有明确而严格的规定。青金石是哈密部（或称哈密畏吾儿、哈密畏吾都督）的贡物之一。《大明会典》规定：“成化元年令哈密每年一贡，……贡物马、驼、玉、速来蛮石、青金石、把咱石、金刚钻、梧桐碱、铁器、諸禽皮等物。”③何乔远《名山藏》所记完全相同，明确说上述贡物“凡十种”。而吐鲁番（含火州、柳陈城）的贡物虽多达 15 种，但并不包括青金石。④所以此次阿黑麻王并其妻贡献青金石不合规定。说起来，这位“土鲁番速坛阿黑麻王”就是东察合台汗国历史上著名的汗王阿黑麻汗（约 1487~1504 年在位，政治中心在吐鲁番），是

① 《元史》卷 21，《成宗本纪》；卷 24，《仁宗本纪》，中华书局 1974 年。

② 《明孝宗实录》卷 29，弘治二年八月壬子，“中研院”史语所校印本 1962 年。

③ 申时行：《大明会典》卷 107，《礼部六十五》，明万历内府刻本。

④ 何乔远：《名山藏》卷 109，《王享记五》，明崇祯刻本。

羽奴思汗之子。其次，更严重的问题是自成化九年（1473）以后发生了几次吐鲁番的察合台汗王吞并哈密的战争，“（成化）九年以后及弘治、正德间，（哈密）数被土鲁番驱掠，朝廷每遣大臣经略，还其金印城池，复立酋长，然驱掠如故。”[①] 这些战争多数是阿黑麻汗所为。前述礼部在报告拒收贡物之后谈到了理由：“阿哈玛特又奏称，与哈密都督哈尚（即罕慎）结亲，因乞赐蟒龙、九龙、浑金各色漆襕纻丝等物。然自遣使之后即诱杀哈尚，据有其地，其不义如此。今得免于诛伐足矣，何乞恩赏？恐不可滥施。上曰，哈尚为朝廷效力，阿哈玛特既与结亲，又忍心杀之，所奏乞之物皆勿与。其令通事以此意谕来使知之。”[②] 哈尚是明朝所立的哈密忠顺王。虽然不是出自察合台汗系的“元裔”嫡派，但毕竟是明朝册封。明前期，在嘉峪关外，保留着哈密卫等军政机构，其重要性在于“西域三十八国入贡经哈密”，“令为西域之喉襟，以通西番之消息”。[③] 现在阿黑麻汗公然挑战明朝确立的秩序，并想取而代之，当然为明朝所不容许。[④] 成化以后，明朝几经努力，兴复哈密，最终还是于嘉靖初年放弃。由于明朝“闭关绝贡”，吐鲁番也未能取得代替哈密向明朝进贡的地位。

明代各种文献都记载，哈密是唯一合法向明朝贡进青金石的“西夷”政权。除上述史料外，严从简的《殊域周咨录》也提到哈密部落“其贡有玉、速来蛮石、青金石、把咱石等。”[⑤] 前述西域吐鲁番王阿黑麻夫妇进贡的青金石，虽然被明朝拒收，但可知明代的青金石仍然来自中亚方向。而且，无论是吐鲁番还是哈密，都不出产青金石，这些贡物，显然也是通过贸易

① 申时行:《大明会典》卷107,《礼部六十五》，明万历内府刻本。

② 俞汝楫:《礼部志稿》卷92，文渊阁四库全书本。

③《殊域周咨录》，第412、414页，中华书局1993年。

④ 明朝建立后，洪武年间利用前来朝贡的故元蒙古贵族建立了嘉峪关外的七卫：哈密、安定、阿端、曲先、赤斤蒙古、罕东和罕东左卫。哈密卫最远，北有瓦剌，西南有东察合台汗国。明初册封元裔安克帖木儿为忠顺王，授予该部其他头目为都督等官。四传至孛罗帖木儿，被杀，无嗣。成化九年，摄政的忠顺王母被吐鲁番算端掠走，控制了哈密。王母外甥、都督罕慎（哈尚）逃往肃州。十八年，吐鲁番王位更迭，罕慎乘阿黑麻汗新立之机收复哈密，明因此封其为忠顺王。因其血统上系外戚，遂有弘治初年阿黑麻以求亲为名，诱杀罕慎事件。阿黑麻的目的是“主哈密”，“立我为王，居哈密，领西域职贡。”但遭到明朝拒绝。其始末见《殊域周咨录》，第412~416、433页。

⑤ 余思黎点校本误断为“其贡有玉、速来蛮、石青、金石、把咱石等。”意义遂不可解。见“中外交通史籍丛刊”本《殊域周谘录》，428页，中华书局1993年。

等方式从更西方的阿富汗获得。从数量上看，哈密贡进青金石的规制是成化元年才确立的，三年一次。到弘治初年停止，只有二十多年的时间。可以断定，输入明朝的青金石数量是很有限的。由于稀少，明代贡进的青金石的价值颇高。弘治三年的定价，青金石一斤价值绢一匹，与西域玉石同价。[①]因为昂贵，除了进贡记录外，文献中鲜见青金石的身影。

与“兰石”、“兰赤”等译名不同，青金石是汉语正式的标准名称，一直使用至今。但青金石这一名词在明代史籍中也不多见。明前期，推测当时只限于极少数直接接触西域贡使者才得以获知和使用这一名称。《明实录》的记载来自礼部奏文，原始信息当然是来自嘉峪关的报告；而严从简则长期担任礼部行人司官员，专事贡使接待工作。如前所述，在江南民间，仍流行元代以来的“鸦鹘石”一类外来语译名。但到晚明，已经可以看到青金石的民间记录。万历四十二年（1615）岁末，江南的鉴赏家李日华在其日记中提到，一位夏姓商人兜售的货品中有“青金石图书（即图章）一，色正蓝，大如拇指。”[②]说明青金石这一名称，已经为社会和民众所接受。

有研究者认为，青金石在中国社会流行，始于明清时期。这一看法并不准确。明代无论文献还是实物中都少见青金石的信息。原因何在？恐怕与接触条件有关。这取决于中原与西域的政治交往与物资流动。明与西域诸国维持着政治联系的同时，保有与中亚的宝石产区物资交流通道。但是，由于西域政治纷争，嘉靖初年明朝所设的哈密卫最终被叶尔羌汗国吞并，之后明于嘉峪关闭关绝贡，切断了与西域的联系。尽管此后中亚的宝石转而远道绕经印度洋，从海路辗转运到广州，但毕竟极为不便。由此青金石的来源断绝，明代社会少见记载和使用也就不难理解了。

简而言之，青金石进入中国并被认知，大致经历了四个阶段。（1）汉代到隋代，一般名之为“璆琳”、“瑠璃”（琉璃）以及“颇梨”，系外来语，混同在古老朦胧的宝石（包括人工制品）群中。（2）唐宋时代，主要名“瑟瑟”，偶尔称“金精”。前者为宝石统称，外来语；后者为专称，汉

---

① 申时行:《大明会典》卷112《礼部七十》。

② 《味水轩日记》卷6，民国嘉业堂丛书本。

语专名，但不普及。（3）元代，多称呼“鸦鹘”，宝石统称，外来语。偶尔称“兰石”、“兰赤”，属外来语专称。（4）明清时代，“青金石”的汉语专名确立，并沿用至今。偶见“金星石”的用例[①]，应该是唐代“金精”的余绪。在明代部分时段，部分地区，仍使用“鸦鹘石”的旧称。

二、清代皇室青金石的来源及使用

古代中国长期不识青金石的真面目，主要原因是其稀有和罕见。考古文物数据显示，直到清代以前，利用青金石镶嵌制作的实物都很少，且多为小件器物，如戒指、石砚镶嵌物等，未见大件器物。

清初，至少在雍正以前，文献中关于青金石的信息仍然较少。基本上都是蒙古、西藏地方首领作为贡礼进献的青金石念珠。

《清太宗实录》在崇德元年（1636）记载，“察哈尔国公主，具盛筵进上。复献金茶桶、金盆、金壶、玉数珠、珍珠衫、蟒缎、粧缎、翠缎、倭缎衣服，嵌松子石、青金石鞍辔等物。”[②]所述为新俘获的蒙古大汗林丹汗的公主向新主人皇太极呈现一批财宝，包含有绿松石、青金石嵌饰物件。应该是蒙古汗廷世代相传的宝物。由此满洲政权初识青金石，其时，长城以内还是明朝崇祯帝的天下。

崇德八年有归化城蒙古甲喇章京套布克向清皇后进献青金石念珠一串。[③]

顺治四年（1647），青海顾实汗福晋献礼顺治皇后、蒙古墨尔根济农献

① 李贤:《明一统志》卷89,《于阗》。《景印文渊阁四库全书》，第473册，第886页，台湾商务印书馆1986年。按：金星石，古今名同实异。现代金星石主要指金沙石，产自河北怀来，猪肝红色；也指婺源石，青黛色，产于安徽歙县龙尾溪，用于制砚。古代金星石产自西域于阗，也名于阗石。宋代杜绾《云林石谱》述“于阗国石出坚土中，色深如蓝黛，一品斑斓，白脉点点光灿，谓之金星石。”形态描述极为接近青金石。

② 《清太宗实录》卷32，崇德元年十一月甲辰。

③ 《清内秘书院蒙古文档案汇编汉译》，崇德八年八月二十七日，《归化城土默特部古禄格章京为首所献礼物记录》，社会科学文献出版社2015年。

礼多尔衮青金石念珠各一串。[①]

顺治六年西藏商卓德巴献礼摄政王多尔衮青金石念珠。

顺治九年四世班禅呈献顺治皇帝的礼物中包括青金石佛像一尊，青金石念珠一串。[②]

同年（1653）冬，五世达赖喇嘛应清廷之邀自西藏来京晋见顺治皇帝，南苑初见时进呈了以珊瑚、琥珀、青金石念珠数串、氆氇、蔗糖、唵叭香数包以及马匹、羔皮各千件为主的贡礼。[③]

顺治十年返藏途中驻留青海的达赖喇嘛回献清廷礼物中包括青金石数珠。

顺治十一年，顾实汗以受封金册金印事回谢礼物也有青金石念珠一串。

顺治十五年，五世达赖奏请圣安的随书献礼有青金石念珠。

康熙三年（1664），五世达赖贡献清廷的礼单中有青金石念珠一串108颗。[④]

青海西宁的寺院也有贡进青金石念珠的，如顺治年间开始“西宁西纳演教寺国师，贡舍利、琥珀数珠、珊瑚数珠、青金石数珠、菩提数珠、花毯、西绒毯、氆氇、腰刀、猞猁狲皮、艾叶豹皮、金钱豹皮、狼皮、狐皮、马、驼、牛、酥油等物。”[⑤]其来源尚不清楚。

这些来自西藏的青金石制品，是否西藏出产尚不清楚。但是，存在着经由准噶尔蒙古信众之手自外界输入西藏的可能性。例如，乾隆九年、十三年在准噶尔使团赴藏熬茶的档案中记录了进献大昭寺的礼物有青金石钵两个，青金石轮两个，青金石盘子一个。[⑥]当然，这些都是成品，而非原石。

上述经由蒙古、西藏上层进献渠道进入清廷的青金石制品作何用途不得而知。无论如何，大规模地制度性使用青金石，的确是从清代开始的。

---

① 同上，顺治五年三月十日收《顾实汗福晋表请皇后安并献礼物书》;《墨尔根济农为问安献礼事致皇叔父王文》。

② 《清内秘书院蒙古文档案汇编汉译》。

③ 《五世达赖喇嘛罗桑嘉措传》下册，陈庆英等译，第488页，（台北）全佛文化事业有限公司2003年。

④ 均见于《清内秘书院蒙古文档案汇编汉译》。

⑤ 光绪《大清会典事例》卷986，《理藩院·甘肃河州等处喇嘛贡物》，中华书局1991年。

⑥ 《清代军机处满文熬茶档》，《祝藏办事副都统索拜奏报准噶尔使臣等进献达赖喇嘛等物件数目折》，文件号：03-1742-1-24;《侍郎玉保等奏报准噶尔人等进献各寺庙对象布施银两数目折附件》，文件号：03-1742-1-21。上海古籍出版社2010年。

清初开始，皇室人员冠服较多使用青金石作为装饰。包括：

1. 皇帝祭天时佩戴的朝珠、朝带。寻常时朝珠用珍宝杂饰，“惟祀天以青金石为饰。”祭祀时龙文金方版朝带“其饰祀天用青金石。”这是因为青金石“其色如天”，以其装饰可以营造“天人合一”的气氛，增强仪式的庄严感。

2. 皇帝仪仗。凡遇皇帝升殿，或祭祀坛、庙，除銮仪卫仪仗外，设金顶黄粧缎曲柄伞，并备嵌珊瑚、松子石、鋄金玲珑四方鞍十副，夏季用青金石、珊瑚、松子石、鋄金玲珑、西牛尾踢胸，冬季用嵌青金石、珊瑚、松子石、鋄金玲珑、染就青狐尾踢胸。[①]

3. 皇后、贵妃、妃嫔冠服。皇后冬、夏朝冠，均饰以珍珠或东珠，间以金衔青金石结或青金石珠。皇贵妃朝冠大体相同。其余妃嫔朝冠、皇子、皇孙福晋朝冠也镶嵌青金石结或青金石珠。区别只在珍珠数量是递减的。

4. 亲王、郡王甲胄、櫜鞬、佩刀都镶嵌有青金石。[②]

5. 奉恩将军冠顶、县君额驸冠顶，都饰以青金石。[③]

清廷何时实施这一规定，记载并不明晰。有确切时间记载的是，奉恩将军冠顶用青金石在雍正八年（1730），县君额驸冠顶用青金石在雍正五年。[④]后来在乾隆五十一年（1786），又补充制定了固伦公主朝冠饰用青金石的规定。[⑤]

雍正五年以后，清朝官方文献如《实录》、《会典》等书中关于青金石的记载骤然出现并增多，主要是制订了关于青金石使用的规定。是年九月，议定了王公大臣官员等阶层的常服顶戴规制。“寻议，诸王及大小臣工平时所戴暖帽凉帽，俱照朝帽顶分别，令其戴用。凡亲王、世子、郡王、长子、贝勒、贝子、入八分公，俱用红宝石顶。未入八分公、固伦额驸、和硕额驸，民公、侯、伯、镇国将军及一品大臣，俱用珊瑚顶。辅国将军、奉国

① 允禄等监修：雍正《大清会典》卷233，《近代中国史料丛刊三编》789册，（台北）文海出版社1995年。

② 光绪《大清会典事例》卷893，《工部 · 军器》。

③ 光绪《大清会典事例》卷326、327，《礼部 · 冠服》。

④ 光绪《大清会典事例》卷327，《礼部 · 冠服》。

⑤ 光绪《大清会典事例》卷1188，《内务府 · 典礼》。

将军、多罗额驸、二品、三品大臣，俱用起花珊瑚顶。奉恩将军、固山额驸、及四品官员，俱用青金石顶。五品、六品官员，俱用水晶石顶。七品以下及进士、举人、贡生，俱用金顶。生员、监生，俱用银顶。从之。"[①] 这一次规定没有收录到《会典事例》中，是否实施不得而知。雍正八年，再次议定二品以下官员帽顶规制，重申"奉恩将军及四品官，俱用青金石或蓝色涅玻璃。"[②] 这一记载见于《会典事例》，"四品官上衔青金石或蓝色涅玻璃，中饰小蓝宝石。"[③] 此前，按照顺治二年制定的冠服规定，"四品官冠用镂花金顶，上衔蓝宝石，中饰小蓝宝石。"[④] 按清朝规制，正、从四品官包括京外文武数十种官缺，特别是数量极大的地方道员、知府、佐领、都司，涉及数千人。突然由蓝宝石改用青金石，虽然只是一颗顶珠，但总量也会不少，而且并非一次性使用，再加上皇室的使用，都需要有较为稳定的来源。那么，清朝的青金石来源在哪里呢？

除了前述青金石制品作为贡物或礼品进入清廷外，至少目前我们尚未看到平定准噶尔政权以前清朝获得青金石原料的记载。这里还只能推测。考虑到当时青金石产地的唯一性，主要的来源和方向只能是葱岭以西，沿古老的丝绸之路经嘉峪关进入内地。这条通道的必经之路——新疆（当时的西域）在准噶尔汗国的控制之下，清朝与准噶尔之间虽然兵戎相向，但真正隔绝交往的时间并不长，不过是 1688~1697 年的十年时间。其余多数时间中存在着朝贡和遣使名义下的贸易往来。玉石作为商品之一，虽不常见，应该有输入。康熙末年，清朝的西、北两路大军扼守巴里坤和科布多，控制了新疆与内地的交易通道。雍正五年开始，清军采取攻势，一度进至哈密和额尔齐斯河地区。清朝从这一方向获得青金石并不令人意外。《会典事例·兵部·邮政》中保存着一条规定"又定，西北两路将军大臣回缴朱批折奏，应由奏事之便汇缴。其每年恭进马匹玉石果膏等项，交与该处，遇有卡伦侍卫内换班引见人员之便，照料解送。"[⑤] 可见，西、北两路将军

① 《清世宗实录》卷 61，雍正五年九月丙寅。
② 《清世宗实录》卷 87，雍正八年冬十月庚子。
③ 光绪《大清会典事例》卷 327，《礼部·冠服》。
④ 同上。
⑤ 光绪《大清会典事例》卷 699，《兵部·邮政·给驿二》。

每年都要向清廷缴送玉石等项物资。此外，也存在着西藏输入青金石的可能。由于和硕特蒙古顾实汗与五世达赖喇嘛接受了清朝的册封，所以西藏经由青海、甘肃进入内地的商路是畅通的。康熙末年，意大利人德西迪里曾报导西藏妇女穿用青金石的饰物。约成书于乾隆年间的《西藏记》也记载“洛隆宗南去二日，有浪岩山，产青金石。”洛隆宗即今西藏江达县。如果这一矿藏在清初已经开采利用的话，输入内地也不困难。

毫无疑问，清朝真正彻底解决青金石的来源问题，是从平定了准噶尔势力，控制了新疆，从而掌控了丝绸之路开始的。

目前还没有找到平准时期清朝从新疆直接获得青金石的证据。但是，当时清朝内务府储存和使用青金石的记录也许可以从侧面证实。已经公布的乾隆时期内务府造办处的《行取物料清册》和《收贮物料清册》以年为单位，清楚地记载了每一种材料存留和加工、使用情况。青金石属于“玉作”，其资料如下：

增减数量 年代	旧存	新进
乾隆二十五年	3两7钱	青金字4个，青金珠15个，青金镶嵌27块（重五分），青金小坠1件[①]
乾隆二十六年	青金小花篮1件，青金满汉字12件，青金字12个，青金镶嵌57块（重3两7钱3分4厘），青金带面6块，重1两5钱，青金珠大小52个，青金塔大小4个，重1钱5分，碎青金6钱5分，青金坠角1件	2两1钱4分[②]
乾隆二十七年	4钱1分	青金石腰箍4个 青金小花篮1个 青金字24个[③]

① 《清宫内务府造办处档案总汇》第26册，第12、20页，人民出版社2005年。

② 《清宫内务府造办处档案总汇》第27册，第4、92页。

③ 《清宫内务府造办处档案总汇》第27册，第97、761、769页。

续表

年代 \ 增减数量	旧存	新进
乾隆二十八年	青金带面 6 块 青金珠大小 44 个 青金塔大小 4 个 青金坠角 1 件 青金石腰箍 4 个[①]	未查到
乾隆二十九年	28 两 1 钱 8 分 8 厘[②]	无
乾隆三十年	27 两 1 钱 9 分 8 厘[③]	无

乾隆二十四年（1759）清军底定新疆，其时清宫库存青金石只有 3 两 7 钱，此后则逐渐增加，五年之后竟然增加到 9 倍数量。其中关联，耐人寻味。

乾隆四十三年发生了高朴偷卖官玉万余斤的大案。乾隆帝曾说“自平定回部以来，所产玉石，除文官所余，招商变价外，其回民违禁私卖，奸商潜踪私买，载回内地，制器牟利者，并不始于此时。”[④]透漏了清廷文官服饰使用宝石来自西域的信息。为防止此类事件，清朝从新疆大规模运送已开采的玉石到北京。为此在喀喇沙尔所属 10 处军台，共设置铁轮车 18 辆。运送玉石完竣后，这些车辆直接分给各站使用。[⑤]

催生石、青金石虽然不是严格意义上的玉石，但作为有特殊用途的宝石，应该是与玉石一起缴送的。而且，在清宫，青金石的加工也归属内务府的“玉作”管理。

青金石记载较少，大概有两方面原因。一是此物非新疆出产，输入数量本身就少；另方面与清朝政策上的宽松管理也有关系。青金石虽然稀有，但不是玉石，不在官方的垄断和禁令范围。早期甚至不征收关税。这里通过几个案例予以说明。一是乾隆四十六年新疆宜禾知州瑚图里违法案，追

① 《清宫内务府造办处档案总汇》第 28 册，第 582 页。
② 《清宫内务府造办处档案总汇》第 29 册，第 303 页。
③ 《清宫内务府造办处档案总汇》第 29 册，第 315 页。
④ 《清高宗实录》卷 1070，乾隆四十三年十一月丁亥。
⑤ 光绪《大清会典事例》卷 695，《兵部 · 邮政 · 驿车》。

查出其家人陆明与迪化州商人张五合伙做生意，经营玉器首饰，以465两5分白银在南路买获青金石72块，计508斤4两。被起获后“随押送交军机处查收办理”。[①]在一起偶发的案件中交易的青金石就达到500余斤，远超过清宫的库存。二是乾隆五十五年查获商民张子敬私贩俄罗斯皮张案，皮张自然没收，同时查获的还有催生石、青金石，“并非禁物，亦令入官”。乾隆谕令陕甘总督勒保“令将秀林查获之此项皮张、催生石、青金石中应送京城者，送往京城；其余次者，俱在彼变价办理。”[②]其三，同一年，哈密办事大臣伊桑阿奏报，查获民人玛希金行囊携带催生石30余斤、青金石30斤。乾隆帝明确谕令“白玉石、绿玉石系产自回地玛纳斯山河，特令严禁私自开采，而回地产物，并未盖行禁止。催生石、青金石并非玉石，毋庸禁止。”[③]说明到乾隆后期，中亚输入的青金石已不稀见，以至于政策上已无须限制。其四，乾隆五十六年，叶尔羌办事大臣明兴奏称“巴达克山前来贸易携入之催生石、青金石内，因青金石不收税银，奸诈商人为逃税谎报者甚多。”请示严加核查。对此，乾隆帝明令“叶尔羌仅将贸易之催生石收税，青金石（不）收税银，均系原任大臣办理错谬。今明兴等既查出，拟定嗣后贸易之青金石，较催生石加收十倍税银，尚属在理。即照伊等所奏办理可也。”[④]由此可知，此前的三十年，新疆对青金石的输入贸易是免税的。而且青金石产地的巴达克山商人直接进入新疆叶尔羌口岸贸易。免税政策导致征税的催生石冒充青金石免税入境贸易。另外，结合前引史料，青金石贸易额动辄数十斤，输入量已达到一定的规模。

青金石之路重新打开，促进了中国内地青金石加工、消费的繁荣。

清廷在必要的冠服朝珠、顶戴制作之外，佛珠、佛塔、佛像、藏经盒等宗教法物也离不开青金石，娱乐赏玩性质的青金石艺术品加工也出现了。

---

① 中国第一历史档案馆藏“军机处录副奏折”，乌鲁木齐都统明亮《奏报起获瑚图里家人陆明有寄存青金石事》，档号：03-1317-013，缩微号：092-2188。

② 《乾隆朝满文寄信档译编》，乾隆五十五年十一月初六日，《寄谕陕甘总督勒保着将查获商民私贩禁物挑选送京余者变价》。岳麓书社2011年。

③ 《乾隆朝满文寄信档译编》，乾隆五十五年三月初一日《寄谕陕甘总督勒保等着民人携带之物非回地玛纳斯玉石概勿查禁》。

④ 《乾隆朝满文寄信档译编》，乾隆五十六年五月二十四日《寄谕叶尔羌办事侍郎明兴等着嗣后携来贸易之青金石俱照所请收税》。

存世的青金石作品中，大部分是乾隆朝制作的。特别是大件作品。见于拍卖记录和文献报导的就有：

“清乾隆青金石松泉人物山子”（宽 19cm）

“乾隆青金石御制诗山子”（宽 30.3cm）

“乾隆青金石兽面图龙耳盖炉”

“青金石访友图山子”（高 36.5cm）

“松间浮云畅舟山子”（高 18.5cm）

“清青金石嵌珠宝象”

“青金石山水人物御题诗文插屏”

特别是北京瀚海拍卖的“清乾隆青金石描金御题诗七巧插屏”，体量巨大，制作精美。上有乾隆御笔“偶咏《宋人名流集藻画册》中李迪《鸡雏待饲图》，恻然有怀于灾壤饥民之无救也。因摹其画，即用题迪画韵成什，命泐石以示为民父母之官。”之后是御题五言诗一首：“双雏如仰望，其母竟何之。未解率场啄，谁怜空腹饥。展图一絜矩，触目切深思。灾壤民待哺，慎哉群有司。”落款“戊申中秋上澣御笔”。[①]

这幅作品有助于解答这样一个问题，清廷为什么会选定青金石作为道、府等四品官的顶戴？直接原因恐怕与青金石本身的颜色有关，统治者着眼的不是材质的贵贱而是“其色如天”的颜色寓意。地方道府一级官员作为“为民父母之官”，历来被小民视作“青天大老爷”，青金石帽顶恰似头顶青天，诚当如包拯一般为民做主。这也可以解释，在雍正朝未采用青金石之前，四品官帽顶使用蓝宝石或者蓝色涅玻璃的理由。

要回答清朝皇室为何如此重视、珍爱青金石这一外来宝石的问题，就须涉及更大范围的民族文化心理层面。一方面，青金石作为藏传佛教的传统七宝，和藏、蒙民族一样，满族出于同样的宗教情感尊崇和喜爱。更根本的原因，则在于青金石的颜色与满族的民族文化的心理底色吻合一致。这个心理底色，就是靛蓝－天青色。满族从上到下，无分贵贱，都喜爱和尊崇这一颜色。其形成当然有长久的历史基础，也不排除邻近民族如蒙古

① 参见白洪丽:《青金石及其鉴藏》,《收藏家》2011 年 6 期。

文化传播的影响。

青金石的增加，使清廷不再只是单向地接受来自西藏的礼物，也开始回赠。乾隆四十六年，为了表彰妥善处理六世班禅意外圆寂于内地事件的西藏堪布额尔德尼诺门汗阿旺粗勒提木，乾隆帝赏赐的礼物中就包括青金石佛头珊瑚素念珠一挂。①

嘉道时期，清廷进一步扩大了青金石的使用范围。开始将青金石制品赏赐给作战有功的大臣和将领。如嘉庆六年，赏赐作战有功的赛冲阿青金石扳指一个。九年，赏前线作战的赛冲阿、丰绅、马瑜、田朝贵等将领以青金石扳指。②道光二十二年，赏赐大臣青金石红喜字扳指一个，由内务府领发。③

光绪年间，清廷仿照西方国家实行授勋制度，称为“宝星之制”。青金石和其它宝石一样被选为装饰材料。宝星分五等，分别授赠不同身份的外籍人士。其中第四等授各国兵弁，“四等，用法蓝地银双龙中嵌青金石绿龙酱色带”。④

另一方面，内地民间社会也有机会消费青金石，甚至形成了一定的市场。笔记、野史、小说中屡见记载。

例如，清代北方朝野流行的青金石数珠，乾嘉时在岭南也有制作和销售。“数珠一百八粒，或用碧霞洗，或用珊瑚及青金石、伽南香之类，价不过三、四千金。”⑤

在扬州，传闻明末已经有周姓富豪创制镶嵌百宝的工艺，号称“周制”。“其法以金、银、宝石、真珠、珊瑚、碧玉、翡翠、玛瑙、玳瑁、砗磲、青金石、绿松石、螺甸、象牙、蜜蜡、沉香，雕为山水、人物、树木、楼台、花卉、翎毛，嵌于花梨漆板之上，大而屏风、桌椅、窗户、书架，小而笔筒、茶具、砚匣，五色陆离，真未有之奇玩也。”⑥清中期扬州城修建

---

① 《乾隆朝满文寄信档译编》，乾隆四十六年正月三十日，《寄谕驻藏办事副都统恒瑞着赏赐堪布额尔德尼诺门汗阿旺粗勒提木》。

② 《嘉庆帝起居注》，嘉庆六年正月二十日，嘉庆九年八月，广西师范大学出版社2006年。

③ 《清代军机处随手登记档》，道光二十二年十二月初四日，国家图书馆出版社2013年。

④ 邵之棠辑：《皇朝经世文统编》卷107，《杂著三》，光绪二十七年刊本。

⑤ 赵翼：《簷曝杂记》卷4，《广东珠价》，中华书局1997年。

⑥ 徐珂：《清稗类钞》，《工艺类·王卢仿周制》，中华书局1986年。

的市肆中有玉宝塔一座。高9尺9寸，仿报恩寺塔式样制作，分九重。“第一层白玉佛四。八方殿宇墙垣，皆刻玉佛八十有八。其余八层，内贮金佛四尊。门外以青金石为扁额。”①

清后期，甚至寻常个人也有了消费青金石的能力。安徽歙县一位许姓徽商，家资数百万两，开铺肆四十余处，后以子孙豪奢张扬，许翁惧祸而一朝散尽家财。俞樾曾亲见此人，“其冠戴青金石，顶缀鹖羽蓝翎焉，而意气犹甚雄爽也。”②此翁职历不详，也可能通过花钱捐纳获得了佩戴四品官青金石帽顶的资格。

尽管稀见，但市场上已经有了公开的交易。清后期长江流域的水陆码头上，“金、银、珠玉、水晶、玛瑙、密蜡、翡翠、珊瑚、青金石、碧霞洗、古窑器、新磁，以及朝珠、念珠、手串、斋戒牌、如意盒、香囊，无不鳞集。”③

最后，青金石的广泛使用，也促进了知识界对青金石的正确认知和概念的精确化。至迟在乾隆时期编纂的《五体清文鉴》中，含义分类上已经清楚地将琉璃与磁、珐琅等人工制品分类在一起。对应的蒙古语作sil，满语作aikan，维吾尔语音译作loli/luli。而青金石则和珊瑚、绿松石等自然物放在一起。和汉语的“青金石”相对，满语、蒙古语均作“nomin”，藏语作“mu-men”，维吾尔语作“lajward”④，各有其命名。社会上，青金石也作为专名固定了下来。这表明在汉语世界里，青金石终于走完了其漫长的认知过程。

三、神秘的催生石

催生石（hastenparturitionstone）是青金石的一个品种。当青金石中混杂的白色方解石多于蓝色时，呈浅蓝或灰蓝色，又名雪花催生石。从宝石的角度看，催生石质量不高，也不受重视。清代以前，文献上鲜见记

① 李斗：《扬州画舫录》卷4，中华书局1960年。

② 易宗夔：《新世说》，陈丽莉、尹波点校，162页，四川大学出版社1998年。

③ 章学诚：《湖北通志检存稿》一，《食货考》，《章学诚遗书》，文物出版社1985年。

④《五体清文鉴》（第二册），卷22《货财类》，第3109页，民族出版社1957年。

载。经常为人们所提及的是明代朱孟震《西南夷风土记》中的一段记载，“土产，孟密东产宝石、产金，南产银，北产铁，西产催生文石。”孟密，也写作猛缅，指今天缅甸北部。据此可知，缅甸是催生石的一个产地。后经云南永昌、腾越输入中国内地。这一地区因为开采技术落后，产量不大。催生石最主要的产地，仍然是阿富汗的巴达赫尚地区，与青金石处于同一矿脉。阿富汗也是世界上催生石的最主要产区。其他地方据说也有出产。民初地质学家章鸿钊《石雅》提到“今俗有名崔生石者，亦青金石之属，相传出塔什干。”并引述清代周霭联《竺国纪游》，谓“硕板多地方产催生石，似青金石而纹理粗劣，色亦黯。”[①]据此，则清代西藏也有出产，但章氏未做肯定。史料中也没有看到西藏或蒙古上层向清廷贡进催生石为对象的记录。不过，地方志中有滇藏毗连的中甸地方出产催生石的记载，“中甸距前藏凡四十七站，……所产则藏绸、……催生石，上品曰京青，盖以输京局者，青矿隶三宝法王。”[②]如果这一记载无误，中甸应该是清廷催生石的重要来源。

目前为止，资料中尚未发现清代以前的催生石加工制品的记述，出土实物中也未见报告。

事实上，清代乾隆朝才是催生石真正被开发、利用的时期。

清初文献中虽不见催生石的踪迹，但鲜为人知的是，清宫档案中并不乏催生石的信息，只是不为外界所知。和青金石一样，阿富汗的催生石输入也正是伴随着准噶尔问题的解决实现的。

在西域战事刚刚结束不久的乾隆二十六年四月，乾隆帝密信给新疆的参赞大臣阿桂“先前，兆惠在伊犁，在噶尔丹策零贮藏玉石之豁吉格尔地方房内，寻得催生石三块送京。富德于伊犁豁吉格尔巴克地方亦寻得一块送京。再喇嘛伊西车木比勒告知兆惠，伊犁河对岸察汗乌苏、维霍尔里克一带旧房内尚有此石，亦未可料。着寄信阿桂等，于此等地方留心寻找，酌量送京。钦此。”并嘱咐“将此写入加封，入伊奏事夹板内送发。”[③]可知

① 章鸿钊:《石雅》，第 79 页。《民国丛书》第二编，上海书店出版社 1989 年。

② 王崧:《道光云南志钞》,《边裔志下 · 西藏载记》，第 290 页。云南社会科学院文献研究所 1995 年。

③《乾隆朝满文寄信档译编》，乾隆二十六年四月初十日,《寄谕参赞大臣阿桂等将伊犁豁吉格尔等处寻得催生石乘便送京事》。

在平准战争期间，将军兆惠、富德等人已经开始为清廷寻找催生石送往北京。阿桂接旨后即着手寻找，“阿桂等奏，伊犁河两岸，从前大军数次经过，并无玉石等物。奴才等询知情者，相继掘获大小玉石十五块，大小催生石十四块，大玉盘二个。分别装入四匣内，交与侍卫鄂铎送往京城。”接报后当年八月，乾隆帝再谕阿桂“将此等挖掘玉石之事，不必专做一事具奏。”“唯将所得玉石酌量送京，不必专折具奏。”[①] 看来，乾隆帝对寻找催生石一事不欲更多人知道，故有保密考虑。从内务府的档案看，乾隆二十五年造办处只有催生石存货 4 两 4 钱 5 分，但二十六年新进催生石数量达到 95 斤 12 两。[②] 一年以后，乾隆帝再次寄信谕令伊犁将军明瑞、叶尔羌办事大臣新柱，“从前伊犁曾送催生石，恐回疆亦有此物。着传谕明瑞、新柱等，留意查找送京。钦此，钦遵。先前在伊犁。豁吉格尔、柏兴、察汗乌苏等地，获得厄鲁特埋藏之青金石送京，唯不知何地出产。着大臣等询问厄鲁特、回子等知情者，究系何处出产催生石，即派人前往采掘。若于厄鲁特、回部地方不产此物，即出价购买。唯留意寻觅大块上好者。一应得获，即刻乘便送京。”透露了乾隆帝不择手段，必欲获得催生石的迫切心情。信末尾却又说“此物可得可不得，不可当做要事。”[③] 这又反映出乾隆帝欲盖弥彰的矛盾心理，令人莞尔。读过这几份档案，首先浮现的问题就是，乾隆帝为何急于获得催生石？

催生石质量不及青金石，更无法媲美于红宝石、蓝宝石，乾隆帝一定有更隐秘的理由。合理的解释，恐怕与传说中的催生石具备催产助生神奇功效有关，虽然这不可能得到史料的证实。

汉语“催生石”一名，其来源有两说。其一是广为流传的孕妇在以传统方式分娩时此石能起催生作用。或说此名源于古人用此石作产妇催生药之说。或说古代印第安人曾用其作为妇女催生之药，故名。这些都来自民间传闻，没有看到医书和文献上的证据。但古埃及人认为青金石有安神，

① 《乾隆朝满文寄信档译编》，乾隆二十六年八月二十日，《寄谕参赞大臣阿桂等将掘获玉石之处不必专折具奏》。

② 《清宫内务府造办处档案总汇》，第 26 册，第 27 页；第 27 册，第 97 页。

③ 《乾隆朝满文寄信档译编》，乾隆二十七年八月二十六日，《寄谕伊犁等处办事大臣明瑞等着于回疆留意查找催生石送京》。

治疗神经狂躁功能，则上述传闻或有一定道理。古代妇女生产，生死攸关，即便皇家也不例外。乾隆帝相信此说，也可以理解。另有一说，认为催生石中“催生”二字乃藏语方言译音，并不以催生为义。根据是周蔼联《竺国纪游》。[①]实则这是章鸿钊的看法。周氏只是在“催生石”一词之后“原注谓‘俗语相传，不知果此二字否？’”[②]表示不确定而已。

乾隆后期，不知是皇帝本人对催生石的热情已经消退，还是朝廷通过其他途径获得了足够的供应，总之是政策上放松了对催生石的管控。乾隆四十六年，吐鲁番领队大臣图思义循惯例扣押了携带催生石的内地商人王增。随后商请乌什参赞大臣绰克托，希望定例严查商民货物。此举遭到乾隆帝的申饬，斥其不明事理，“甚是过分”，重申禁止的是“私携偷带玉石”。要求将王增立即放行。[③]

在清代，催生石，满语作 cui sheng wehe，应该是汉语的音译。与青金石 nomin 是明显区别的石种。与青金石在清代大范围的使用不同，催生石则不那么为人所知。催生石的采进、加工，和青金石一样，都归内务府造办处玉作管理。

从内务府档案看，催生石的制品主要有佛头塔珠（朝珠的一部分）、珠儿、八宝、小蟾、小磬、小刀把等小件物。但结合其他资料看，催生石作品远不止这些。

一类是赏赐嫔妃的催生石装饰品。如乾隆三十六年六月初四，来自西域回部的容嫔封妃，乾隆帝赏赐有青金石挑花垂挂、垂帘，金镶催生石金箍垂挂等多件。

第二类是宗教法物。如乾隆三十五年内务府如意馆玉匠七十儿奉旨将一块重 16 斤的催生石照章嘉国师的绘本雕刻成一尊呀吗达嘎（大威德金刚）。[④]紫禁城斋宫西暖阁佛堂供奉有催生石释迦牟尼佛一尊。乾隆四十四

---

① “国立故宫博物院”编辑委员会编辑:《清代服饰展览图录》，第 18 页。台湾“国立故宫博物院”编印 1986 年。

② 章鸿钊:《石雅》，79 页。

③ 《乾隆朝满文寄信档译编》，乾隆四十六年七月二十六日，《寄谕乌什参赞大臣绰克托等着传谕图思义遵照成例查办过往商民》。

④ 熊文彬等著:《藏传佛教艺术发展史》下册，第 831 页，上海书画出版社 2010 年。

年，六世班禅来到热河预备觐见乾隆帝。清廷赏赐他“催生石手持金刚白玉救度佛母一堂”，上嵌珍珠宝石，总重 108 两 5 钱。[①] 班禅圆寂于北京后，乾隆帝特赐金塔并指示镶嵌松石、珊瑚、催生石三色，以增华丽。[②] 嘉庆二十五年，道光帝以催生石小朝珠一盘，赏赐西藏济咙呼图克图之呼毕勒罕。[③]

第三类，有重大意义的宝玺、册页。乾隆五十七年，清廷指令扬州工匠以催生石雕刻了国子监御宝“表章经学之宝”，重达 44 两 3 钱 6 分。同时以催生石制作了“御制石刻蒋衡书十三经”册页 12 页。置于辟雍亭。[④]

第四类是各类摆件。如故宫宁寿宫花园养和精舍一层陈设有催生石罗汉仙山一座；二层陈设着催生石伏狮罗汉仙山一件。避暑山庄则设置有催生石鼓 10 件。清末，慈禧的随葬品中也出现了三件催生石玩器。

值得思考的是，与青金石不同，清代民间鲜有催生石物件。从而使催生石显得很神秘。这究竟是乾隆帝独特的审美趣味和偏爱所致，还是另有原因，尚待进一步研究。

17、18 世纪清朝经过长期对峙，最终成功地解除准噶尔政权的威胁，实现了大一统。其意义不仅体现在政治统一，版图扩大，民族融合诸方面。清朝重新打通了隔绝已久的丝绸之路，促进了西域与中原的经济文化交流，也畅通了中亚与中国的物资流动，进而影响了中国朝野的审美趣味、奢侈品和艺术品创作、宗教艺术，乃至世俗的社会风尚等方方面面。本文探讨的青金石、催生石流动不过是一个很小的侧面，本文的研究也仅仅是一个初步的尝试而已，期待未来会有更多更深入的成果出现。

（作者单位：中国人民大学清史研究所；长江大学文学院）

---

① 中国第一历史档案馆、中国藏学研究中心合编：《六世班禅朝觐档案选编》，《英廉等送往热河备赏班禅各物清单》，中国藏学出版社 1996 年。

② 王晓晶编著：《六世班禅进京史实研究》，第 169 页，民族出版社 2013 年。

③《清宣宗实录》卷 8，嘉庆二十五年十一月甲子。

④《钦定国子监志》卷 21，北京古籍出版社 2000 年。

清代进京维吾尔人的组织与社会关系研究

◎祁美琴

清代有部分回疆上层及其眷属、工匠艺人等，通过不同的途径进入京城，定居生活。清廷将这些进京的维吾尔人隶属于不同的组织系统进行管理，而他们的待遇与命运，既与其出身家世暨回疆社会变化有关，也与其在京城的作为甚至与清廷的关系密不可分。以往学界对清代进京维吾尔人群体较少关注，既有的研究，虽然对清代进京的回部王公及其随行眷属的情况介绍较多，但对他们在京城的隶属组织关系缺少辨析；对回子营的一般变迁历史及与“香妃”有关的情况有些成果，但是对于回部王公在京的仕途生活及其回子佐领下回众的待遇的情况，了解有限。基于以上认识，本文力图搜寻新近出版的档案资料，尽可能提供一些了解清代在京维吾尔人的面相和视角。

目前笔者看到的有关清代在京维吾尔人的研究成果，主要有张羽新的《清代北京的维吾尔族》(《新疆社会科学》1984 年第 4 期)，与之相关的研究成果则有王东平的《乾隆御制〈敕建回人礼拜寺碑记〉的两个问题》（《西域研究》2007 年第 2 期）以及《“回子官学”初探》（《西域研究》2011 年第 6 期）、杨乃济《“香妃传说”与宝月楼、回子营》（《故宫博物院院刊》1982 年第 3 期）、日本学者小沼孝博《北京“回子营”的 250 年史》（载《清代满汉关系研究》，社会科学文献出版社 2011 年）等。这些成果虽然可以用寥寥数篇概括，但其开创之功不可没，也为后来者的研究奠定了坚实的基础。本文拟在前人研究的基础上，结合新近出版的寄信档、内务府奏销档等满文文献，对相关问题做进一步的梳理和补充。

一、进京维吾尔人的来源及基本情况

1. 进京情由

清廷与新疆维吾尔人的接触应始于来自新疆准部的“投诚人”，而真正意义的对维吾尔人的管辖或统治则是从乾隆帝平准开始的。即乾隆二十四年平准战争结束后，清廷将未追随大小和卓之乱的宗教上层和伯克邀请来京，这是作为“有功者”第一批抵达京城的新疆回部上层，他们是大和卓布拉尼敦、小和卓霍集占兄弟的同族、白山派阿帕克和卓的弟弟喀喇玛特和卓的孙子额色尹、帕尔萨和曾孙一辈图尔都、玛木特等，他们在清军到达伊犁时归附清军。额色尹、图尔都、玛木特和随从共十二人于乾隆二十五年（1760）初春最早到达京城。

其次是作为战俘的大小和卓的家人和属众。他们亦于乾隆二十四年底启程，由兆惠等护送，并于二十五年三四月间到达京城，即甘肃巡抚吴达善所谓的“臣于本年（二十四年）十二月初五日据吉林乌拉协领葛鲁德押解已诛逆酋霍集占家属并族党一十四名口，又跟随妇人四口，共一十八名口到肃，随即缮给咨牌，并转饬经过沿途，派拨千把二员、兵役各十名，逐程管押护送，于初六日自肃转解赴京。”[①]

① 中国第一历史档案馆藏“军机处朱批奏折”，《甘肃巡抚吴达善奏为吉林乌拉协领葛鲁德押解已诛逆酋霍集占家属并族党人等到肃派拨弁役转解赴京事》，乾隆二十四年十月初十日，档号：04-01-28-0003-021。

三是维吾尔工匠艺人等。乾隆二十六年正月二十九日奉上谕:“著传谕舒赫德等。自叶尔奇木等城工匠内，挑选玉石匠二名、画匠二名，乘便送京。该来京人员，仍照以往之例予以赏赉，则伊等亦情愿耳。钦此。遵旨寄信前来。”①工匠艺人进京不仅限于平准之初几年，此后不断有此项需求。如:

乾隆三十六年三月初六日奉上谕:据福森布等奏，阿奇木伯克·公噶岱默特禀告，今年来庆贺皇太后万寿圣诞时，带伊等去岁跳摆铜索顽儿之回人讷达尔沙等来献。等语。今年上元之际，京城跳摆[铜]索顽儿之回人阿塔木坠索丧命，朕甚恻然。为顽儿而丧命，实属可惜。从此止住跳摆铜索顽儿。今噶岱默特欲献练习跳摆[铜]索顽儿之回人等，其诚意朕已睿鉴。著将此降谕噶岱默特，伊今年来时，不必带跳摆铜索顽儿之回人等前来。钦此。遵旨寄信前来。②

其四，乾隆年间获罪人犯被陆续解京安插者。乾隆二十六年三月二十一日，乾隆帝上谕:

(布拉呢敦前妻)阿里雅尔之二子，即便不是布拉呢敦之子，亦不可在彼居住。将此寄信纳世通，著将阿里雅尔及其二子，俱送京城。询问阿里雅尔夫兄伊斯根德尔、迈木特占，伊等若愿与阿里雅尔同来京城居住，则即同来;若愿留原籍，则留原籍居住可也。钦此。遵旨寄信前来。③

此外还有如乾隆二十六年六月谕令解京的刑逼索取道兰回子什物、不守官箴的吐鲁番阿奇木阿布都赉④。乾隆二十七年八月奉旨解京的布拉呢敦

① 《寄谕参赞大臣舒赫德等著挑选叶尔奇木等城玉石画匠送京》，乾隆二十六年正月三十日，《乾隆朝满文寄信档译编》第二册，第559页，岳麓书社2011年。

② 《寄谕喀什噶尔办事副都统福森布令阿奇木伯克不必带跳摆铜索回人来京》，乾隆三十六年三月初六日，《乾隆朝满文寄信档译编》第九册，第564~565页。

③ 《寄谕按察使纳世通著将渎职都司楚勒干革职枷号示众》，乾隆二十六年三月二十二日，《乾隆朝满文寄信档译编》第二册，第579页。

④ 《寄谕左都御史永贵著将阿奇木伯克阿布都赉革职押解来京》，乾隆二十六年六月二十五日，《乾隆朝满文寄信档译编》第二册，第623页。

霍集占族人阿塔木和卓及其家属十三口。[①] 乾隆二十九年三月，奉旨将“借机泄漏内地事务”的伊什罕伯克阿布都喇伊木家口及亲信人等解京：

阿布都喇伊木暗派亲信哈勒默特，前往霍罕，私向额尔德尼伯克云，我回子内之和卓木，俱为汉人所杀，现已无人矣。此次汉人并未领兵前来，伯克尔不必出迎，可傲坐帐内以候。……再，阿布都喇伊木之婿墨墨氏敏于迈喇木叛案内，即已有名，亦并非安分之人……阿布都喇伊木归附以来，朕因将军、大臣等保奏，加恩用为伊什罕伯克。兹来京入觐，已悉其人居心叵测，如噶岱默特所告，其言可实。……即将噶岱默特所提及之噶帕尔及阿布都喇伊木亲信哈勒默特等，解至阿克苏，与五吉会审对质。如情罪属实，将阿布都喇伊木，著即正法，断不宽宥。仍宣谕回众，我天朝律例，凡私将内地事务，泄漏与外藩者，其罪即同反叛，将妻子亦应一并正法。但阿布都喇伊木，新经归附，愚昧无知，将其妻子著宽免，解京安置。除将阿布都喇伊木正法外，著将伊之妻子查明送京。至墨墨氏敏系阿布都喇伊木之婿，且非安分之人，亦不可留于彼处。著传谕纳世通，俟办理阿布都喇伊木之事后，与噶岱默特酌议，将墨墨氏敏解送京城。此事在办理阿布都喇伊木之前，不可稍有泄漏，可告噶岱默特知之。再，阿布都喇伊木之党徒，俱不可留于彼处，著查明后，与墨墨氏敏同解京城。钦此。遵旨寄信前来。[②]

乾隆二十九年八月，上谕又令将阿布都喇伊木之弟阿布都克勒木、阿布都色默特、阿布都古普尔、浑什，俱系与叛逆有关联之人解送京城，赏赐王大臣等为奴。[③] 乾隆三十年，与乌什“回乱”有关联的阿布都赉、颇拉

---

① 《寄谕哈密办事道员三宝等著派妥信人员将阿塔木和卓等解送来京》，乾隆二十七年八月十六日，《乾隆朝满文寄信档译编》第五册，第 518~519 页。

② 《寄谕喀什噶尔参赞大臣纳世通著将阿布都喇伊木正法余党解往京城》，乾隆二十九年三月二十二日，《乾隆朝满文寄信档译编》第五册，第 552~553 页。

③ 《寄谕喀什噶尔参赞大臣纳世通著将阿布都克勒木等加恩免死送京为奴》，乾隆二十九年八月十九日，《乾隆朝满文寄信档译编》第五册，第 578 页。

特，交付侍卫素勒带来京城。[①]乾隆三十年十一月，奉上谕将勒索回众，欺压伯克，又附从霍集占、滋扰回众的阿什默特交侍卫舒常等解送京城：

阿什默特系朕殊恩赏给公爵、补授大伯克之人，阿桂等既将阿什默特审明解送京城，则其妻子亦著一并解来候旨。赫伊雅斯、玛玛底敏竟敢教唆阿什默特妄为，情属可恶，著将赫伊雅斯、玛玛底敏及其妻子并呢雅斯诸子，俱解京分赏王大臣。图拉叶密锡，爱资雅尔身为伯克，竟听信拍尔浑谎言，伙同爱资赞、霍卓拉克惑众图利，情亦可恶，将图拉叶密锡、爱资雅尔俱著革去伯克，即如爱资赞、霍卓拉克，与其妻子一并解京分赏王大臣。其余无干人等，即照阿桂等所奏不必究办。著寄谕阿桂、永贵等遵照办理。[②]

乾隆三十六年十一月二十二日奉上谕：噶岱默特、阿利木和卓来京后，先将噶岱默特向舒赫德、福森布等如何禀报阿利木和卓情由之处，当额敏和卓面对质。据噶岱默特告称：

阿利木和卓醉后言曰，将阿布杜尔曼巴图鲁所留一子索皮和卓藏于家中养之，又抱索皮和卓头哭诉，前现扫帚星，曾出大和卓、小和卓；今又现扫帚星，和卓之子萨木萨克想必来耳。等语。据阿利木和卓告称：昔于伯什克勒木作战，参赞大臣阿里衮分赏俘虏时，曾将妇人一口、小男童一名，一并赏给我，不知谁之子，现在家养者是实，决未说现扫帚星之事。等语。阿利木和卓将索皮和卓在家养数年，岂有不知谁之子之理耶？此显系撒谎。阿利木和卓家中，现既养玛玛达敏使唤之妇及此小男童，则将阿利木和卓暂留京城，取此妇子来问之，可得知实情。除将噶岱默特等之供词抄寄福森布等阅看外，将此寄谕福森布、苏尔德，令其即从阿利木和卓

---

① 《寄谕吐鲁番郡王额敏和卓等著将前送伊犁居住之阿布都赉带来京城》，乾隆三十年闰二月十四日，《乾隆朝满文寄信档译编》第五册，第 622 页。

② 《寄谕内大臣阿桂等著将阿什默特及妻子一并解京》，乾隆三十年十一月二十七日，《乾隆朝满文寄信档译编》第六册，第 656~657 页。

家中查出此妇人、小童，详细询问，一面奏闻，一面派人妥善看护送来京城，与阿利木和卓等对质。不仅如此，倘有明晓此案之干证，则再送二三人来对质皆可。令福森布等知之遵行。钦此。遵旨寄信前来。[①]

乾隆四十九年闰三月十七日奉上谕：昨据保成等处奏，审理英吉沙尔之阿奇木伯克阿里木、布鲁特散秩大臣阿其睦等诬告鄂斯璊一案，暂安抚办理。……又闻得，阿里木系色提卜阿勒氏近族，色提卜阿勒氏住居叶尔羌，伊受朕恩甚重，断不致徇庇阿里木。此事与伊无涉之处，伊勒图等知晓留心外，著伊等事事留心，宜相机妥协从速密办，照旧由六百里加紧驰送奏闻。……又此内保成等所奏鄂斯璊呈称，阿里木为英吉沙尔之阿奇木伯克，因有勒索情事，现在查办。等语。此时尚未办理，暂行停止，若此旨送到前，保成等、鄂斯璊已经办妥，即阿里木扰累勒索属人有罪，不可仍留英吉沙尔阿奇木伯克之职。因为此罪，宜将伊唤至喀什噶尔严加看守。

乾隆五十一年十月初五日奉上谕：据明亮等奏，于卡伦处拿获之萨木萨克派来之回子及私通萨木萨克暗送物品之回子尼雅斯迈默特等三人，业已审问拟罪，等语。其中尼雅斯迈默特等需要对质，著交明亮等，即派贤能官兵，押解尼雅斯迈默特、锡里布、爱杂尔来京审办。沿途当妥善留心护送速行，毋致脱逃。[②]

对于清廷令新疆维吾尔上层来京居住的原因，乾隆帝说：“至于霍集占族戚等所以留住京师，并令伯克霍集斯等俟撤兵时同来者，因恐伊等仍居旧地，必妄生希冀，致启衅端。此正所以保全之也。……章程既定，则伊等希冀之念自消，庶地方可以宁谧。”[③]即对于“罪犯”而言是惩罚、监管，对于“功臣”而言，则是保护和优遇。

2. 进京回部上层的身份及其待遇

清廷对未“从逆”且有功的维吾尔上层“论功行赏”，他们就是首先

① 《寄谕伊犁将军伊勒图等著遵旨妥办阿其睦控告鄂斯满一事》，乾隆四十九年闰三月十七日，《乾隆朝满文寄信档译编》第十六册，第672~675页。

② 《寄谕乌什参赞大臣明亮等著将缉获私通萨木萨克之回子解京》，乾隆五十一年十月初五日，《乾隆朝满文寄信档译编》第十九册，第545页。

③ 《平定准噶尔方略》正编卷79。

到达京城的和卓家族，有额色尹，封辅国公；有帕尔萨，封三等台吉；有玛木特，封头等台吉；有图尔都，封头等台吉；有同族的阿卜都喇满，封三等台吉。此外还有两位阿奇木伯克：有霍集斯，封贝勒；和什克，封辅国公；他们与来自新疆的“元裔”巴拜汗的曾孙哈什木（封台吉），被称为“住京八爵”。“八爵”中除哈什木外均是维吾尔人，而跟随其来京的管家、亲随、厨师、匠人、仆役、杂耍、歌舞班子以及伊斯兰教的神职人员等等，大约有三百余人。

在京回部王公及宗教上层的基本情况如下：

Eseyen，额色尹，叶尔羌人，号额尔克和卓。其始祖曰派罕帕尔，世为回部长，居叶尔羌，其族统称和卓。平准时归附清朝，率兵攻打大小和卓，“获纛一，献军门，请内附”。清军统帅兆惠遣其入觐，乾隆帝封为辅国公。乾隆五十五年卒，子喀申和卓（又称喀沙和卓）袭爵。嘉庆二年，额色尹之子喀申和卓因为获罪被革去公爵，公爵改由堂弟三等台吉帕尔萨之子巴巴克承袭。喀申和卓死后，他的寡妻返回新疆原籍，留下五岁幼子爱默特无人照管。嘉庆七年户部奏准，援引八旗成例给予爱默特一份孤儿的钱粮，以维生计。巴巴克于道光二十二年去世，因孙辈无子嗣而停袭。

帕尔萨，额色尹之弟，随兄入觐，授三等台吉，五十五年卒，子巴巴克袭爵。

turdu，又作图尔都，额色尹之侄。乾隆二十四年入觐，乾隆帝诏授扎萨克一等台吉。二十七年，晋封辅国公，因此称图尔迪公，即哈山和卓。乾隆帝将宫中女子巴朗赐给图尔都为妻。四十七年卒，因无子，由侄子喀申和卓之子托克托袭爵。托克托卒，以无嗣停袭。

Mamud，又作玛木特，图尔都之兄，乾隆二十四年入觐，亦封扎萨克一等台吉。四十四年卒，子巴巴降袭二等台吉。道光八年，因为无子嗣而停袭。

阿布都尔满，叶尔羌人，派罕和卓后裔。祖伊克和卓因不附大小和卓被杀，本人被囚禁。乾隆二十四年被清军释放，次年入觐，授为二等台吉。三十七年卒，子阿卜都尼咱尔降袭三等台吉。五十三年诏世袭罔替。

霍集斯，乌什人，父阿济斯和卓，为吐鲁番头目，准噶尔胁徙喀喇沙尔，复自喀喇沙尔徙乌什，因名乌什曰图尔满（与吐鲁番音近）。父死后，霍集斯号图尔满阿奇木伯克。霍集斯于乾隆二十年将准噶尔汗达瓦齐缚献清廷，二十三年又率所部二万余口归附清军。乾隆帝赐公爵职衔，赏戴双眼花翎。后总理六城阿奇木伯克，晋固山贝子、郡王。二十五年，因乌什众伯克控其苦累回众，清廷将其移驻京师。子四，长漠咱帕尔，封公品级，后削罪授一等，次侍卫呼岱巴尔迪，授内大臣，次托克托索丕，居阿克苏，次哈第尔，袭父爵。四十八年，理藩院议，哈第尔隶内蒙古旗，与外扎萨克不同，请视内旗例，俟出缺时递降至公爵，仍世袭罔替。五十二年，奉旨世袭郡王品级。

辅国公和什克，和阗人，初为喀什噶尔阿奇木伯克，因不附大小和卓之乱，归附清军，二十五年入觐，诏留京师，封辅国公。乾隆四十六年卒，长子伊巴喇伊木袭爵。五十三年，诏世袭罔替。①

阿不都哈里，大和卓布拉呢敦幼子，为清军俘获，按律“本系应行缘坐之犯”，“帝怜其年幼无知，贷其一死。”②后允其娶妻生子，长子博巴克于道光初年去世。“每岁年班伯克进京，无不至伊家中看望，并帮助银两。”③

白和卓，吐鲁番伯克芥噶里克之子，芥噶里克于乾隆二十一年归附清军，次年被清军冤杀，后清廷“宥白和卓罪，自吐鲁番取其妻默里克及弟托克托纳咱尔等至，隶蒙古正白旗”。后官至三等侍卫、镶红旗蒙古副都统。

额色尹侄女、图尔都之妹伊帕尔罕入宫，成为乾隆帝的妃嫔（初封和贵人，后晋容嫔、容妃），其在宫中的寝宫宝月楼（今中南海新华门）毗邻“回子营”。乾隆四十二年之后，宫内未设皇后，容妃列于皇妃之第三位，配享殊荣，亦显示清朝对新疆民族宗教贵族的笼络。

二、在京维吾尔人的组织管理

对于清前中期进京的新疆回人，在组织管理上如张羽新说：“迁居京师

---

①《回疆通志》卷6。

②《钦定平定回疆剿擒逆裔方略》卷47，道光六年七月丁酉。

③《钦定平定回疆剿擒逆裔方略》卷49，道光七年八月癸未，长龄、武隆阿奏。

的维吾尔族，在行政上隶属于两个系统，即原来的伯克等贵族，隶属于理藩院，而工匠艺人等则属内务府管辖。”[①] 其依据是乾隆二十五年正月十六日上谕：在京安插回人内，额色尹系公品级，玛木特、图尔都和卓系扎萨克，应归理藩院管辖；又乐工匠役人等，共编一佐领，其佐领着白和卓补授，归内务府管辖。嗣后，续到回人，均入此佐领下。[②]

1. 理藩院系统

乾隆二十四年十月十三日，陕甘总督杨应琚奏称：“回子萨拉阿浑等妻子并阿奇木和卓等妻子共十八名口，……派拨员弁兵役，逐程接替护送，俟到肃之日，即行转解赴京，拨交理藩院查收，请旨。”[③]

《回疆通志》记载：辅国公和什克、额色尹，一等台吉玛木特、图尔都、哈什木，二等台吉阿卜都尔玛，三等台吉帕尔萨等，先后入觐，诏留京师，统隶蒙古正白旗，视应得俸银，给禄米资赡。[④]《回疆则例》记载，乾隆四十一年军机处议定，回子郡王衔贝勒和济斯等八户三十五名口，编入镶黄旗正白旗三佐领下管理，所有伊等俸银俸米马乾出城照票及随围官马路费各事，宜均由该旗照例办理。[⑤]

《理藩院修改回疆则例》卷三记载：回子郡王衔贝勒和济斯等八户三十五口入于上三旗蒙古公中佐领内，酌其闲散余丁较少之镶黄正白蒙古旗分三佐领内。又据《理藩院修改回疆则例》卷二记载：入镶黄正白二蒙古旗的回部王公有：

驻京附隶镶黄旗蒙古之阿克苏回子郡王衔贝勒一员。驻京附隶正白旗蒙古之回子辅国公兼三等台吉一员；哈密回子札萨克郡王衔多罗贝勒一员（道光十三年晋封郡王）；吐鲁番回子札萨克多罗郡王一员，头等台吉一员，二等台吉一员，三等台吉一员；库车回子郡王一员（贝子迈哈默特鄂堆获咎，伊萨克承袭嗣封郡王），和阗回子辅国公一员；拜城回子辅国公一员；

① 张羽新：《清代北京的维吾尔族》，《新疆社会科学》1984 年第 4 期。
② 《清高宗实录》卷 605。
③ 军机处录副奏折。转引自张羽新《清代北京的维吾尔族》，《新疆社会科学》1984 年第 4 期。
④ 《回疆通志》卷 6，《霍吉斯列传》。
⑤ 《钦定回疆则例》卷 3，《清代各部院则例》本，香港蝠池书院出版有限公司 2005 年。

乌什回子贝子衔辅国公一员，乌什回子三等轻车都尉一员。以上俱系世袭罔替人员。其家谱照蒙古王公例，每届十年由理藩院咨行各该大臣等，将回子王公并世袭翎顶回子一并查明造具清册，谱系报院，由院分别办理具奏存查。[①]

道光十一年（1831）七月，霍集斯之孙、哈第尔之子回子贝勒柯克色布库，因捏报有病，至误差使，被撵出乾清门，拔去花翎，革去郡王职衔，在粘杆处柏唐阿上行走。[②] 十月，又因为与太监吸食鸦片被削爵：

十月二十九日奉旨：此案柯克色布库身为回子贝勒，不知自爱，与太监交接，已属违禁，又同太监吸食鸦片烟。及太监张进幅告病外出，复敢容留在家居住，种种乖谬，实属卑鄙无耻。柯克色布库著交理藩院治罪。[③] 随后，理藩院"姑念伊祖霍集斯曾效力军营，著有劳绩，伊父哈第尔在御前侍卫行走有年，尚为勤慎，办理旗务亦属认真，柯克色布库著加恩免其枷号，仍革去贝勒世职，交该旗照例鞭责发落。哈第尔胞侄阿布都尔满率领回众抚驭有方，上年在叶尔羌甚为出力，著将柯克色布库所遗贝子世职给予阿布都尔满承袭，钦此。"[④]

是知，回部王公编入上三旗蒙古后，在内廷行走者居多。而阿不都哈里一家于道光三年出奴籍，亦编入蒙古正白旗。

2. 内务府系统

而隶属于上三旗包衣组织的回子佐领，其主体成员是乾隆二十四年平定南疆后的战俘以及大小和卓的家属，乾隆二十四年十二月初十日，甘肃巡抚吴达善奏称：

---

① 《理藩院公牍则例三种》（二），《理藩院修改回疆则例》卷2，中国文献珍本丛书，全国图书馆文献缩微复制中心2010年。

② 《镶黄旗蒙古都统福克津等奏为回子贝勒柯克色布库因吸食鸦片革职可否由阿布都尔满承袭事》，道光十一年十一月初十日，"军机处录副奏折"，档号：03-4005-048。

③ 《理藩院尚书博启图等奏为遵旨议拟回子贝勒柯克色布库与太监张进幅吸食鸦片罪名事》，道光十一年十一月初五日，"军机处录副奏折"，档号03-4005-047。

④ 《镶黄旗蒙古都统福克津等奏为回子贝勒柯克色布库因吸食鸦片革职可否由阿布都尔满承袭事》，道光十一年十一月初十日，"军机处录副奏折"，档号"03-4005-048。

臣于本年十二月初五日据吉林乌拉协领葛鲁治押解已诛逆酋霍集占家属并族党一十四名口，又跟随妇人四口，共十八名口到肃，随即缮给咨牌，并转饬沿途经过地方，派拨千把二员，兵役各十名，逐程押解护送，于初六日自肃转解赴京。[①]

乾隆二十五年以“投诚回众”即叶尔羌等处俘获男妇一百二十六名口编回子佐领一，以白和卓为佐领，仍设骁骑校一人，领催一人，于西长安门街路南建立回子佐领处，并于健锐营添设回子营房，“共房百四十有七楹。回营内设办事房，以内府官董其事。”[②]

此事在清宫满文档案内也有记载：

乾隆二十五年四月二十九日内务府总管衙门奏，为请旨事，由内阁抄出乾隆二十五年正月十六日上谕：今来京居住的yurkimahasihar等处回子内，eseyen伯公之品级mamud、turduhojo，既已授为札萨克，可令归理藩院，剩余金匠、音乐回子等众回子，总编一牛录，补放白和卓（baihojo）为牛录章京。隶属于内务府。嗣后送来回子，皆入此牛录。钦此钦遵。臣等伏思，此种回子，承主恩带来京城居住，今又补放白和卓为牛录章京，将尔等编为一牛录。诚乃圣主养育远来回子高恩。查得，臣衙门所属三旗满洲牛录十五，旗鼓牛录十八，朝鲜牛录二；每牛录牛录章京一，骁骑校一，领催四，书写档册信息披甲五。今编此牛录，白和卓，已遵旨放为章京，臣衙门行文礼部，照例铸佐领图记交与白和卓管理。将此牛录即入包衣正白旗五甲喇。又相应该补的骁骑校一、领催四，若从回子内所选人内补放，应即着尔等办理。然尔等不识满字，且这些钱粮米石支发，立档等事，全然不晓，若得暂且派出包衣牛录骁骑校一、领催二、书写档册信息披甲三，在白和卓牛录中兼理，带领回子骁骑校、领催，教其办理牛录事，回子行走数年，通晓事务后，再停止兼理。又包衣三旗满洲、朝鲜牛

① 中国第一历史档案馆藏“军机处录副奏折”，民族类，第1200卷。转引自张羽新《清代北京的维吾尔族》，《新疆社会科学》1984年第4期。

② 光绪《顺天府志》卷7引《内务府册》。

录，各浑托和额定披甲数八十九，旗鼓牛录额定披甲数五十九，今白和卓牛录披甲数若照满洲、朝鲜牛录披甲数定太多，若照旗鼓牛录数定则太少，这些皆才至京城之人，尔等办理衣物等项皆需花费，因此臣等拟定白和卓牛录披甲数七十，将此额定七十披甲如何分占包衣牛录披甲数内，包衣牛录人滋生者多，尽靠此钱粮为生。若皆得新增钱粮，必至多费钱粮。臣等酌议，由包衣牛录披甲内分出三十五份钱粮米石，除披甲出缺外，再白和卓牛录添加三十五披甲的钱粮米石，共七十披甲，即从回子中选取，在官围上行走，将钱粮米石分给尔等为生……今所有男女小孩总计一百二十六回子的衣食等项，每月详算领取足银办理……今到来的回子内，除有适合行走之处的金匠、掌仪司乐手回子外，余剩回子臣等酌选于紫禁城外当班，与包衣旧披甲一并当班行走。又 baihojo 并于正黄旗蒙古时，其子 setegjalahi 子 togto, niyasar，皆得食养育兵钱粮，今白和卓补放牛录章京，既已将其子等移入该牛录，尔等理应颁给一份钱粮……旨，知道了。并赏办得好。[①]

这段资料说明，白和卓本在正黄旗蒙古，回子佐领编立后，白和卓出任佐领，移籍回子佐领。回子佐领额定披甲数七十，介于朝鲜佐领八十九和旗鼓佐领五十九之间，这似乎注意到了族姓平衡问题。同时，回子佐领下成员，与其他包衣下人一样，在内务府的相关岗位上当差，食钱粮俸禄。

乾隆四十四年四月十一日总管内务府奏为回子佐领下甲缺照旗鼓佐领定额等事折内称：

奏为请旨事：查乾隆二十五年正月内由叶尔羌等处送到回人共男妇大小一百二十六名，赏白和卓为佐领，令其管理。……后陆续由送到二百三名，连前共三百余名，仍以此项钱粮设法养赡。至三十二年有回人普拉他乖张生事妄告，讯明按例发遣者三十余户，计一百八名。[②]

① 《清官内务府奏销档》第 58 册，第 55~69 页，故宫出版社 2014 年。
② 《清官内务府奏销档》第 122 册，第 112~105 页。

以上编入回子佐领的记载，均未提到回子佐领隶属旗分。据刑科题本记载，乾隆四十七年发生了一起在京回子的刑事案件，据案犯交代，他们“俱系正白旗包衣禄顺佐领下食钱粮回子”，说明包衣佐领隶属于正白旗下。[①] 到光绪十五年（1889），人丁已经繁衍到1800余人。[②]

这里需要说明的是，我们搜检《八旗通志》相关旗分志资料，在该旗包衣佐领下找不到包衣佐领编设和管理的记载；回部王公大多隶属于正白旗蒙古，而我们在该旗佐领中也看不到有关这些王公的影子。之所以如此，我认为史料记载中进京回人所谓隶属正白旗蒙古，是指这些王公及其后代承袭爵位、待遇、赏赐、筵宴、为官等方面，其名单列入正白旗照蒙古札萨克王公例，进行办理。而其日常生活管理，则与回子营的族众旧人关系密切。

3. 分散内地

上述这些编入回子佐领的南疆回人，因为受乌什事变的影响，于乾隆三十二年“闹事”，部分人员被发遣内地。是年十二月初八日总管内务府奏为审讯回人聚众闹事一案事折称：

为请旨事，臣等回子喀尔和卓（karahojo）等聚众胡闹状告白和卓一事，将喀尔哈卓等皆拿获严审，始将众人究出，各个分别审问。据普拉他（polad）回答：我昔为阿克苏伊什罕伯克，乾隆二十六年，朝觐大主时，我带来的一个小厄鲁特名 h ū dabardi，白和卓让我给他，我口头应允，h ū dabardi 留在京城，因不愿求我，我对白和卓说，我欲自己转而返回阿克苏后，寻找另外一个小厄鲁特送来，遂把 h ū dabardi 带回。后我来到京城，进入白和卓牛录居住后，白和卓仍思之前不给 h ū dabardi 之仇，甚且责打我儿，我说欲去向大明国皆旧管我等之人请安，白和卓亦不准，他作为管我等之人，如此衔仇，我之子孙皆受其欺。阿卜杜拉也是阿奇木人，被白和卓所管，也怨恨之。本年十一月十三日，abdula、babag、moloibarima 我

① 《英廉等题为会审京城回子依思拉木索皮因被索银相殴伤毙大约达尔什案依律拟绞监候请旨事》，乾隆四十七年九月二十五日，“刑科题本”，档号：02-01-07-07648-020，

② 转引自张羽新《清代北京的维吾尔族》，《新疆社会科学》1984年第4期。

们四人到马哈穆德家聚议，mahamedi、naqin因被革柏唐阿差，向大臣们跪诉，未革去其钱粮。因闻其照旧仍得钱粮，我即思若大臣如此视所请准行，我也状告白和卓。议后，babag说，我来京城年久，照大主之律法，带人证物证，告人后不能再补，务必治罪。……问白和卓，告诉说：这些人内，polad原是阿克苏伊什罕伯克，赏给闲散大臣职衔，abdula原是bugur的阿奇木伯克，各自在本城犯罪后由所属地方官员弹劾降革停职来京城居住。他们原是本地阿奇木、伊什罕，我管理他们……并未索要他的厄鲁特hū dabardi，后其在京城居住，让其进入本牛录……朱批：……此等人原皆应杀之人，朕施恩留其命，于京城居住，使食钱粮，尚且不能安静而生，又胡乱生事，甚厌恶之，将这些人重责，圈禁各府惩戒，仍令交兵部行文各省，派兵沿途护送以免逃出。这些人到达发遣省份后，所属将军副都统，严加管束，若能安静生活则可，若有些许生事逃亡之类，即拿获正法，毋庸另议。①

这次被发遣的人数众多，“至三十二年有回人普拉他乖张生事妄告，讯明按例发遣者三十余户，计一百八名。”② 据档案记载，因此次发遣人员过多，乾隆帝担心到达内地省份又或有滋事者，遂令部分安置在八旗驻防地方，其中解赴杭州者男妇计10名口，解赴乍浦者男妇计18名口，解赴福建福州者男妇计13名口。③ 这一事件对在京维吾尔人的打击应该不轻。

又道光五年（1825）五月，回子营中有苏拉回子迈吗达里寻衅闹事，经押讯，知迈吗达里嗜酒逞凶，将回子骁骑校迈吗迪晓谕年班回子不准在营卸货居住及本营回子等亦不准与年班回子往来交易告示刷毁。审拟“本案回子迈吗达里殴打本管领催及踢伤该班官人并损坏枷号，种种藐法怙恶已极”，从重科断，发打牲乌拉充当苦差。④ 道光八年，南疆发生张格尔之乱，阿布都哈里受到牵连全家被分散发配到闽、广、云、桂等地，眷属发

① 《清宫内务府奏销档》第83册，第434~444页。

② 《清宫内务府奏销档》第122册，第112~105页。

③ 《署理闽浙总督熊学鹏奏报派遣杭州乍浦之回子解到收管日期事》，乾隆三十三年正月二十四日。“军机处录副奏折”，档号：03-1402-011。

④ 《清宫内务府奏销档》第200册，第459~457页。

配江、浙。道光十二年张格尔早已被捕处死，始传令其返回京城，恢复旗籍。他们是在京阿帕克和卓一系的惟一的一户维吾尔人。

以上说明，在京维吾尔人因获罪被发遣内地或东北的情况，仍时有发生。

三、在京维吾尔人的生活与仕途

1. 居住情况

内务府为来京维吾尔上层修造八旗式营房作为住房分给其居住，其中额色尹一族居住在长安门以西，“而余众之不令回其故地者，咸居之长安门西，俾服官执役，受廛旅处，都人因号称‘回子营’”。[①] 所以在长安门以西居住的除了额色伊一族等贵族上层外，还有隶属于内务府回子佐领下回众。“乾隆二十五年，奉旨授白和卓为回子佐领，以投诚回众编为一佐领，于西长安街路南设回营一所居之，共房百四十有七楹。回营内设办事房。”[②]

此外，与皇帝关系更为密切的图尔都一户，住处则是东大市六条胡同（今东四北六条），而其数十户随从人等分别居住在德胜门内、西直门内沟沿、地安门内沙滩、宣内马石桥等处。

因陆续迁京回人增多，原有住房不足分配，乾隆二十七年又扩建回子营，“新盖赏给回子住房一百五十二间”，“粘修回子住房一百八间”。并定每年放给众回子的钱粮标准为：大口食银一两，中口食银七钱五分，小口食银五钱。[③] 回子营的住房布局，大体是三间一户，几户结成一连的八旗营房的传统形式。[④]《北京市志稿》记载，回子营为回部归诚仕族所居，“今尚有一二家存者”。回子营原有与南海宝月楼对峙而建的一小楼，“故老相传，香妃入宫，其家族亦随而入都，上特于南海为建宝月楼，而于其对面之回

---

① 乾隆帝《敕建回人礼拜寺碑记》。回回营礼拜寺在和平门内，乾隆帝敕赐之名为普宁清真寺，民国初年始书清真礼拜寺。传说该寺专为香妃所建，此说非是，实际为“缠回“聚集区众礼拜所用，而乾隆帝为香妃所建礼拜寺确在京西圆明园，名远瀛观，并于寺旁建方外观为香妃寓所。《北京市志稿·宗教志》卷八，《回教》。

② 《日下旧闻考》卷 71；光绪《顺天府志》卷 7;《京师坊巷志稿·回人佐领事务处》。

③ 转引自张羽新《清代北京的维吾尔族》。

④ 杨乃济:《“香妃传说”与宝月楼、回子营》,《故宫博物院院刊》1982 年第 3 期。

子营亦建一小楼。香妃登楼眺望，其家亦得登对楼以瞻颜色。否则，皇居尊严，岂有面宫筑楼之理？”[①]

清廷规定，驻京回子王贝勒贝子公等遇有病故，情愿搬柩回归原处者，听其自便，毋庸官为经理由驿递送。伊等家属呈报理藩院奏闻，奉旨后始准启程。嗣后因路途遥远，亲属离散，安葬京城成为许多人的选择。于是总管内务府奏请将宛平县枣林村辖地赏给莽苏里等作为茔地，“遵旨派员查得宛平县所属阜城门枣林村东有礼部拨给该县存收地二块，计十三亩，每年征租银一两三钱，今连周围荒地丈量，得共五十八亩零。查此项地亩堪可赏给回子莽苏里等作为茔地应用，谨此奏闻等因缮折于初七日交与奏事主事舒德转奏，奉旨知道了。钦此。”[②]另据《北京市志稿》记载，回子营清真寺所辖公墓，为阜成门外三里河北六七里之红帽子沟，面积颇广，所葬多西北缠回世居本市者。红帽子沟之名，源自回子营先名红帽子营之称，日久失其原名，而呼红帽子沟，今更简称红门沟也。[③]

据日本学者小沼孝博记述：嘉庆年间，在京属于喀喇玛特和卓一系五户人家已有二户没有男性后裔了；到了1842年，另外二户也绝了子嗣；剩下他们远房族亲一户，因缺乏资料，难以尽述。辛亥革命后，俸禄钱粮的发放受到影响，至民国四年（1915）完全断绝，各人自谋生计。有些人返回喀什，打起了祖坟——阿帕克和卓墓所拥有的大量地产的主意。民国二十七年有人作过调查，仅北京西长安街的一处原“回子营”居住区中，入旗籍的穆斯林民众有795人，其中以黄、马、金、邓四姓为大户；其它地方的维吾尔民众并不包括在内。弄不清这些大户人家的姓是怎么来的，是皇帝的赏赐？还是年深日久逐渐随俗，放弃了“父子连名”的旧习而率先接受了姓氏？[④]

2. 生活待遇

“留京当差回子王公等，如在御前、乾清门行走者，应领俸银照蒙古例，于每年正月作一次关领。其俸缎如有愿折米者，照所领俸银数目减半

① 《北京市志稿·名迹志》卷二，《名迹古物二》。

② 《清宫内务府奏销档》第70册，第342~341页。

③ 《北京市志稿·宗教志》卷八，《回教》。

④ 小沼孝博:《北京“回子营”的250年史》，《清代满汉关系研究》，社会科学文献出版2011年。

折给米石。”[①]

乾隆四十四年四月十一日总管内务府奏为回子佐领下甲缺照旗鼓佐领定额等事折内称：

查乾隆二十五年正月内由叶尔羌等处送到回人共男妇大小一百二十六名，赏柏和卓为佐领，令其管理。续经内务府奏准，照各佐领之例，额设骁骑校一人，领催四人，但回人不识清汉字，其一应文移档册支领钱粮米石等事，特派内务府骁骑校一人、领催二人、马甲三名代为办理。至养赡伊等银两，赏给马甲钱粮三十五分，并占用各佐领马甲钱粮三十五分，拣派内务府司员一人，令其官办，饭食养赡并衣服婚丧等费俱于此七十分钱粮米石内筹划办理，如嗣后所到回人众多，此项钱粮不敷养赡之时，再行奏请等因在案。后陆续由送到二百三名，连前共三百余名，仍以此项钱粮设法养赡。至三十二年有回人普拉他乖张生事妄告，讯明按例发遣者三十余户，计一百八名，仍有回人二百二十余人，此内除侍卫骁骑校领催柏唐阿系食本身钱粮自理生计外，实有闲散回人食养赡钱粮者一百四十余名，所需养赡较少，随将占用各佐领马甲钱粮退回二十四分，仍占用十一分，并恩赏马甲钱粮三十五分，共计四十六分，每月领银一百三十八两，养赡回人一百四十余人。迨至三十四年，伊等到京已届十年，渐悉度日之道，随按人口分给银米，令其自炊，十九岁以上者为大口，每人每月给银一两，每季给米二石，十一岁至十八岁者为中口，每人每月给银七钱五分，每季给米一石，五岁至十岁者为小口，每人每月给银五钱，每季给米五斗，四岁以下者随伊父母钱粮内养赡。凡遇嫁娶，男妇各给制钱八千，丧事每人给小制钱五千。自二十五年以来，陆续滋生回童男女三五岁至十八九岁者一百二十余人，现今统计回人二百五十余人，此内有侍卫领催柏唐阿二十九户，各以本人钱粮自领养赡家口外，其余男妇大小回人一百五十余人，即以每月钱粮一百三十八两，按大口中口小口分给，现在虽仅敷养赡，而嗣后陆续丁口渐增，则钱粮势至渐不敷用，自应预为筹划。今此佐

① 《回疆则例》卷5。

领既归内府司员管理，自应与各佐领额制画一。查内府满洲高丽佐领下甲缺八十九名，各管领下甲缺亦八十九名，惟旗鼓佐领下甲缺五十九名，此佐领下甲缺不须照满洲佐领下甲缺八十九名之多定额，请照旗鼓佐领下甲缺五十九名之数作为额缺，永远遵行。如蒙俞允，此佐领下甲缺既有定额，其占用各佐领下甲缺自应退回，毋庸久占。所有现定马甲钱粮五十九分，若按缺挑补，则缺少人多，得缺者银米有余，而不得缺者仍养赡无资，请仍照前例交该佐领刘淳等官为办理，安大口中口小口分给银米，令其自炊养赡，庶均获资生之益。至伊等婚丧杂费仍照前于钱粮内设法通融办给。再每月承办钱粮档册书写文移，回人不识清汉字，钱粮攸关，不能写办，现在仍照原奏占用别佐领下领催二人，马甲三名，代为书写办理。然此亦非永远之道。查有在京生长之回童现年八九岁十余岁者颇多，以之学习清汉字，较年老之回人易于学习，亦请照各佐领官学生之例，定驿官学生额缺四名，各食一两钱粮，令其在官学读书习字，不惟可去其蠢顽之气而并可粗知清汉字意，将来接办该佐领下文移档册，其占用之领催马甲，临时各拨回本处当差，如此则人人各得其养儿永远涵濡于圣化之中矣。是否有当，伏候圣训，为此谨奏。奉旨：知道了。钦此。①

《回疆则例》规定，“入旗回子准给孤子钱粮”，嘉庆七年（1802），户部奏称，在京入旗回子向无赏给孤子钱粮之例，但闲散回子艾莫特和卓年仅五岁，其父喀申和卓业已身故，伊母先经回至喀什噶尔，并无依靠，殊属可悯，请照八旗之例，赏给孤子钱粮一分，以资养赡。奉旨允准，并令嗣后此等入旗回子身后所遗孤孀，如原处尚有依赖，或伊亲属前来领回者，著该旗查明具奏，准其各回原处居住，如本人并无钱粮产业，又别无依靠，不愿归原处者，即著照此次艾莫特之例办理。②

3. 政治待遇

另据嘉庆六年七月补放回子佐领的档案载，时任佐领为郎中刘朴，因

① 《清宫内务府奏销档》第122册，第112~105页。

② 《回疆则例》卷3。

刘朴署理清河道印务，即留直隶以道员补用，其所遗兼管回子佐领员缺，需内务府拣选人员带领引见后补放。内务府以回子佐领非公中佐领可比，必须办事谙练之人，弹压管束方足胜任。内务府遂于司员内拣选得郎中述德"人明白，办事认真，堪以管理回子佐领事务"为由奏请补放得准。[①]说明回子佐领一职是由内务府司员内拣选补任的，已非回疆上层出任。

同治五年（1866），回子骁骑校出一缺，内务府奏请以拟正之回子领催呢咱拉补放。该回子年66岁，食钱粮40年。[②]光绪十八年（1892）十一月，正白旗回子骁骑校一缺出，内务府将应升之回子领催密尔阿里艾玉普正陪二员，带领引见，奉旨，着拟正之密尔阿里补授。[③]

《回疆则例》"回子通事不准升用伯克"条记载：在京为奴遇赦释放之回子等，如通晓汉语，只许充当通事，概不准升用伯克。[④]

此外，一些史料提示，在京回人参与一些宗教或祭祀祈雨等活动。乾隆五十三年五月十一日，据永瑢、伊龄阿等奏称，为bagtan妃（容妃）事，于静安庄回子念经四十日，为此奏请赏赐念经回子等物品种类及数量，书写汉子折片如下：

拟赏念经回子：公托克托，台吉喀申霍卓、台吉巴巴霍卓三人，每人小卷五丝缎一件，小卷宫绣一件，羽绸一件，纱一件；阿克伯忒、巴喀尔、哈丕尔、素尔坦阿里朴、格勒呢五人，每人小卷五丝缎一件，羽绸一件，纱一件；依萨克、依巴尔依模、巴巴克伯克、雅阔模、库图勒克、吗拉呢雅思、迈满拉依模、莫勒托克托、吗哈莫底、斯莫素底讷、索丕尔、呢示集尔布库勒、阿里木伯克、巴克、吗亟吗忒伯克、塞提、萨里木萨克、密拉哈散十八人，每人小卷宫绣一件，古绒一件；阿布都哈里克、莫拉雅阔模、霍占呢雅思、沙都满、阿布达里吗。依素朴、玉红塞、鄂斯满、密拉斯依特、吗底克拉朴、吗拉霍甲什、迈胡罕吗达里。奇起克巴克。阿布都

① 《清宫内务府奏销档》第173册，第18~17页。
② 《清宫内务府奏销档》第249册，第574~570页。
③ 《清宫内务府奏销档》第282册，第232页。
④ 《回疆则例》卷7。

拉（示集）克十四人，每人古绒一件。[①]

又如，乾隆五十一年七月十九日奉上谕：据留京办事王大臣等奏，自十四日起，一连两三日阴天，一阵阵下雨，至十七日方晴。继而若再下雨，即派回子祈晴。等语。[②] 乾隆五十二年六月初三日，根据留京办事王大臣等的奏请，因京城周围仍在盼雨，遂又令会祈雨之回子尼咱尔布库尔等照例恭祈。[③]

限于进京回人的相关记载和档案零散难觅，本文只能提供一些基本的情况和线索，不当或缺略之处，还请方家批评指正。

（作者单位：中国人民大学清史研究所）

① 《清宫内务府奏销档》第 152 册，第 47~51 页。

② 《寄谕留京办事王大臣著京城有雨即派回子祈晴》，乾隆五十一年七月十九日，《乾隆朝满文寄信档译编》第十九册，第 525 页。

③ 《寄谕留京办事王大臣等著酌情照例传回子尼咱尔布库尔祈雨》，乾隆五十二年六月初三日，《乾隆朝满文寄信档译编》第十九册，第 593 页。

辣椒在中国的传播：一种美洲作物的中国化

◎［美］达白安 著
◎董建中 译

今天许多中国人都以为辣椒乃土生土长，其实不然，那么辣椒是如何从一种不起眼的外来植物发展为一种无处不在的调味品和蔬菜的？

辣椒原产于中南美洲，最早传到亚洲，也是达·伽马1498年抵达印度南部卡利卡特之后的事了。辣椒见诸中文最早始于1591年，强调的是它的审美功用。[①]19世纪初，辣椒广泛应用于烹饪、医药。20世纪中叶辣椒已具有高度象征意义，据传毛泽东说过："没有辣椒就没有革命。"仔细查核这种引进物种的史料，可以看到医疗—烹饪体系作为文化挪用（cultural appropriation）机制的重要性。此外，与美洲其他作物在中国内地更受家长式推行或是大宗商品驱动的传播不同，不同区域环境对辣椒的使用乃是更具影响的因素。

辣椒引入中国，与约同期到达中国的其他美洲重要作物如玉米、甘薯、花

① 高濂：《遵生八牋》（1591年），卷16，第26b页，《四库全书珍本九集》第225~232册，台湾商务印书馆1979年。

生、烟草不同。人们接受甘薯、玉米、花生，是由于热值高、能适应水稻、小麦不能生存的环境，并且耐贮存。此外，政府官员，至少有一位皇帝都积极推广这些作物，作为防止饥荒的重要手段。[①]相比之下，明清时期辣椒的史料特别少，也没有人明确主张种植辣椒。烟草的史料远比辣椒的详尽，量也大得多。烟草很快成为经济作物，而最早明确记载辣椒在市场售卖的时间则是 1803 年。[②]没有人为了糊口而种植辣椒，或是尽可能多地去种它。最初，个别人是为了私人消费，可能在菜园中种植。本文分析了明清时期中国内地接受辣椒的四种情况，当然它们有着交叉：审美作用、调味品、药材、食物。辣椒有大量的中文名字，借此我们可以深入了解它如何取代盐、花椒、姜、黑胡椒的。这些名字也提供了辣椒传入点、主要用途以及适应各地方的证据。尽管开始时辣椒记载很有限，然而，当它们融入中国医疗—烹饪系统后就遍地开花了。

甘薯、玉米、花生、烟草在中国的传播都得到了很好的分析。[③]然而，除了一些篇幅不大的文章外，辣椒的引入迄今还少受关注。蒋慕东、王思

---

① Ping-ti Ho, *Studies on the Population of China, 1368~1953.*（《中国人口研究（1368~1953）》）Cambridge, MA: Harvard University Press, 1959, pp.185~88.

② 赵雪敏：《本草纲目拾遗》（1803 年），卷 8，第 71b 页，《续修四库全书》第 994~995 册，上海古籍出版社 2002 年。

③ 参见 E.N.Anderson, *The Food of China.*（《中国的食物》）New Haven: Yale University Press,1988；Carol Benedict, *Golden-Silk Smoke: A History of Tobacco in China, 1550~2010.*（《金丝烟：中国烟草史（1550~2010）》）Berkeley: University of California Press, 2011；Ping-ti Ho "The Introduction of American Food Plants into China."（《美洲食用植物引入中国》）*American Anthropologist* 57(2): 191~201; Ping-ti Ho, *Studies on the Population of China,* 1368~1953.（《中国人口研究（1368~1953）》）；H.T. Huang, *Science and Civilisation in China: Volume 6: Biology and Biological Technology, Part V: Fermentation and Food Science.*（《中国科学技术史》第六卷《生物学与生物技术》之第五部分《发酵与食品科学》）Cambridge, Eng: Cambridge University Press,2000；闵宗殿：《海外农作物的传入和对我国农业生产的影响》,《古今农业》1991 年第 1 期；Frederick W. Mote, "Yüan and Ming." In *Food in Chinese Culture: Anthropological and Historical Perspectives*,（《中国食物文化：人类学与历史的视角·元朝与明朝》）ed. K.C. Chang, 193~257. New Haven: Yale University Press.1977；Joseph Needham, *Science and Civilisation in China: Vol. 6 Biology and Biological Technology, Part I: Botany.*（《中国科学技术史》第六卷《生物学与生物技术》之第一部分《植物学》）Cambridge, Eng: Cambridge University Press, 1986；Frederick J. Simoons, *Food in China: A Cultural and Historical Inquiry.*（《中国的食物：文化与历史的探讨》）Boca Raton: CRC Press.1991；Jonathan Spence, "Ch'ing." In *Food in Chinese Culture: Anthropological and Historical Perspectives*,（《中国食物文化：人类学与历史的视角·清朝》）ed. K.C. Chang, 259~294. New Haven: Yale University Press, 1977；王思明：《美洲原产作物的引种栽培及其对中国农业生产结构的影响》,《中国农史》2004 年第 2 期。

明2005年的论文是最为深入的。他们的研究，有很长篇幅描述了辣椒最初引入的区域，传播到他省，然后是逐省介绍。他们对辣椒经济意义的讨论几乎全都集中于20世纪，而对辣椒作为调味品和审美作用的探讨篇幅都很短。[①]何青、安狄的论文，对于辣椒作为药材的早期史料有着很好然而却是极简短的介绍。[②]罗桂环的论文简要提到了辣椒的审美问题。[③]李国英的论文只是着眼于20世纪以来的辣椒历史。[④]王茂华等人所写论文是概述性的，也很好分析辣椒的引种，辣椒名字的区域性及变化，各区域的烹饪和药用，可是文章有好几个主题，且包括了朝鲜和日本情况，因此这些探讨都不深入。[⑤]有几篇短文探讨了某个区域的辣椒情况，文章提供了特定区域极有用信息，但大多数都集中于当代。[⑥]我希望在前人的研究基础之上能更进一步，通过分析数量、种类更多的一手材料，更深入地解释辣椒在早期如何推广至全中国的。

一、辣椒等美洲作物的背景

现在已知道，明清时期中国引入的辣椒品种都属于植物学分类中的辣椒属。[⑦]辣椒品种，外形各异，辣味有别，例如，柿子椒个儿大，味甜，圆型，而羊角椒，细长，很辣。辣椒各品种，在中国内地的很多地方都能很好生长。

欧洲人的探险、扩张和贸易，是美洲作物向世界其他地区传播的最初动力。16世纪初西班牙最早使用辣椒，通常是在寺院花园中作为装饰植

① 蒋慕东、王思明:《辣椒在中国的传播及其影响》,《中国农史》2005年第2期。

② 何青、安狄:《辣椒与中国辣椒文化》,《辣椒杂志》2004年第2期。

③ 罗桂环:《来自异乡的作物：辣椒》,《科学月刊》2002年第12号。

④ 李国英:《辣椒、辣椒产业、辣椒文化》.《探讨与求是》2002年第9期。

⑤ 王茂华、王曾瑜、[韩]洪承兑:《略论历史上东亚三国辣椒的传播、种植与功用发掘》,(韩国)《中国史研究》，第101期(2016年4月)，287~330页。

⑥ 郑褚、藏小满:《川菜是怎样变辣的？》《国学文化》2009年第4期；杨旭明:《湖南辣椒文化的内涵及其整合开发策略》,《衡阳师范学院学报》2013年第5期；江玉祥:《辣椒再考:〈华阳国志〉中西蜀文化历史传承的一个事例分析》,《四川烹饪高等专科学校学报》2012年第6期。

⑦ Zhengyi Wu and Peter H. Raven, eds. *Flora of China. Vol.17, Verbenaceae through Solanaceae.*(《中国植物志》第十七卷《茄科至马鞭草科》) St. Louis: Missouri Botanical Garden.1994. p.313.

物，辣椒在那里自我再生。[①] 不可能确切知道辣椒到达亚洲的时间。没有任何证据表明，西班牙或葡萄牙将辣椒作为贸易商品，大量运至亚洲或欧洲。对于通过香料贸易来寻求财富的人来说，辣椒肯定令人失望。[②] 船上的厨房倒可能载有辣椒，作为船员或服侍仆人饭菜的调味品。只是需要一点辣椒籽，就可以在沿途停靠港口种植辣椒。1498 年达·伽马抵达卡利卡特，这可能是辣椒最早引入亚洲的时间。1510 年，葡萄牙人占领了果阿这一重要贸易中转站，“1542 年时，印度种植有三种不同的辣椒”。[③]1540 年辣椒到达了马六甲。[④]

1557 年，明朝政府允许葡萄牙在澳门建立活动基地。来自墨西哥的第一艘西班牙大帆船 1565 年抵达菲律宾。可以说，16 世纪 60 年代辣椒可能已由马六甲、菲律宾引入中国，或通过澳门的贸易引入了中国。中国商人尤其是福建商人，与东南亚有着悠久的海洋贸易历史。1567 年，明朝政府结束了中国海外贸易的长期禁令。普塔克论证了，禁令解除后，福建商人扩大了与东南亚、澳门和菲律宾北部海外华人间的组织联系。[⑤] 到 16 世纪后期，在东亚南的中国人远远超过其他所有的外来者。[⑥] 因此，很可能是中国商人最早从东南亚的某地将辣椒引入中国中部沿海地区。

其他的美洲作物可能是在 16 世纪 20 至 80 年代来到中国。已知最早的确切时间是：花生，1539 年；玉米，1555 年；甘薯，1563 年；烟草，

---

① Jean Andrews, *Peppers: The Domesticated Capsicums*（《辣椒》）. New Ed. Austin: University of Texas Press. 1995, p.4.

② Andrew Dalby, *Dangerous Tastes: The Story of Spices.*（《危险的味道：香料的故事》）Berkeley: University of California Press. 2000, p.90；John Keay, *The Spice Route: A History.*（《香料之路：一个历史的考察》）London: John Murray. 2005，p.250；Jack. Turner, *Spice: The History of a Temptation*（《香料：一种诱惑的历史》）. New York: Vintage.Turner, 2004，p.12.

③ David Burton, *The Raj at Table: A Culinary History of the British in India.*（《饭桌上的薰香：在印度的英国人的烹饪史》）London: Faber and Faber. 1993, p.6.

④ Henry N. Ridley, *The Dispersal of Plants Throughout the World.*（《世界植物传播史》）Ashford, Eng: L. Reeve. 1930，p.396.

⑤ Roderich Ptak, “Ming Maritime Trade to Southeast Asia, 1368~1567: Visions of a System.”（《明朝与东南亚的沿海贸易（1368~1567）》）In Ptak, *China, the Portuguese, and the Nanyang: Oceans and Routes, Regions and Trade (c.1000~1600)*. Aldershot: Ashgate Variorum, I：187.

⑥ 同上书，P.192.

1611 年。[①]当然，它们的引入几乎可以肯定，要早于这些记载的时间。

蒋慕东、王思明的文章，认为辣椒是从三个主要的点进入中国的：从东南亚到中部沿海；从朝鲜进入中国东北，以及通过荷兰人带入台湾。[②]我所考察的史料，也支持了这一多点进入的看法。从东南亚引入中部沿海地区几乎可以肯定是最早发生的。中国最早已知的记载来自这一地区（浙江），时间为 1591 年。[③]辣椒在这一地区出现了一些年后才出现在书面记录中，这是很可能的，因此辣椒沿中部沿海地区的引入，可能是在 16 世纪的七八十年代，这与烟草的引入时间差不多同步。

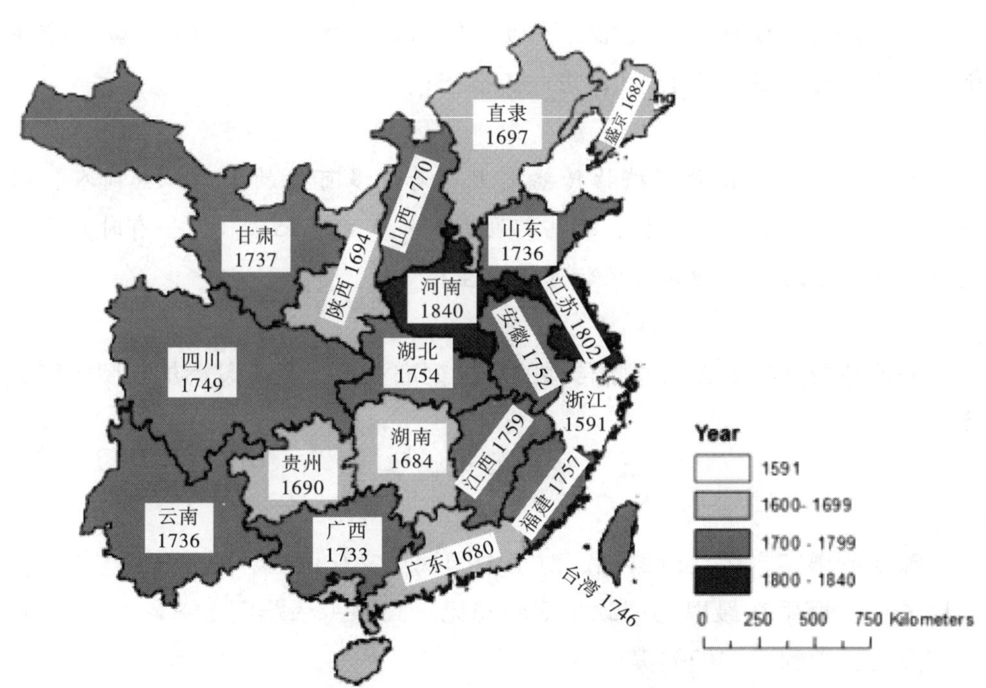

地图 1　各省所见最早的辣椒记载时间

资料来源：作者的数据收集；利用 Chinese Historical GIS, V.4.0（1820 年的边界）

① Ping-ti Ho, "The Introduction of American Food Plants into China."（《美洲食用植物引入中国》）p.192,p.194; Carol Benedict , *Golden-Silk Smoke: A History of Tobacco in China, 1550~2010.*（《金丝烟：中国烟草史（1550~2010）》）p.19.

② 蒋慕东、王思明：《辣椒在中国传播及其影响》,《中国农史》2005 年第 2 期。

③ 高濂：《遵生八笺》卷 16，第 26b 页。

台湾的最早辣椒材料，说它们来自荷兰，“番人带壳啖之”。[①] 荷兰人在台湾的时间是 1624~1662 年，因此有理由相信辣椒是 1650 年前后引入台湾的。

已知的朝鲜最早辣椒材料，时间是 1614 年，作者李睟光说，“（在朝鲜）今往往种之”，[②] 辣椒的引入则必然更早。这位作者指出，辣椒是从日本引入朝鲜的，有理由认为辣椒的引入，是在丰臣秀吉 16 世纪 90 年代入侵朝鲜时期。中国盛京（今辽宁）就位于朝鲜北面，这里的最早辣椒记载，时间是 1682 年。[③] 这一地区仅两年之后就出版的一部方志，指出种植有许多辣椒。[④] 由此可知辣椒由朝鲜引入中国东北部是在 1650 年前后。

一旦辣椒在中国内部传播，也就可能进入市场。何炳棣推测新作物可能在多个地方，多次“引入”，进一步指出：

> 也许事实是，在食用植物传播史上有着许多可能的渠道，如商人、旅行者、出使人员、政府官员，这些都没有或极少留下记录。……有时只能是通过反复试错后，一种新的植物才可以生根。[⑤]

何炳棣所开列的新农作物传播的可能渠道清单，我可以添加农民网络。

二、辣椒和中国美学

辣椒的果实，色红而鲜亮，对于中国视觉文化而言，是富有吸引力的。辣椒的文化挪用在最早的记载中显而易见。高濂（活跃期 1581~1591）简短的描述就提到了它们的美：

---

① 《台海采风图考》（1746 年），卷 2，第 8a 页，全国图书馆文献缩微复制中心 2004 年。

② 李睟光：《芝峰类说》（1614 年），卷 2，第 635 页，Seoul: ŭryu Munhwasa. 1994.

③ 《盖平县志》，卷下，第 8b 页。

④ 1684 年《盛京通志》，卷 21，第 4b 页。

⑤ Ping-ti Ho, “The Introduction of American Food Plants into China.”（《美洲食用植物引入中国》）p.195.

番椒：丛生，白花，子俨秃笔头，味辣，色红，甚可观。子种。[①]

高濂自己也意识到了，这种植物不是中国土生土长，因此名称上使用了“番”字。此中的“番”字，狭义上与少数民族或外国人有关，广义上则指非汉人。[②]高濂生活在浙江杭州西湖边。没有史料显示他曾游历过，[③]他可能是在杭州或附近见到辣椒的。他提到了辣椒味辣，但考察他著作的整个结构，可以清楚地知道，高濂最看重它们的审美而不是作为调味品、蔬菜或药材。在这一点上，高濂与西班牙早期对于辣椒的认识是一致的。

高濂对于辣椒的描述，是在《遵生八笺》的第六笺，标题是“燕闲清赏笺”。柯律格将这一部分定义为“对鉴赏诸问题的注解”。[④]辣椒出现在“四时花纪”卷的“瓶花三说”部分。高濂将“番椒”列于开花植物的名单中，但看重的不是它白色的花，而是它果实是红色，说“甚可观”。将辣椒置于清闲赏玩的第五笺，这表明了高濂对于辣椒果实审美情趣的认可。高濂的第五笺是论述“饮馔服食”的，而第七笺是“灵秘丹药”，包括了各种可入药之物。这些论述中都不包括辣椒。而《遵生八笺》另一处点到了辣椒，“番椒”列入“起居安乐笺”的“草花三品说”下，[⑤]这再次强调它的装饰价值。

审美情趣，与医疗和消化用途相比，很快就黯然失色，然而提到这种色红而鲜亮的果实之美的史料，明清时期一直可见。1621 年王象晋的《群芳谱》，对于高濂的辣椒评价做了轻微改动。王象晋是山东人，不是来自江南地区。他 1604 年中进士，这表明他至少到过北京一次，他至少曾在浙江为官。[⑥]鉴于他有外出经历，还不可确定他是在何地见到的辣椒。在他书中

① 高濂：《遵生八笺》卷 16，第 26b 页。原文使用的是“畨”字，意同“番”。

② 《汉语大词典》第 7 册，第 1358 页，汉语大词典出版社 1993 年。

③ Craig Clunas, *Superfluous Things: Material Culture and Social Status in Early Modern China.*（《长物志 明代物质文化与社会地位》）Urbana: University of Illinois Press. 1991 pp.14~18.

④ 同上书，p.18.

⑤ 高濂：《遵生八笺》卷 7，第 37b 页。

⑥ 张其淦：《明代千遗民诗咏》，《清代传记丛刊》第 63 册，73 页，（台北）明文书局 1986 年。

蔬菜的部分，包括“番椒”条目：

亦名秦椒。白花。子如秃笔头，色红鲜可观，味甚辣。子种。①

同高濂一样，王象晋也强调了辣椒果实的审美情趣。很显然王在晋受到了高濂的文字影响，他说“红鲜可观”。他没有用“甚”字去形容“可观”，而是形容“辣”，更强调味道的重要，当然也保有审美情趣。甚至是已知最早包括了辣椒的医学著述，1621 年的《食物本草》，强调了辣椒能带来的视觉享受：“入植盆中，以作玩好。”②

辣椒不是流行的诗歌题材，但还是能触动人的审美，留下文学的材料。在汤显祖（1550~1616）于 1598 年完成的名剧《牡丹亭》中简略提到了辣椒。汤显祖出生在江西，在北京中的进士，开始是分到南京做官，接着被贬广东，后来休致回到家乡。③因此不可能找出他究竟在什么地方遇到或听说过辣椒。在第二十三出，一花仙说出了一系列的花名，阴间的判官“对于每个花名，一一合辙地唱出判词，通过双关语或影射，带来一些色情暗示”④。《牡丹亭》用的是“辣椒花”。⑤因为不知道汤显祖使用辣椒的背景，难以确定他认为辣椒的主要用途是什么。考虑到他将辣椒置于许多其他开花植物之中，所强调的很可能是视觉审美。然而，判官回复说到了“热”，这可能指它的辣味，或中药的热性。另外对辣椒之美的文学评论也能在陈大章《诗传名物集览》⑥以及汪曰桢《湖雅》⑦中找到。

辣椒的审美也出现在另一种历史体裁——地方志中：

---

① 王象晋：《群芳谱》（1621 年），卷 1，第 9a 页；《四库全书存目丛书补编》第 80 册，齐鲁书社 1997 年。

② 《食物本草》（1621 年），卷 16，第 12b 页。

③ Cyril Birch, annotator. *The Peony Pavilion*（《牡丹亭》英译注释）, 2d ed. Bloomington: Indiana University Press.2002,ix.

④ 同上书，p.30.

⑤ 汤显祖：《牡丹亭》（1598 年），第 113 页，人民文学出版社 1978 年。

⑥ 陈大章：《诗传名物集览》（1713 年），卷 12，第 12a 页，《四库全书珍本》第十二集，第 6~7 册，台湾商务印书馆 1982 年。

⑦ 汪曰桢：《湖雅》（1858 年），卷 1，第 29a-b 页，1880 年。

1776 年的浙江（中国中部沿海）："可为盆几之玩者。"（《海宁州志》卷 2，页 55a）。

1841 年的贵州（中国西南内陆）：引用高濂的话"甚可观"，后面加了"中盆玩"。（《遵义府志》卷 17，页 6a）

1859 年的山东（中国北部沿海）："色红鲜可观。"（《青州府志》卷 32，页 4a–b）

1867 年的湖南（中国中部内陆）："光艳射……多蓄作盆玩。"（《宁乡县志》卷 25，页 8a）

我们从这些方志中看不出在这些地区装饰用的辣椒是如何扩散的，或者它是否限制在一个特定的阶层，但这些材料确实可以证实，在一个相当广的范围内都称道辣椒的审美价值。

将辣椒"挪用"进入中国的植物和园艺审美价值概念，这是这种植物引起高濂注意的关键所在，他对于辣椒的文学印象是，看起来像"秃笔头"。辣椒的这种审美价值在 21 世纪初达到新的高度，用布或玻璃做成的辣椒串是流行的新年装饰品。这些起装饰作用的辣椒串表示了"红红火火"，分别指辣椒的颜色和辣味。辣椒串的象征意义可以解读为一种希望，也就是祈求"富裕、红火的生活"。可见，辣椒的形象已完全融入中国的文化实践。

三、作为调味品的辣椒

高濂在 1591 年提及辣椒的辣，而最早具体提供辣椒作为调味品例子是 1621 刊行的《食物本草》："研入食品，极辛辣。"[①] 尽管这本书更可能归类于医学书籍，但正如其书名所示，在中国文化实践中往往难以将食品和药物分离开来。

---

① 《食物本草》卷 16，第 12b 页。

本文所利用的许多资料，将物产依类别归于不同的部分。例如，方志的物产部分通常包括蔬菜、香料、药材、矿产以及各种动物等分类。而医学文献经常使用相同的分类。一些含有辣椒的早期文献，将辣椒归类为一种“味”，包括 1621 版的《食物草本》以及陕西最早见到辣椒的方志[①]。

“食谱”无疑是分析辣椒作为调味品的很好体裁。然而，直到十九世纪中叶辣椒才出现这类作品中。这一时间上的延迟，可能是由于以下的原因，17、18 世纪时，食谱往往是江南地区精英为款客筵宴时依样烹饪用书。这类烹饪强调的是轻淡口味。此外，乾隆皇帝（1736~1795 年在位）特别喜欢这类烹饪，而文学也随之反映朝廷的偏好。[②] 辣椒对于下层阶级寡淡、多含淀粉类食物的味道添加特别重要。总之，在当时，对于出现在食谱中的菜品，是不需要添加辣椒使其变得更为美味可口。

最早含有辣椒的食谱是《调鼎集》（约 1820~1860），通常认为作者是童岳荐，这本书在讨论具体的食谱之前，对于重要原料的简短讨论。在这个概述中，作者强调了辣椒乃调味品，包括将辣椒研末入酱油、甜酱内蘸用。[③] 在为数很少的用到辣椒的食谱中，提到辣椒酱两次，辣椒油一次。[④] 一个例子，他提出用“大椒炒”，却是作为甜酱的替代品。[⑤] 考察这些食谱，可以了解一些辣椒作为调味品的情况，但在追踪早期的辣椒使用上，它们不比地方志更有用。

一些地方志，包括概述了辣椒的味道，有数个还提供了更具体的使用。表 1 列出了 17 世纪晚期和 18 世纪的一些地方志中对于辣椒味道的记述。

---

① 1694 版《山阳县志》卷 3，第 50a 页。

② Johanna Waley-Cohen, “The Quest for Perfect Balance: Taste and Gastronomy in Imperial China.”（《寻求完美平衡：滋味与美食学》）In *Food: The History of Taste*, ed. Paul Freedman, 99~133. Berkeley: University of California Press, 2007.

③ 童岳荐：《调鼎集》（1860 年前后），第 25 页，中国法制出版社 2006 年。

④ 同上书，第 27、91、97 页。

⑤ 同上书，第 139 页。

表 1　部分方志中记载的辣椒作为调味品

年份	省份	方志名称	关于辣椒的原文	卷页
1694	陕西	山阳县志	味极辣	卷 3，页 50a
1736	山东	山东通志	有子，与花椒味俱辛	卷 24，页 2b
1737	甘肃	重修肃州新志	味辣，可作盘辛	册 6，页 11a
1746	台湾	台海采风图考	辛辣	卷 2，页 8a
1757	福建	安溪县志	味辣	卷 4，页 10a
1759	江西	建昌府志	味辣	卷 9，页 2b–3a
1764	广西	柳州县志	味辛辣	卷 2，页 27
1765	湖南	辰州府志	其壳切以和食品，或以酱醋香油菹之	卷 15，页 12a
1766	广东	恩平县志	味辣……土人每摘之以入酱中	卷 9，页 10b–11a
1776	浙江	海宁州志	冬月点汤亦可食	卷 2，页 55a
1779	盛京	盛京通志	味至辛	卷 106，页 9a

对辣味的强调，从地理分布看，覆盖范围很广。表中所列出的更具体的使用与后来童岳荐的《调鼎集》记述相同。辣椒用作酱油、食醋、油等其他调味品的添加料。另外，它们也直接作为调味品，用于腌菜、汤及其他菜肴。

人们为引入中国的植物所起的名字，往往既强调它们是外来的，也标出它们的最重要用途。例如，胡椒起源于印度次大陆热带地区。最初输入中国，是在后汉（25~220）。[①]汉朝时，“胡”是指非汉人群，也指包括了印度在内的所谓西域地区。[②]“椒”是中国的一种土产香料，产自低小的花椒树（属于芸香科花椒属）。到了后汉，“椒”已借用于一种引入的、味道浓郁的香料。晚明著名的植物学家、医学家李时珍说：“胡椒，因其辛辣

① H.T. Huang, *Science and Civilisation in China: Volume 6: Biology and Biological Technology, Part V: Fermentation and Food Science.*（《中国科学技术史》第六卷《生物学与生物技术》之第五部分《发酵与食品科学》）, p.52.

② 《汉语大词典》第 6 册，第 1206 页。

似椒，故得椒名，实非椒也。”[①] 在许多辣椒的中文名字中，也可以看到类似的借用土生植物名字的情况。

辣椒不同的名字，常常反映它们在一地的最初使用情况。例如，辣椒有时用作其他香料的替代品，被取代之物的名字能从辣椒的用名中得到反映。在中国古代，花椒是重要的辛香料和药材。花椒的干燥球形种子（果实）有一种浓郁、独特的辛辣味。外壳也着有麻木或麻醉的功效，中文称为“麻”。“椒”的组词通常是通过添加一个修饰用字。“花椒”是描述带着茎的种子绽开时的形状。“川椒”的“川”指的是四川。“秦椒”意思是说来自秦地的辣椒。这一词被认为是起源于古代秦国的地界（大致相当于现在的陕西省）。最后“辣椒”超越了花椒，成了一种通行的香料。

辣椒最早的书面名字——“番椒”，显示当初中国人对于这种植物认识的两个重要方面。“番”意为外来的，高濂意识到了辣椒不是土生的。王绂，重复了李时珍关于黑胡椒的记载，强调名称中的“椒”与味道有关：“番椒……一名辣椒，非椒也，以味得名。”[②] 辣椒强烈的味道，很明显引发了这种外来香料早期食用者，想到了四川花椒的相似味觉。尽管这位最早提到辣椒的作者，几乎可以肯定不是他自己食用或药用辣椒，因为“椒”字之前已被借用成为这个新来植物的名称，很可能一开始一些人使用它就像使用花椒一样。

辣椒与花椒命名上有着重叠，而在王象晋的《群芳谱》中更显“纠结”。王象晋指出，“番椒，亦名秦椒”。[③]“番椒”条目这种另名书写在前面的“花椒”条目下也出现了：“椒：一名秦椒，以产自秦地故名。今北方秦椒另有一种。”[④] 因此，秦椒可以指称各种各样的起源于秦地的花椒，或在北方种植的辣椒。“北方”是个模糊的用语，但往往意味着黄河流经的或是以北的省份。根据地方志资料，秦椒是在几个北方省份最早指称辣椒的：盛

① 李时珍：《本草纲目》（1596 年），卷 32，第 10a 页，《景印文渊阁四库全书》，第 772~774 册，台湾商务印书馆 1983 年。

② 汪绂：《医林纂要探源》（1758 年），卷 2，第 78b 页，1908 年。

③ 王象晋：《群芳谱》卷 1，第 9a 页。

④ 同上书，卷 1，第 7a-b 页。

京、直隶和山东。[①] 王象晋的辣椒条目，番椒是主名，秦椒是第二用名。他选择番椒作为主名，可能是向高濂看齐。书中两个不同的地方包括了秦椒，反映了北方包括他的家乡山东省的命名方法。可以说，王象晋的描述，为辣椒沿两条路线进入中国提供了证据。江南地区的“番椒”表明，人们意识到是外国人将辣椒传入中国。而“秦椒”作为辣椒的名字，似乎首先在盛京出现，这也支持它们是由朝鲜半岛进入中国东北的看法。

秦椒已是一种香料的名字了，那么在盛京为什么要用秦椒称呼辣椒？首先，对于辣椒来说，使用一个先前文献中已有的名字必定有着强大的动力，且要与强烈的调味功能有关。其次，秦椒在盛京，应该不会泛指花椒。事实上，“花椒”好像更常见。[②] 最后一点，一种产品可能是逐步地由农民传播到农民，从朝鲜北部引入盛京南部，如此，就不像外来（“番”）的。

意指辣椒的这些名字，用于食物的方式，与花椒相同，从数部地方志可以清楚地看出这种关系。花椒原产中国，不属于政府专卖，可在市场上买到。比黑胡椒和盐便宜许多，也应比能在家里的菜园种值的辣椒贵许多。陈继儒在他 1639 年前后所写的农业手册中指出，辣椒“可充花椒用”。[③] 已知最早记载辣椒的地方志也提到它们“可以代椒”。[④] 这两种早期文献，加上一些早期名字的选用，证明了辣椒替代花椒作为调味品，发展迅速。整个中国内地，都将辣椒与花椒联系起来；辣椒最早的名称，在内地二十个省中有十八个都包括了“椒”（台湾单独计算，不包括在福建省内）。

辣椒也被描述为盐和黑胡椒的替代品。然而，对于这两种调味品的替代似乎限制在特定的区域。盐的生产、开采和销售，要经明清政府的许可才能办理。晒盐主要是在沿海岸线地区，还有规模小许多的西北的盐湖。食盐开采的重要中心在四川和云南。盐课为明清政府带来了可观的收入。

---

① 1682 年《盖平县志》，卷下，第 8b 页；1697 年《深州志》，卷 2，第 17b 页；1736 年《山东通志》，卷 24，第 2b 页。

② 见 1736 年《盛京通志》，卷 27，第 4b 页；1779 年《盛京通志》，卷 106，第 9a 页；1852 年《盛京通志》，卷 27，第 4b 页。

③ 陈继儒：《致富奇书》（1639 年前后），第 42 页，“中国基本古籍库”数据库，北京爱如生数字化技术研究中心，2009 年。

④ 1671 年《山阴县志》，卷 7，第 3a 页。

在内陆多山省份如贵州和广西，似乎最难得到盐。最早的辣椒代替食的材料来自贵州。田雯于1690年关于贵州的记述，指出盐在那里并不常见，[①]辣椒（他称之为狗椒）是作为盐的替代品。他继续说："（狗）椒之性辛，辛以代咸，只诳夫舍耳。"[②]田雯清楚地知道作为盐的替代品，辣椒不怎么样。他暗示，辣椒并没有提升食物的味道，只是骗人而已。鉴于这种轻蔑的语气，像他这样的人是不可能食用这种替代品的。

后来的贵州地方志作者更明确地指出是哪些人食用辣椒代替盐：

1722年《思州府志》："土苗用以代盐。"（卷4，页19a）
1741年《贵州通志》："苗用以代盐。"（卷15，页53b）
1818年《正安州志》："土人用以代盐。"（卷3，页1b）

19世纪中叶以前非汉族人群构成了贵州人口的大多数，但汉人是富有阶层的主体。此外，在18世纪，贵州还是边疆地带。[③]少数民族有时会发现很难通过专卖体系购买食盐，这一点也不奇怪。在邻近的广西，用辣椒替代食盐，同样与是非汉民族人群相关，尤其是苗人和瑶人。[④]

辣椒也用来替代黑胡椒。黑胡椒进口而来，相对昂贵。因此，辣椒替代黑胡椒强烈受经济因素的影响。陈淏子在1688年所写园艺的著作中指出，"人多菜用，研极细，冬月取以代胡椒"。[⑤]陈淏子与高濂一样，是杭州人，也显然没有到江南以外的地区有过什么游历。因此，中国中部沿海地区可能有时用辣椒替代黑胡椒。只有一部地方志明确评说了辣椒作为黑胡椒的替代品，[⑥]但一些辣椒的名字，暗示了这样的替代。

---

① 田雯：《黔书》（1690年），卷2，第2b页，《粤雅堂丛书》第25册，（台北）艺文印书馆1965年。

② 同上书，卷2，第3a页。

③ Laura Hostetler, *Qing Colonial Enterprise: Ethnography and Cartography in Early Modern China.*（《清朝殖民事业：中国近代早期的民族志与制图学》）Chicago: University of Chicago Press, 2001, pp.101~105.

④ 1733年《广西通志》，卷93，第28a页。

⑤ 陈淏子：《秘传花镜》（1688年），卷5，第43b页，《续修四库全书》第1117册，上海古籍出版社2002年。

⑥ 1765年《辰州府志》，卷15，第12a页。

表 2　地方志中以黑胡椒作为参照的辣椒名字

辣椒名字	省份	年份	使用的一手或二手材料	地方志	卷页
大胡椒	湖北	1758	一手材料	蕲水县志	卷 2，页 37a
大胡椒	湖北	1794	一手材料	蕲水县志	卷 2，页 35b
大胡椒	湖北	1866	一手材料	崇阳县志	卷 4，页 54b
大胡椒	湖北	1866	一手材料	通山县志	卷 2，页 68b
大胡椒	湖北	1884	一手材料	黄州府志	卷 3，页 63b
赛胡椒	湖北	1777	一手材料	郧西县志	卷 4，页 6a
赛胡椒	湖北	1866	二手材料	房县志	卷 11，页 10b
赛胡椒	湖北	1921	二手材料	湖北通志	卷 22，页 16a
地胡椒	湖南	1765	二手材料	辰州府志	卷 15，页 12a
地胡椒	湖南	1871	一手材料	保靖县志	卷 3，页 16b
地胡椒	陕西	1814	一手材料	汉中续修府志	卷 22，页 4a
地榭椒	安徽	1826	二手材料	繁昌县志	卷 6，页 20b
地胡椒	陕西	1832	一手材料	续修宁羌州志	卷 3，页 32a
地胡椒	陕西	1924	一手材料	汉南续修郡志	卷 22，页 4a

辣椒的这些名字中都包括了“胡椒”，表明这些是作为调味品使用的，以及在形状或是味道上的可比性。“大胡椒”几乎肯定是辣椒果实比胡椒粒大。“赛胡椒”表明了比黑胡椒更辣。“土胡椒”的来源，可能在于认识到了，辣椒种植比胡椒胡椒藤更贴近地面。所有的这些材料都来自内地，这里，胡椒应该比沿海地区更稀见，更昂贵，沿海地区的胡椒是由南亚运过来的。辣椒作为胡椒的替代品，似乎在长江中流地区最盛行，尤其是湖北和湖南。

辣椒在台湾最早的名称，提供了这一区域接受辣椒的情形。1746 年对于台湾动植物的调查说：“番姜藤本种自荷兰。”[①] 这本书的编纂者指出了“内

① 《台海采风图考》卷 2，第 8a 页。

地名番椒”。[①] 主要使用“番姜”的名字，支持了台湾是辣椒引入点的看法，因为这里的居民自己命名了辣椒。这个名字的选择，也表明台湾将辣椒纳入烹饪，作用同姜一样，而不是花椒、胡椒或盐。在笔者所查看过的 1746 年至 1895 年的台湾地方志，除了一种外，“番姜”是辣椒的主要名字。在 20 世纪之前，台湾的史料是仅有的使用这个词作为辣椒的主要名称的。实际上，“番姜”在台湾的闽南话中，现在依然是辣椒最常见的叫法。[②]20 世纪之前，另一处使用“番姜”且是作为次要名字的，是福建的泉州府，正与台湾隔海相望。笔者所经日的所有列有辣椒的泉州地方志，给出的主要名字是“番椒”，但它们所有的都将“番姜”作为“一名”或“又名”。主要名字使用的是“番椒”，很可能证明了江南地区的影响或是由江南地区引进的。在台湾，“番姜”一名最早出现在 1746 年，而泉州最早出现是在 1757 年。可以说，在这些泉州地方志中包括“番姜”这一另名表明，关于辣椒的认识极可能是从台湾传入福建的。

四、作为药材的辣椒

在中国，食物与药材往往区分不开。辛辣，是使辣椒成为盛行的调味品，同时也是它用于疾病治疗的特色所在。中医认为辣椒性温或热。辣椒的烹饪和医疗用途的互通，可以从徐文弼 1771 年的医疗记述看得出来：“切细和酱及猪油炒作菜料。”[③] 辣椒作为一种药材，只有在食疗的时候用得上。辣椒要更广泛的普及，它必须融入中国烹饪—医疗体系。

中医与食疗有关的一个重要概念，在公元前三世纪的《黄帝内经》中有论述。该书对于“味”的分类至今还影响着中医和烹饪。“五味”对于人体的健康很重要。[④] 辣椒的早期文献将它们的味道归为“辛”或“辣”。“辣”

---

① 《台海采风图考》卷 2，第 8a 页。

② 张之杰:《台海采风图考注》，第 33 页，见《中华科技史学会丛刊》。Sciencehistory.twbbs.org/download/book1_8.pdf 2012 年 8 月 9 日访问。

③ 徐文弼:《新编寿世传真》（1771 年），第 160 页，《续修四库全书》第 1117 册。

④ 南京中医学院医经教研组编著:《黄帝内经素问译释》，第 36~37 页，上海科学技术出版社 1981 年。

包含在更广的关乎肺的“辛”类之下。[①]

出现辣椒的最早医学文本，是 1621 年的《食物本草》。书中每一条目，先是给出了药物外型描述，有时有非药物的用途，接着是单独的一个部分，描述药物的用途。药物用途部分对于辣椒这一新成员，提供了详细的使用说明。作者介绍了辣椒的一些基本特性，对于依据中医的原则将辣椒定位至关重要：“味辛，温，无毒。”[②] 作者又认为辣椒能“解结气……辟邪恶”。[③] 若没有这些重要特性，辣椒是不会出现在中医药典中的。医生开药必然要知道辣椒的“味”的属性，以及性热还是性凉。此外，“解结气”是中医治疗的一个重要方面，往往要认真开方，才能达到效果。

在书中开列了辣椒其他的疗效，辣椒能够作为重要的新药材跻身于方药。所有的这些特性也在现代研究中得到了确认。将现代生物医药分析投射回一个不同的文化环境时，我们必须要小心谨慎，但对于有些中医早期使用辣椒而言，将之与新近的科学分析比较还是有益的。《食物本草》的作者称辣椒“主消宿食……开胃口”。[④] 辣椒中的辣椒素，引发口腔和胃粘膜增加唾液和胃液的分泌。咀嚼和唾液的分泌是消化的第一步。唾液增多，胃液增加，会刺激食欲和消化。当人们吃寡淡、没有什么色彩，高淀粉的食物时，食欲的刺激特别重要。[⑤] 明清时期，中国的绝大多数人应该是这种情况：社会底层的人普遍吃高淀粉的大米、小米、高粱和小麦。据估计，在中国古代农村，大约百分之九十的食物热量来自谷类和豆类。[⑥] 辣椒也有杀菌的特性。《食物本草》的作者认为辣椒能“杀腥气、诸毒”。[⑦] 辣椒强大的抗菌性能，在现代研究中也得以证实。例如，有研究表明，辣椒能杀死一种有害细菌，这种细菌常常能在牡蛎中找到。[⑧] 可以说，在引入不到五十

---

① 同上书，第 37、39 页。

② 《食物本草》，卷 16，第 12b 页。

③ 同上。

④ 同上。

⑤ Jean Andrews, *Peppers: The Domesticated Capsicums.*（《辣椒》）p.75.

⑥ Frederick J. Simoons, *Food in China: A Cultural and Historical Inquiry.*（《中国的食物：文化与历史的探讨》）p.63.

⑦ 《食物本草》卷 16，第 12b 页。

⑧ Jean Andrews, *Peppers: The Domesticated Capsicums.*（《辣椒》）74 页引述。

年，中国已有许多将辣椒用于医疗的尝试。

18 和 19 世纪时，开发出了辣椒更多的医疗用途，有了更多的文献记载。1758 年汪绂所写的医疗手册提供了一个很好的样本，再一次强调了食物和药物间的交叉：

可充食料，辛美而烈。海外番人当果食，开胃。除寒热，润阳，疗痔瘘。大辛，温，而能疗阳风痔瘘者。……味辛，泻肺，导火以下行，故虽热而能去热。[①]

他所指出的许多治疗，包括“泻肺”，有赖于辣椒的浓烈味道。汪绂所找出的一些特性也很好地得到了现代科学分析的确认。例如，红辣椒可以改进排痰；也能引发出汗，从而可以降体温。[②]

18 世纪的一些地方志，或是将辣椒置于物产中的药材类，或是开列辣椒更具体的药用特性。贵州含有辣椒的地方志，是将它置于药材之下。[③]而 1757 年至 1929 年所有的泉州地方志，都将辣椒放在药材类。福建也是泉州府最早记载辣椒的地方志，强调了它的杀菌特性：“能解水族毒，食鱼蟹过多者，或泄泻或胀满，用子煎汤服。”[④]这种对于杀菌特性的强调一直见于泉州府的方志，都认为辣椒“能治鱼毒”。[⑤]泉州的很多地方志描述了辣椒的辛辣，且所有的都将“番姜”作为“另名”，但没有地方志给出辣椒用于食物的任何详细说明。虽然难以将烹饪和药用截然分开，但泉州文献确实更强调药用。这是中国唯一始终将辣椒放在药材类的地区。可以说，辣椒是作为一种治疗食物中毒的药材，整合到一个饮食中海鲜占很高比例的地区。

利用辣椒治疗疟疾，是接受辣椒而又适应区域特点的又一例子。1766

---

① 汪绂：《医林纂要探源》卷 2，第 79a 页。

② Jean Andrews, *Peppers: The Domesticated Capsicums.*（《辣椒》）p.78.

③ 1722 年《思州府志》，卷 4，第 19a 页。

④ 1757 年《安溪县志》，卷 4，第 10a-b 页。

⑤ 1763 年《泉州府志》，卷 19，第 11b 页；1765 年《晋江县志》，卷 1，第 53b-54a 页；1768《同安县志》，卷 14，第 21b 页；1798 年《同安县志》，卷 14，第 21b 页；1829 年《晋江县志》，卷 72，第 8a 页；1893 年《马巷厅志》，卷 12，第 7a-b 页；1929 年《同安县志》，卷 11，第 13b 页。

年的一部广东地方志，提到使用辣椒酱，也阐述了使用它治疗疟疾：“能辟水瘴，祛风湿，凡不服水土者亦可食之。……而西粤瘴气更甚，尤不可一日无也。”[①] 在广东和广西疟疾多发地区，辣椒不仅用于病后的治疗，而且如我们所看到的对待“鱼毒”一样，也是作为日常预防。

使用辣椒治疗疟疾，也进一步向北方延伸。赵学敏在 1803 年所著《本草纲目拾遗》中，确认了杭州附近，将辣椒用于治疗疟疾感染：

> 癸亥（1743），予在临安，有小仆于暑月食冷水卧阴地，至秋虐发，百药罔效，延至初冬，偶食辣酱，颇适口，每食需此，又用以煎粥食，未几，虐自愈。[②]

在这些疟疾的预防和治疗中，再一次是当地的条件引发辣椒的具体用途。

在中药中，药材拥有治疗特定疾病的有益属性，但同样的属性在某些条件下就可能有害。因此，一方面，辣椒日益充分地融入中华医疗—烹饪文化，而一些作者开始记录食用辣椒的负面影响。徐文弼警告读者：“忌生食，多食致齿痛唇肿。”[③] 两位作者宣称辣椒“治各痔疮神效”，[④] 但在今天已经散佚的作品中，他们警告说，吃辣椒会加重或引发痔疮。[⑤] 其中一个作者也提醒说，辣椒会“病目”，“凡血虚有火者忌服”。[⑥] 在另一部散佚不存的著述中，作者认为，辣椒“多食眩旋，动火故也”。[⑦] 对辣椒这些负面影响的认识，恰恰说明了，这种植物完全融入医学—烹饪体系。

---

① 1766 年《恩平县志》，卷 9，第 10b-11a 页。
② 赵学敏：《本草纲目拾遗》卷 8，第 73b 页。
③ 徐文弼：《新编寿世传真》，第 160 页。
④ 同上
⑤ 赵学敏：《本草纲目拾遗》，卷 8，第 72b、74a 页引述。
⑥ 同上书，第 72b 页引述。
⑦ 同上书，第 73b-74a 页引述。

五、作为蔬菜的辣椒

对于许多经常吃辣椒的中国人来说，辣椒远不止是一种辛辣调味品的替代物。对他们来说，辣椒也是蔬菜。例如，吴其濬声称："江西、湖南、黔蜀种以为蔬。"[①] 在地方志中，编纂者将物产分门别类，近 85% 的将辣椒归为蔬菜或水果。在含有辣椒的农业或植物学著述中，超过一半将它归为蔬菜。在三种依类别划分药材的医书中，两种将椒被确定蔬菜。

新鲜辣椒可以切块、切丝，作为一道菜的主料，而不只是作为调味品。此外，一些文献强调，辣椒可以嚼着生吃。

表 3　记载生吃辣椒的部分文献

年代	作者	省份	书名	关于辣椒的记述	卷页
1764		广西	柳州府志	生食之	卷 2，页 27
1820	郭麐	江苏 浙江	樗园销夏录	北人堆槃生食以盐醃之	页 18
1828		湖南	永州府志	土人每取青者连皮生噉之	卷 7 上，页 8a
1848	吴其濬		植物名实图考	贫者茹生菜	卷 6，页 19b
1886		直隶	顺天府志	青时可生食	卷 50，页 6a

上面的三种地方志，表明了辣椒当蔬菜生吃，广泛分布中国内地。然而生活在江南地区的郭麐，将这种归为是"北人"的吃法，至少是认识到了，这是一种区域性的行为。吴其濬做了阶层的区分，认为只有"贫者"才像蔬菜般生吃辣椒。他又说，士绅们只是用它们作为调味品，尤其是以辣椒酱的形式。[②] 而郭麐"以盐醃之"的话，并不暗指就是穷人。这些作者认为生吃辣椒是由于视辣椒为蔬菜，而以这种方式食用，也对健康有着"影响"。生辣椒中含有丰富维生素 C，当辣椒炒熟，维生素 C 就会流失。[③]

将辣椒作为蔬菜，也可以从它名字中的"茄"字看出。含有辣椒的最

① 吴其濬:《植物名实图考》(1848 年)，卷 6，第 19b 页，收入《续修四库全书》第 1117 册。

② 同上。

③ Jean Andrews, *Peppers: The Domesticated Capsicums.*(《辣椒》)，p.79~81.

早方志称之为“辣茄”。[①] 其他使用“茄“字的辣椒名字，包括“椒茄”、“茄椒”。[②] 茄子和辣椒都属茄科。这科植物有相似的叶片、花和种子形状。茄子是在四世纪时从南亚或东南亚传入中国。[③] 一些辣椒文献，除了在名字中使用“茄”字外，也论及视觉上的相似性，例如“结子如茄”，[④]“枝干似茄”。[⑤] 这种命名与描述性的比较，也只是反映了形态的相似性，而不是说它们在烹饪上的任何重合之处。然而，一些认为两者有联系的人，可能是使用不怎么辣的辣椒品种，当作茄子来用。当然，在中国菜中，现今人们是将“彩椒”作为蔬菜的。

从 19 世纪中期开始，称“甜椒”或“彩椒”为“柿子椒”已相当普遍。这一名字通常用以描述不辣的辣椒。[⑥] 形状和颜色在这个名字的形成发展中可能起着很大的作用，但这种甜辣椒在一些菜肴中可能被当作柿子使用。鉴于这么多的作者和编纂者都将辣椒归为蔬菜类，如此食用辣椒，看来肯定影响了辣椒融入中国烹饪的方式。

六、结　论

明清时期，辣椒从默默无闻到遍地开花，是因为中国培植者、农民、厨师、医生和文人将这种新植物整合进入他们的文化脉落。辣椒的视觉吸引力，使它们一开始进入士人文化，吸引了园林鉴赏家高濂等的关注。然而，在整个明清时期，实际直到现今，审美情趣对于辣椒在中国内地的传播所起的作用，远逊于作为调味品及药用的功用。

辣椒素独特刺激的特性引人关注，而融入了中国医学—烹饪体系，才确保了辣椒的为人接受与传播。辣椒肯定在为中国绝大多数人口索然无味、

① 1671 年《山阴县志》，卷 7，第 3a 页。

② 例如 1756 年《建昌府志》，卷 13，第 12b 页；1759 年《建昌府志》，卷 9，第 2b 页。

③ Frederick J. Simoons, *Food in China: A Cultural and Historical Inquiry.*（《中国的食物：文化与历史的探讨》）p.169.

④ 1737 年《重修肃州新志》，册 6，第 11a 页。

⑤ 1872 年《上海县志》，卷 8，第 11b 页。

⑥ 例如 1841 年《遵义府志》，卷 17，第 6a 页。

富含淀粉的日常饭食中“添滋加味”方面大显身手。18 世纪中叶，辣椒经常添加到酱、油、醋等中去。

19 世纪中期，辣椒完全融入医学—烹饪体系。从 17 世纪开始辣椒替代花椒、盐和黑胡椒。某些情况，辣椒直接作为替代物，它容易得到以及经济的因素发挥着作用，因为家庭可以在菜园中种植辣椒。除了人工投入外，辣椒是不用花钱的。这使得它们成为了一个强大的竞争者，甚至是与相对便宜的花椒相比。辣椒的名字，包括“番椒”、“番姜”和“大胡椒”，反映了这一替代的初始阶段。尽管这些名字继续使用，但 19 世纪初期以降，直接提到辣椒作为以上替代物的材料却不见了，表明辣椒已完全融入了中国人的生活。再晚一点，辣椒开始经常出现在食谱中。除了“解结气”，辣椒被用于治疗各种疾病。当提示人们何时应该避免食用辣椒时，这就标志着彻底的融入。只有辣椒广泛用于食品和健康时，才需要评说何时不要吃辣椒或是将辣椒入药。

中国内地的气候和文化变化多样。人们使用辣椒并适应区域特点有助于这种引进的植物的采用和传播。包括广西、贵州在内的缺盐贫困地区，辣椒作为食盐的替代品最为常见。用辣椒代替黑胡椒发生在内陆，远离这种东南亚香料的沿海交货点。辣椒的名字“番姜”只有在台湾占据着主导地位。福建中部，温暖，海鲜丰富，辣椒作为治疗食物中毒的药材。在疟疾高发地区，辣椒既作为预防也作治疗药材。

不会有单一的文献或事件，可以完全讲清楚中国对于辣椒“挪用”的故事。辣椒引种的逐步变化和各种机制，凸显了文化整合的重叠及传播网络的复杂。与辣椒的火辣性质形成比较，人们巧妙地将它们纳入中国的文化脉络。由于辣椒的引入不是由商品化或家长式命令的驱动，因此它们的传播提供了跟踪一个文化挪用的更为有机演进的理想例子，这种文化挪用，其中的矢量各种多样的，常常是由各自地方的需求所推动。

（作者单位：美国惠特曼学院历史系；译者单位：中国人民大学清史研究所）

语言改良——明治日本鼓动近代化发展的必然选择

◎曹雯

至19世纪中叶，最初由欧洲萌发并逐步向欧洲以外地域推广的近代化运动，在其强势于其他地域的军事实力的护航下开始波及到东亚。在这场运动中，有的国家因固守自我而不可避免地跌入被深重压迫的境地，有的国家因弱小不及反应而被生吞掠食，有的国家则从最初的反抗情绪中摆脱出来转而积极投入这场改造运动以换取绝处逢生之机会。随着这场运动程度的加深，它所指向的改革目标不再仅局限于商贸往来之方式抑或规则的经济交易范畴内，而是开始包含推动并确保欧洲式商贸规则顺利运转的欧洲近代政治体制以及支撑这套政治体制的学术思想，即期待甚至压迫经济交易对手传播并推广西学以改行西制。因此，这场最初旨在强势改变交易发生地之商业模式为肇端的运动，其变革目标逐渐指向了交易地的政治体制、进而文化状态，具体到亚洲，遂演变成西学与东学[①]相持、进而西学欲驾驭抑或取

① 本文将“东学”界定为中国学抑或汉学。“汉学”一词在日本即中国学。

代之局面。换言之，这场运动所提出的改造目标是全方位的，上至政治管理方式，下至生产生活方式，现存社会模式无一例外遭受挑战甚至破坏，因此可以想见，如此大范围且改头换面的变革，在不同区域引发了不同程度的震动，这与不同地域对于搞近代化的决心抱有不同态度相关。显而易见，自我文化意识越是厚重的地域，对着这股强势的改造力量，越会彰显出一种奋力抵御的姿态；相反，没有背负多少本民族文化自守重责的地域，对着近代化运动所能造就出的国富民强之景象，会为之折服，在克服最初的不适后，转而将逐步接受这股变革潮流的改造。我们回顾晚清七十年的历史，近代化运动，对于中国文化，乃至中国人，仍然是不可言喻的痛。清末中国人对于欧洲近代化运动的抵制导致中国此后的命运多舛，然而我们对待那个时期的中国人，却不得不表示出敬意。因为正是出于对自身文化的由衷认可和真挚热爱，才使得那个时代的中国人不愿接受欧洲近代化模式的肆意改造。

那么，何为欧洲近代化模式？以一言概之，就是可急速造就国富民强局面的发展模式。对于19世纪的亚洲、尤其中国来说，欧洲的强大，最初体现在军事力量方面，即通过强有力的军事打击能力迫使商业交易对手开放围绕商业活动的现地原则，具体有：开放或增开交易口岸；放弃现地的商业规则，比如通行于中国涉外贸易口岸的行商制度的取消；给予居留地之外国人（旅居现地的外国人）法律上的庇护，比如领事裁判权的赋予；单方面开放最惠国待遇条款等等，即将本应基于强调平等的具有近代西方性质的条约关系缔结成了含有不平等性质的政治交往关系。中国败于第一次鸦片战争，其精神层面所遭受的创伤远胜于战争所带给中国的实际伤害，道光皇帝因此役所造成的实质性割地赔款而无颜于陵寝地修筑功德碑。虽然作为战后的问题解决途径，“师夷长技以制夷”被建言，但可叹的是，这一提议直到第二次鸦片战争后才被经手洋务的官员们付诸实践，据此即可例证第一次鸦片战争带给中国的伤痛尚不足以引起哪怕官员们的重视。

以此为背景，笔者欲利用本文探讨并阐释以下问题：日本的近代化是怎样开启的呢？以近代化发展为目标，日本政府是通过何种途径开化了民智，又是通过何种途径将民智初开的“庶民”转变成了“国民”？在上述过程中，语言的改良为何成为必要，进而语言改良的方向以及成果又是什么？

一、日本近代化的开启

以“师夷长技以制夷”为宗旨的洋务运动并不仅仅发生在中国，同样成为也遭受西方压迫的邻国——日本的不二选择。早在鸦片战争爆发的1840年，风闻此事的长崎町年寄（相当于长崎市市长）高岛秋帆就曾经上书幕府，建议采用西洋炮术，高岛的建议不仅被幕府采纳，他本人亦被幕府征用，令其在军中传授西洋炮术[①]，而改进或提升海防能力，在1853年美国“黑船”舰长佩里强行率舰进入浦贺、且在久里滨登陆事件发生前，一直受到幕府关注并有所具体布置，虽然此种旨在防患于未来的自保措施的规模极其有限，却确切表明听闻中国被攻击后所造成的地域不安定令幕府忧心忡忡。这种忧虑所导致的结果，除了上述提升军事防御能力的措施有所落实外，幕府在1842年7月即中英鸦片战争后还解除了“异国船只驱逐令”，这个在文政8年（1825）下达的驱逐令是一项针对外来西洋船只的应对措施，即不论来船抱何种目的，一律加以驱逐。江户幕府在颁发解除令时给出的理由是：日本以仁政治世，外国船只或因海难漂流至日本海岸，当给予关照并所需用品，而不应不加区别地一律施加驱逐。[②]不过这一举措并不意味着幕府打算放松对于自己海疆的管理，最好的例证就是1844年来到长崎的一艘荷兰军舰带来了荷兰国王致日本幕府的一封书函。在这封国书里，荷兰国王谈到：自有蒸汽船以来，各国之间的距离急剧缩短，万国间互通友好的世界局面已然形成，在此背景下，贵国却依然固封自守，不与他国交往，绝非明智之举，故为贵国未来幸福着想，切

① 近代中日关系史年表编辑委员会编纂:《近代中日关系史年表》，第36、39页，岩波书店2006年。

② 日本幕府于文政八年二月十八日所颁《异国船驱逐令》以及于天宝十三年七月二十三日所颁《异国船驱逐停止令》，见大久保利谦等编《由史料看日本的发展道路》，第8~9页，吉川弘文馆1951年。

望贵国弃锁国之策，开启与他国交往之门。[①]幕府在接到书函当时虽没有断然否决荷兰的建议，但在拖至翌年给出的答复里还是予以了坚决回绝。若此，冰冻三尺非一日之寒，日本江户以来推行的锁国政策并不能被轻易撼动。

日本史上著名的"黑船来航"事件终结了日本的锁国政策，将日本强行拉入了近代的发展历程。发生在1853年的"黑船来航"事件之所以受到日本人的极大关注，并非它是第一艘进入日本口岸的西方船舰，正如笔者上述谈及的荷兰国书，它就是由一艘军舰带入的，美国的这艘"黑船"同样也带来了一封美国大总统致日本幕府将军的书函，在这封书函里，美国总统虽同样表达了日本应对外、尤其对美国开放的急切愿望，不过这个愿望却是建立在一个赤裸裸的威胁之上，即如果日本拒绝了美国的请求，美国将不惜以武力方式加以实现，但美国并没有逼迫日本立即做出回复，而是给出了一年的斟酌时间。更意味深长的是，美国总统在上述书函里甚至强调，从美国西海岸至日本东海岸，蒸汽船只需航行十八天。[②]之后如众所周知一般，一年后的日本向再次来航的"黑船"舰长佩里（Matthew Calbraith Perry）表示日本愿意与美国结成友好关系，《日美和亲条约》在安政元年（1854）3月3日签订。在该部条约的第一款里，双方宣称将结成万世友好的关系，不过之后的条项几乎都是针对美国人的要求所设定，比如对美国开放下田、箱馆两港，日本应善待漂流到日本沿岸的海难船只，美国商民可以在开放口岸以金银购买所需货物，尤其是蒸汽船所需之煤炭等等，而被后来的日本人视之为不平等条项的是第九条，即片面最惠国待遇条款。进一步的不平等体现在四年后即安政五年（1858）与美国签订的《日美修好通商条约》里，在这部条约的第六条款里，日本赋予了美国领事裁判权，而且因为是通商条约，还规定了输出入日本口岸的商品关税，这意味着日本丧失了调整海关关税的自主权。后日本与欧洲其他国家缔结的条约均依照日美条约，而片面最惠国待遇条款的认可令日本一再

① 1844年2月15日签收的《荷兰国王 二世亲笔书函》，见大久保利谦等编《由史料看日本的发展道路》，第9页。

② 大久保利谦等编:《由史料看日本的发展道路》，第9~10页。

陷入不堪境地，比如在《日美修好通商条约》里，日本与美国就棉花、羊毛商定的关税原本为20%，但在以后与英国签订的条约里，就棉、羊毛商定的关税却只有5%，日英条约生效后，美国凭借片面最惠国待遇条款将与日本达成的20%关税降低至5%。[①] 由此种种，受困于不平等条款的日本开始走上条约改正之路，即力图消除各缔结条约里所存在的那些不平等条款。

同亚洲其他国家一样，日本的国门无疑是在威逼下被打开的。当时在幕府任职的佐久间长敬在其日记里这么描述着幕府内的复杂情状：1，不想打破现有规则；2，不想使幕府的威望受损；3，老中（幕府里的最高官员，有四至五名）里没有能够应对西洋人的人；4，军备严重不足；5，并没有与外国作战的勇气；6，不想失掉体面；7，老中们并没有下定决心，等等。[②] 据此，我们看到犹豫、惶恐、不甘等混合而成的悲凉情绪弥漫在幕府内部，而化解危机的主张分裂成两派：攘夷或开国。这样的局面我们并不陌生：开国肇端于一片攘外声中，即便开国，也是为了攘外。日本明治维新最初的口号就是打着攘外的旗帜来鼓动社会去赞同变革现存体制的主张。

就如何解决“夷患”问题，尽快提升军力可说是一种首当其冲的选择。军力是国家现有技术的展示，这时候一部分有涉外体验的日本人已明确意识到长期的锁国状态阻止了日本的技术进步。比如持开国论的佐久间象山于文久2年（1862）在其上达藩主的意见书里如是说道：以目前日本之城防、军备远不足以抵御外寇，此皆缘于世界之学术、智巧已渐开，凡兵力强大者莫不是乘此大势所得，奈何独日本视而不见，以锁国为防御外患之手段。而学术、智巧之进步在于相互之交流切磋，若仍抱此锁国之态度，日本之国力将劣于外国日盛。唯今之计，当以礼仪与外国交通，汲取外国之长，励精图治，力将日本领拓展至外国以昭示日本国力之强大，以至枪炮、军舰、人才、兵力无不在万国之上。[③] 佐久间象山的意见很明确，只有开国，日本才有与世界学术、进而智巧即技术逐渐同步的一天，而这是日

---

① 大久保利谦等编：《由史料看日本的发展道路》，第13页。
② 大久保利谦等编：《由史料看日本的发展道路》，第14页。
③ 大久保利谦等编：《由史料看日本的发展道路》，第17页。

本解决外患，进而向海外拓疆开土的唯一途径。若此，日本的野心在其羽翼尚未丰满之时就已怦然萌动了。

需要注意的是，以条约缔结方式打开他国大门、进而抢占当事国的贸易市场是近代欧洲诸国惯用的做法。首任驻日英国公使阿尔科克（Rutherford Alcock）就英国远东政策如此赤裸裸地说道：吾人所到之处无不伴随着危险和金钱，皆因为吾人无时不刻在寻找贸易机会，吾人只有不断追求更为广阔的市场，才能应对吾人不断攀升的欲望以及不断增大的生产力。而远东作为极具诱惑的市场乃显而易见之事，由此吾人无法停下追求远东市场的步伐。吾人之第一步即在于通过缔结条约要求对方提供市场。所在地政权在开始阶段当然无意向吾人开放市场，吾人之唯一手段就是以压迫要求他们就贸易在权益方面以文书的方式（条约文本的签订）向吾人做出让步。但还有一步必须紧跟而上，那就是条约上的条款必须得到履行。①针对日本市场的特殊性，他接着说：虽然日本向英国提供的生丝以及茶叶的数量并不多，但胜在质好。就前景来说，日本将来或可成为一个新的消费地，当然前提是它的政府不再排外。而对于远东地区的社会革新，吾人并不打算采取强制的手段，更乐见其逐渐踏上革新的步伐。不过，将新观念、新原则渗透进社会绝非易事，就日本的社会变革来说，与其由下而上，不如自上而下去地进行。②阿尔科克的意见有其洞穿性。幕末时期的日本尚处于封建状态，士阶层把持着国家的政治管理和学术思想，农工商阶层没有参与国家管理的经验甚至资格，因而社会管理方式乃至学术思想若要发生变革，只能从把持国家管理以及学术思想的士阶层上着手，后来的事实证明：日本之维新确实自上而下。

二、发展近代化的途径：改变人口结构以培养议政力量

庆应3年（1867）11月9日，幕府将军正式提出将“大政”奉还给天皇，12月9日，新政府发布了王政复古大号令，向民众宣称：自癸丑

① 大久保利谦等编:《由史料看日本的发展道路》，第24页。

② 大久保利谦等编:《由史料看日本的发展道路》，第25页。

（1853年）以来，遭遇未曾有之国难，为挽回国威，当复古王政。自今废除摄关、幕府，重设总裁、议定、参与三职以理国政，诸事皆恢复神武初创之状，不分缙绅、武弁、堂上、地下之别，以公议定国是，天下休戚与共，各怀谨勉，以诚奉公，尽忠保国。在所列改革措施中，有这样两条：一是，当革洗旧弊，开建言之道，凡有远识卓见者，不拘贵贱，皆可献言，且人才登用乃当今第一要务；一是，近年因物价格外腾贵，富者越富，贫者越贫，此毕竟由于政令不当。民乃国家大宝，百事有待革新，若有智谋远识救弊之策，不论其为何人，皆可上呈。[①]由此看到，即将运转的新政府渴望有识民众就国家目前之危难能献计献策，期待利用社会全部的能量以促成对社会万事万物的更新，因此新上位的日本统治者们将这场社会革新运动称之为“维新”。

令中国人玩味的是，被推上政治舞台的年轻天皇的年号被确定为“明治”，这个年号显然取自《易经》里的“圣人南面而听天下，向明而治”，用以表达新政府“向明而治”的执政理念。而在作为明治维新肇端的《五条御誓文》里，这样提示着日本的改革方向：兴议会以公论决国事；上下一心讲究经世；庶民亦可入文武一途，以便天下人尽遂其志；破除陋习以归天地大道；向世界广求知识以振国基等等[②]，其中“庶民可入文武一途”昭示着日本要打破身份制度，普通庶民即处于农工商阶层的民众有望能参与到一直以来由士以上阶层所把持的国家管理中来。

毫无疑问，萨摩、长州二藩的起义武士联合德川幕府内的激进派同盟者在夺得政权后几乎垄断了新政府内所有的重要职位，岩仓具视、大久保利通、木户孝允、伊藤博文、山县有朋等就是其中的代表人物，在19世纪60年代末和70年代，他们主持了日本太政官制下的执政活动，即把持中央行政机构的少数掌权者就所有重要的国家政策做出集体决定，再经天皇批准后颁布法令，然后由忠诚于他们的部属所执掌的部门给予贯彻执行[③]。明治维新的首要贡献在于废封建以推郡县，诸藩被废，藩主称号顿失，为

① 大久保利谦等编：《由史料看日本的发展道路》，第29~30页。

② 大久保利谦等编：《由史料看日本的发展道路》，第30页。

③ 詹姆斯·L·麦克莱恩著，王翔、朱慧颖译：《日本史》，第145页，海南出版社2009年。

安置或安抚这些失掉藩地的藩主，新政府于明治 2 年（1869）6 月 17 日设置华族称号，即思文武一途，上下协同，自今废公卿诸侯之称号，改称“华族”。也就是对于国内失掉领地的高级武士以及原幕府里的上层公卿，新政府给予他们“华族”身份。又有，废藩置县后，隶属于公卿诸侯的中下大夫（即文官）、士的称号也相应被废，为安置这些中下级武士以及文官，新政府于当年 12 月 2 日给予他们“士族”或“卒”的身份。两年后的明治 4 年（1871）8 月 28 日，新政府又颁布废除“秽多非人”身份令，解脱这些生活在日本底层的民众的贱民身份，自此编入一般民籍、即所谓平民身份内。同年 12 月 18 日，又颁布华、士族可自由选择职业令，华、士族亦可进入从前拘于身份不能进入的行业内，日本社会上下阶层至此完全贯通。明治 5 年 10 月 2 日，新政府更进一步颁布人身买卖禁止令，没有人身自由的娼妓艺妓籍此获得解放[①]。废藩置县后，日本就建立起了户籍制度，根据明治 6 年的人口统计，我们可以看到日本民众在明治维新后的构成状况：华族 2829 人，士族 1548568 人，卒 343881 人，三项计占总人口的 5.7%；僧尼 66995 人，旧神官 79499 人，两项计占总人口的 0.87%；平民 31106514 人，占总人口的 93.41%；余者 0.02% 的人口身份不明[②]。基于这一人口结构，我们可以判断：华士族以及宗教人士是这个国家的特殊群体，在国民教育尚未实施或者实施的初期阶段，受教育者基本为占据总人口 6% 有余的这部分人群，并且显然，正是这一群体的人员，尤其华士族推动了日本明治维新乃至以后的种种社会变革。日本的社会变革自上而下，掌握学术思想、政治管理的华士族阶层观念的快速改变是促使日本社会在较短时期内发生变革的重要因素。于此，需要给予讨论的是，为什么处在相同的近代国际背景下，相较中国，日本可谓顺利地进入了近代化发展的历程？即在社会变革方面，日本受到来自社会的阻碍明显较中国要小得多。比如，针对既有的封建权力被剥夺，诸藩主以及忠诚于藩主的武士虽有抵抗却并不十分激烈，起码其激烈程度被控制在新政权所能应付的范围内。

① 大久保利谦等编:《由史料看日本的发展道路》，第 39~41 页。

② 大久保利谦等编:《由史料看日本的发展道路》，第 41 页。

究其原因，刚刚破除封建的日本社会，缺乏一种介于政府与民间之间的中间力量，这股中间力量在中国被称为乡绅阶层，民间的诉求，通过他们传达给政府；政府对地方的管理，通过他们得以更有效地实现。这股力量可说是一股稳定而成熟的民间参政力量，有他们的支持和配合，现政府执政的合法性可大大得到保障；反之，没有他们的支持和配合，现政府执政的贯彻性将大大受到制约。处在这一层面的人员无疑起着承上启下的中介作用，他们即是稳定的，又是流动的，稳定的是他们对国家政治的固执参与，这种参政活动包括上达民情、监督政府执政等等；流动的是属于这一层面的人员可通上流下，“通上”即为进入政府成为执政层的一员，“流下”即为流入民间成为大众之凡夫俗子。回顾一下晚清史，由于这一中间力量的存在，且这一团体迟迟无法在思想观念上向西学妥协，致使中国在经历第一次鸦片战争、第二次鸦片战争以及围绕越南宗主权问题所爆发的中法战争后，其社会变革仍然踌躇不前，直至甲午战败，吸收西学给日本带来的变化惊醒了中国的中间力量抑或士阶层，由此西学终于在中国抬头，戊戌变法便是这一新动向的直接产物，而三年后的光绪新政显示中国政府真正迈出政治体制改革，即政治体制西方近代化的步伐。

那么，西学又是如何在日本发生效应的呢？换句话说，一个非西方社会，只有在具有怎样的条件下才能吸储西学，并应用西学来改造自己的社会呢？笔者以为，对于日本来说，明治以后，日本只有通过改造自己的人口结构，创造并建立起成熟的社会议政阶层，即中间力量，才能将自己顺利地引入西方近代化发展的轨道。而改造自己的人口结构，即壮大参政层——中间力量，其重要途径在于普及教育，在于迅速让自己的“庶民”改造成具有近代性质的“国民”。这种包含西方近代意义的教育被命名为“国民教育”，每个选择走西方近代化道路的国家都必定会自觉地建立并开展“国民教育”，因为“国民教育”会带来实学即科学的进步，并培养大众的参政意识，以创造实现西方民主政治的基础，在帝国主义时代，科学和民主成为一国强大自我，不受外来凌辱欺压的有力武器，而由弱走强的国家，在膨胀起来的欲望的操纵下，又走上欺凌弱国的不回头道路。

三、普及教育的有效手段：简化和统一语言

诚如上述，西方近代化发展之成效是否可观很大程度上取决于西方式近代教育即“国民教育”的发展状况。“国民教育”在其开创时期，除了激发起民众学习西方实学的热情外，它所造就的“民主”效应，却更多意义上是一种服务于国家的“国家民主”，即由“庶民”转为“国民”的民众当自觉向国家奉献自我，这无疑是一种国家意识的广泛培养，明治时期的日本人称这种国家意识为“爱国心”。

善于赋诗唱词的中国人并没有创造出“爱国”这一词汇。中国传统教育之宗旨在于立德，所谓立功、立言乃有余力者为之；若“德”未立，竟致力于“立功”抑或“立言”，其“立功”抑或“立言”越加昭著，对社会之危害也将越加巨大。在这种儒家教育理念的熏陶下，中国大多数的受教育者并不以实业之兴败来衡量自身成就之高低，适时的出世向来是中国士人的人生理想，大量留存于今日的历朝历代渔夫图即是显证。况且，在中国的传统社会里，治国者并非向大众中去寻，而是选拔作为少数者的贤人来充任，即对于普通民众来说，并不需要他们去关心治国即“爱国”问题，普通民众所要关注的是自我修身，学习规矩并遵守规矩，以和睦家庭。“爱国”，即召唤并鼓励普通民众去关心并参与治国，向国家效忠甚至献身的政治方式是欧洲开展近代化发展模式后的产物。

比起中国，日本领先创造并启用了“爱国”这一词汇。日本最早于何时启用“爱国”一词不得知，可以确定的是，庆应二年（1866）12月，在前岛密上呈给当时幕府将军德川庆喜的建议书——《汉字废除之议》里，已经出现“爱国心”一词的使用。在这道建议书里，前岛密将“爱国心”解释为“大和魂”的另一种说法，其核心含义为，开民智以培育日本人自尊独立观念之形成，即每个国人当仰视本国为无上至善之国家，满怀自尊自强之志，秉持不屈不饶之气节[①]。这是对日本武士道精神的又一种阐释，是对未来将日本武士道精神传播到日本大众间的期盼。明治维新最大的成

① 前岛密:《汉字废除之议》,《国字国文改良建议书》,第18页,1899年,非卖品,日本国立国会图书馆馆藏。

就其实是打破了日本上下不流通的封建局面，即“武”阶层与“农、工、商”三阶层间的互通，使得一部分急欲改造日本社会的“武士”希望将从前只有“武士”才需要担负的责任推广至“农、工、商”庶民间，以期唤起更对的人负起改造国家的意识和义务。明治维新以后，随着日本近代化发展步伐的加快，类似于“爱国”或“爱国心”的现代词汇层出不穷，实藤惠秀称此现象为“时代造语”[①]。

由此，“爱国心”之形成在于开民智，在于对普通民众实施教育。因教育之对象转化为普通民众，一个迫在眉睫的问题随之产生，即以怎样的语言开展教育？至少在东亚[②]，近代社会到来之前，语言中的文章语与口语一直分开使用，这使得无论口语发生怎样的变化，文章语也不会随着年月流逝而失去其原貌的基本特征。这样做的好处是明显的。比如，一个生活在清代的人，他虽然不能明白汉代人用口语所表达的意思，但他绝不会读不懂汉代人所写的文章。如果我们的先人用每个朝代流行的口语书写文章，相信处在历史流程后段的人很难理解处在历史流程前段的人所留下的记录。因此我们看到，至少在开展国民教育之前的中国，虽然读书人的队伍不断在增加，但由于文章语与口语分开使用的局面从未被打破过，这使得只有聪慧者或有余力者才能持续保持自己的受教育抑或问学状态，其结果就是，即便在教育基本已对全民开放的宋代之后，读书人在全民中所占据的比率仍维持着有限的低水平状态。然而，近代欧洲所开启的全民教育理念开始要撞击并且打破上述状态。其撞击的要点在于，欲要使得全民接受教育，必须对语言中文章语与口语分化的现象进行改造，力争使文章语接近口语而达到简化书写语的目的。这是一场对语言进行简化的近代化运动，若无语言之近代化，则全民教育无法有效展开；若无全民教育之展开，则所谓民智便不得开；若民智不开，则欧洲近代化之实施终将成为一纸空话。据此，语言改良即语言近代化，毋庸置疑成为一国近代化进程中首批需要加以实施并给予完成的目标之一。

---

① 实藤惠秀:《近代日中交涉史话》，春秋社，1973年，第101页。

② 本文中所言之“东亚”，地理范围指中国以及环中国之地域。

与中国不同，在经历了最初的徘徊之后，日本转而坚定走上欧洲近代化历程。明治2年5月，当时日本的最高学府——昌平学校的“教授试补”长野卓之允提议：无用的闲文字，琐碎的章句训注，即与经济无用的书籍当全部被焚去[①]。这一激烈主张的问世代表尊重西方实学的思潮在日本开始涌现，除长野卓之允之外，还有我们熟悉的福泽谕吉、中村正直等都是新思想的拥护并倡导者。明治5年，日本颁布学制，揭示近代国民教育正式在日本展开。同年4月，教部省即后来的文部省发布三条教宪：1，敬神爱国；2，明天地人道；3，奉戴天皇，遵守朝廷旨令[②]。这清晰传达出国民教育的教育目标：一个合格的“国民”应具有爱国、明道、服从天皇和国家的意志等良好素质。不过，随着国民教育的启动，日本很快面临如下问题：用怎样的语言对民众实施教育。日本属于汉文字文化圈，明治时期以前，封建制度尚未打破，汉文字以及以汉文字为载体的汉文在日本的地位牢不可破，阅读汉文、并以汉文进行书写是士阶层表明自我尊贵社会地位的重要方式，而普通民众（庶民）中的大多数没有接受汉文字教育的机会甚至资格。虽然日本文明开化之前的书写不尽是使用汉文，即存在汉和混用的书写体例，然混入汉文中的和文字并非世间所流行的日本口语，而是对汉文进行训读（即以和文字对汉文进行释读）后的产物。也就是说，与所有尚未开启欧洲近代化历程的地域一样，日本语言中的文章语与口语是分开使用的。比起中国，日本的情况更加复杂一些，即中国只是在用自己的本土语言，只不过这些语言分成了文章语和口语两个部分；而日本除了自己本土的语言分为文章语与口语外，身为外国语的汉语是其文章语的重要组成部分，因此日本的文章语其实由两个部分构成：汉语和日本语中的文章语，本文将后者称之为和语。其中，汉语的地位又要高于和语。换言之，进入受教育阶段的日本人，较对本土语言的学习，其更加重视对于外国语言即汉语的学习。由这样复杂多样的语言所构成的教育显然会阻碍国民教育目标的迅速达成，对语言实施改良遂排上日本发展的日程。

① 朝仓治彦·稻村徹元编著:《明治世相编年辞典》，第28页，东京堂1997年。

② 朝仓治彦·稻村徹元编著:《明治世相编年辞典》，第70页。

近代日本的语言改良首先面对的便是如何对待自己语言中的汉文字以及汉文这一问题。语言要简化，首要考虑的必然是如何删减书写中的难学难记的汉文字。于此，民间舆论开始有分化：是全部废除汉文字，还是对汉文字的数量进行适当删减。前者的主张显然过于偏激，既不能得到政府的回应，亦很少能获得民间舆论的同情；而后者的观念因符合时代发展的需求，逐渐成为关注近代化运动的有识之士认真考虑的改革目标。回顾近代日本语言之改良，其过程漫长而复杂，虽起始于幕末，然至 19 世纪 90 年代，改良之雏形亦不过初步确立。这期间，各种改良提案横空出世，最主要的代表观点有三：1，假名文字论，即废弃所有汉文字，以假名文字为唯一书写文字；2，罗马文字论，即同样主张废弃所有汉文字，以欧美人使用的罗马字为唯一书写文字；3，限制汉字使用论，即保留一定数量的汉文字，书写文字依然由汉文字与和文字共同构成。上述第一条主张显然意味着民族自尊心在日本正逐渐抬头，以自民族文字进行书写成为这一主张者的强烈心愿，但假名文字论者却忽略了假名文字在文字表意上的极大局限性。上述第二条主张反映出洋学者力图使日本全盘西化的热切期盼，但罗马文字论者除了忽略罗马文字在文字表意上的极大局限性，还没有顾及到以外国文字完全充当书写文字会给日本民众带来极大的屈辱感。因此，这两种主张问世不久即遭冷遇，是意料中事。而秉持温和改良精神的第三条主张即限制汉字使用论，因符合大众心声，成为日本语言改良的方向。日本报业在 19 世纪 70 年代起步，并逐渐成为传播近代社会意识的重要工具，不仅政府积极鼓励有资产者兴办报刊，还出台各种政策扶持报刊经营者，甚至有官员自己出钱买报，然后转赠给各级政府机关，供政府职员们阅读。著名的《东京日日新闻》创刊于 1872 年 2 月 21 日，为趁热打铁，日本政府负责管理报刊的官厅当即于当年 3 月召集各报刊经营者开会，希望他们集思广益，拓展各自报纸的贩卖途径，尽可能扩大报纸的发行量。之后一系列旨在加快报业发展的措施相继出台：开始出现预约订购制，即报纸可以定价邮送；报纸被放置于书店、文房用具店等地零售；在既有直接发行所的基础上，设计流动贩卖方式（报童的出现）；为鼓励一般民众的阅读，设立公共报纸阅览室等等，在日本，尤其东京，接受报纸这一读物的人越来越多[①]。而报纸能被民众广为接纳的一个重要原因在于，大多数报纸的书写文字使用的是汉、和双文字，并在汉字旁边加注“和文字训读”，以方便汉字识字量小的读者通过“和文字训读”理解汉字。这样的书写显然降低了阅读条件，使得一些初识文字的人也能够阅读报纸，而且通过阅读报纸，可以自然学习汉字，读识常用汉字不再是一件望而生畏之事。

不过上述汉、和双文字使用状态依然不能满足日本国民教育发展，乃至日本近代化发展之需求，确立统一而简朴易行的文字成为国是，日本将符合这一要求的文字取名为“国语”。顾名思义，“国语”就是在国家范围内供全民共同使用的语言，她有共同的发音，共同的书写，所以是一种共通语。“国语”是近代国家强化自己的强有力武器，民众通过她，快速获得为发展近代社会而应具备的近代基本知识以及素养；国家通过她，轻易鼓动起民众爱国之热情，继而以民众爱国之热情凝聚而成的强大威力刺激或推进国家近代化之发展。整个19世纪90年代是日本“国语”形成的铺垫期，进入20世纪的1900年，日本迎来“国语”的大发展期。在这年的4月16日，日本文部省设立“国语调查会”，并召开第一次讨论会，诸如前岛密、上田万年、大槻文彦、那珂通世、三宅雄三郎、朝比奈知泉等著名的文字改良者们作为委员出席了这次会议，之后的20日又召开了第二次会议，并规定每周二、五下午定期召开日常工作会议，以形成调查工作日常化。如此，调查会的工作极有效率，在当年11月，就曾提出以ヘボン式（一种西方人容易掌握的发音方法）和日本式（假名）折中的罗马字读法作为“国语”的发音方法，不过，这一趋向西化的提案因遭到猛烈反对而被废弃[②]。尽管如此，在语言学者们对日本语言之现状积极地给予调查、收集后，可行的提案被不断提出，并付诸实践，“国语”的眉目日见清晰。与之相配合的是，日本政府在1900年8月再次修正“小学校令实施规则”，主要内容有：将读书、作文、习字合为一科，称为“国语科”；规定

① 朝仓治彦、稻村彻元编著:《明治世相编年词典》，第66页。

② 朝仓治彦、稻村彻元编著:《明治世相编年辞典》，第424页。

小学生所习汉字控制在2000字以内；统一假名字体，改定并统一字音，统一书写方式，比如“さう、さふ、そう”统一为“そー”等等[①]。9月，坪内逍遥编写的小学校教科书用《国语读本》被富山房发行，在1903年日本首本国定教科书出版前，很多小学校的“国语科”都是使用的这本教科书[②]。而国定教科书的出台，表明日本“国语”的确立，这是日本语言经改良后的成果。

结　语

日本语言改良的过程复杂而漫长。于此，笔者尤为关注的是在这一过程中，汉文字在经历了淋漓种种的磨难后却得以九死一生，或者说日本最终没有放弃汉文字。这在汉字文化圈内是个特殊现象，即与中国直属版舆相邻的越南，甚至朝鲜在殖民主义的吞噬下均废弃了汉文字，而不乏废弃汉文字呼声的日本却在自己的现代语中最终保留了相当数量的汉文字。更为引人注意的是，这些被保留下来的汉文字在日本明治时期传播西学过程中大放异彩，由其构造出的种种现代新词汇不仅为日本社会大众所接受，甚至回流到中国，影响并促进了中国现代语的发展。

总之，日本“国语”的形成无疑促进了日本近代国民教育的更快发展。近代教育的开展是日本改进自我的重要途径之一。近代教育的精神在于最大限度地在民众中推广教育，以便最大限度地鼓动民众参与社会管理，即最大限度地培养民众的参政意识，以打破普通民众被排斥在国家政治管理之外的由少部分人统管社会的状态。因此，近代社会的开启首在具有近代性的民众即国民的养成，而近代国民的养成无疑依赖于近代教育的展开程度。缘此，近代教育实则是由国家组织进行的教育，其教育方针以及内容由国家设定，在此教育方针下的受教者，无论是在天南，抑或在天北，均被国家塑造成具有统一意识的国民，这样的国民易管理且易凝聚，其结果是国家力量的急速提升，即近代教育所起到的“顺人心”功效丝毫不逊色

① 朝仓治彦、稻村彻元编著:《明治世相编年辞典》，第429页。
② 同上。

于宗教，且居宗教之上。而在实现上述教育目标上，“国语”无疑起着不可忽略之巨大作用，即日本各地方之广大民众正是得益于这一简朴而统一的语言，消除了相互间进行交流的障碍，共同转变为日本近代社会真正意义上的“国民”。

（作者单位：中国人民大学清史研究所）

康熙六旬万寿恩款与『滋生人丁永不加赋』的实施①

◎董建中

一

“滋生人丁永不加赋”是清史上的大事，在中国赋役制度史上也占有重要地位，它为雍正朝实施摊丁入地提供了前提条件，也为统计清代中国人口的数字奠定了基础，而其中“永不加赋”原则作为祖制，对于清朝后来统治者影响深远。

历来通行的说法是康熙五十一年（1712）实施了这一政策。采纳“康熙五十一年说”的太多，这里只举几个例子：戴逸主编《简明清史》（第一册，人民出版社 1980 年版）、郑天挺主编《清史》（上编，天津人民出版社 1989 年版）、朱诚如主编《清朝通史》（王思治主编“康熙朝分卷”下，孟宪刚主编“大事记分卷”，紫禁城出版社 2003 年版）、《辞海》（第六版，“摊丁入地”条，上海辞书出版社 2010 年版），朱金甫等主编《清朝典章制度大辞典》（“盛

---

① 本文曾提交 2015 年 10 月 9~11 日“故宫博物院 90 周年暨万寿盛典学术研讨会”。

世滋生人丁”条，中国人民大学出版社 2011 年版）。

“康熙五十一年说”的史料依据，都是源于康熙五十一年二月十九日的上谕：

谕大学士九卿等：朕览各省督抚奏编审人丁数目，并未将加增之数尽行开报。今海宇承平已久，户口日繁，若按见在人丁加征钱粮，实有不可。人丁虽增，地亩并未加广，应令直省督抚，将见今钱粮册内有名丁数，勿增勿减，永为定额。其自后所生人丁，不必征收钱粮，编审时止将增出实数察明，另造清册题报。朕凡巡幸地方，所至询问，一户或有五六丁止一人交纳钱粮，或有九丁十丁亦止二三人交纳钱粮。诘以余丁何事，咸云蒙皇上弘恩，并无差徭，共享安乐，优游闲居而已。此朕之访闻甚晰者。前云南、贵州、广西、四川等省，遭叛逆之变，地方残坏，田亩抛荒，不堪见闻。自平定以来，人民渐增，开垦无遗。或沙石堆积难于耕种者，亦间有之，而山谷崎岖之地，已无弃土，尽皆耕种矣。由此观之，民之生齿实繁，朕故欲知人丁之实数，不在加征钱粮也。今国帑充裕，屡岁蠲免辄至千万，而国用所需并无不足之虞，故将直隶各省见今征收钱粮册内有名人丁，永为定数。嗣后所生人丁，免其加增钱粮，但将实数另造清册具报，岂特有益于民，亦一盛事也！直隶各省督抚及有司官，编审人丁时，不将所生实数开明具报者，特恐加征钱粮，是以隐匿不据实奏闻。岂知朕并不为加赋，止欲知其实数耳。嗣后督抚等，倘不奏明实数，朕于就近直隶地方，遣人逐户挨查即可得实，此时伊等亦复何词耶？此事毋庸速议，俟典试诸臣出闱后，尔等会同详加确议具奏。[①]

二

“康熙五十一年说”很通行，但并非没有“异说”。陈锋于 1999 年撰文指出：“一种普遍的看法是，康熙五十一年（1712 年）发布了“滋生人丁

① 《清圣祖实录》卷 249，康熙五十一年二月壬午。

永不加赋”的诏令，这事实上是不准确的。确切地说，应该是康熙五十二年（1713 年）。”他使用的史料出自光绪《大清会典事例》，在引用了前述五十一年部分上谕后，指出：

在这篇《上谕》中，除指摘前此编审弊端外，虽然也指出“将现［见］今钱粮册内有丁数，毋增毋减，永为定额，嗣后所生人丁，不必征收钱粮”，但主要目的是为了编审确实，借以知晓人丁实数，而且以何年人丁实数（编审在册的人丁）为准，也没有指出明（原文如此——引者注），“不必征收钱粮”一语，也嫌含混。只能说，这次上谕是“滋生人丁永不加赋”的重要先声。而康熙五十二年（1713 年）的上谕才使其明确起来，该年上谕称：

“嗣后编审增益人丁，止将滋生实数奏闻，其征收办粮，但据五十年丁册，定为常额，续生人丁，永不加赋。”

这就是以康熙五十年（1711 年）丁额为准摊丁入地的来由。①

“滋生人丁永不加赋”，以康熙五十年的人丁数为准，这一点历来没有异议。②陈锋敏锐地看出了康熙五十一年上谕中并未涉及这一问题，并且利用了光绪《大清会典事例》的资料，指出这一政策是在康熙五十二年实施的。

笔者还在《中国历史大辞典·清史（上）》两个辞条中，发现了“康熙五十二年”说。

一是“盛世滋生册”条：

清户口册之一种。康熙五十二年（1713），圣祖颁盛世滋生人丁永不加

① 陈锋：《清代财政政策与货币政策研究》一书的第四章《赋役、财政制度的整顿改革与政策导向》，第 214~215 页，武汉大学出版社 2008 年。所引书目中有作者的《清代赋役制度的整顿改革与政策导向》一文，载《人文论丛》1999 年卷，武汉大学出版社 1999 年。光绪《大清会典事例》引文，见卷 157，《户部·户口·编审》。

② 如王庆云《石渠余记》卷 3，《纪丁随地起》，第 115 页，只笼统记述说“自康熙五十年定正丁额之后，滋生者皆无赋之丁”，北京古籍出版社 1985 年。

赋之令，以康熙五十年粮册内丁数为定额，其后新增人丁永不加赋，另册编造，谓盛世滋生册。

一是“常额人丁”条：

又称额丁、原额人丁，康熙五十二年（1713），清政府颁布“滋生人丁永不加赋”措施，以康熙五十年丁数为常额，在册人丁为常额人丁。①

“盛世滋生册”条的撰写者是孟昭信，但笔者查阅有关著述，知他是“康熙五十一年说”的坚持者。②

“常额人丁”条的撰写者是陈桦。笔者又读到他1985年所写的《释“滋生人丁”》一文，③有了新发现。该文先是引用了前述康熙五十一年的部分上谕：

朕览各省督抚奏编审人丁数目，并未将加增之数尽行开报，今海宇承平已久，户口日繁，若按见在人丁加征钱粮，实有不可。人丁虽增，地亩并未加广，应令直省督抚，将见今钱粮册内有名丁数，勿增勿减，永为定额。其自后所生人丁，不必征收钱粮，编审时止将增出实数察明，另造清册题报。

进而指出：“这即是清代著名的‘滋生人丁永不加赋’措施的基本内容，其中叙述了制定该措施的直接原因以及‘滋生人丁’的有关规定，不过当时仅作为给与大学士、九卿等官员的一般谕旨，没有公布于众付诸实

① 《中国历史大辞典·清史（上）》，上海辞书出版社1992年。“盛世滋生册”条，见第454页；“常额人丁”条，见第465页。

② 孟昭信此观点是一贯的，可见《康熙大帝全传》，第426页，吉林文史出版社1987年。《康熙评传》，第202页，南京大学出版社1998年。按：多年前，清史研究所的张研老师向笔者说起过，她曾经担任《中国历史大辞典·清史（上）》编纂秘书工作，参与了大量的后期词条统稿工作。上述情况或许是后期统合工作的结果。张研老师已于2014年4月去世，不能再向她请教这一具体问题了。

③ 陈桦：《释“滋生人丁”》，《清史研究通讯》1985年第4期。

行。”论文又指出：

康熙五十二年三月十八日，康熙皇帝以“恩诏”的形式，向全国颁布了“滋生人丁永不加赋”措施：

“嗣后直隶各省地方官遇编审之期，察出增益人丁，只将实数另造清册奏闻，其征收钱粮，但据五十年丁册定为常额，续生人丁永不加赋。”

这里给出的史料依据，是雍正朝题本所引用的康熙五十二年恩诏。[①] 实际上，陈锋上述所引用康熙五十二年实施上谕，原文也明言是“五十二年恩诏”，但文字与陈桦所引有所不同。

三

沿着康熙五十二年恩诏的这一线索，笔者在《万寿盛典初集》中查到了“原文”。康熙五十二年三月十八日（1713 年 4 月 12 日），是康熙皇帝的六旬万寿，这一天颁布的恩诏共四十五款。[②] 相关条款的全文为：

海宇承平已久，户口日繁，地亩并未加广，宜施宽大之恩，共享恬熙之乐。嗣后直隶各省地方官遇编审之期，察出增益人丁，只将实数另造清册奏闻，其征收钱粮，但据五十年丁册定为常额，续生人丁永不加赋。仍不许有司于造册之时藉端需索，用副朕休养生息之意。[③]

---

① 原注释为：“档案：《前三朝题本》，雍正十一年五月六日奏《直督李绂条奏停止编审户口案》（题奏者姓名残缺），中国第一历史档案馆藏。”笔者在已出版的《雍正朝内阁六科史书·户科》一书中没有找到该题本，看来它属于另一档案类别。

② 蒋良骐《东华录》卷 22 记述，康熙五十二年“二月，上万寿节，行庆贺礼，颁恩诏恩款四十五条。宴直隶各（直）省汉大臣官员士庶九十以下，六十以上者于畅春园，八旗满洲、蒙古、汉军皆预宴。”文中“二月”乃“三月”之误。这里没有具体条款。见第 361~362 页，中华书局 1980 年。齐鲁书社 2005 年出版的《东华录》，“三月”不误。

③ 《万寿盛典初集》卷 15，《典礼四·颁诏一》，《景印文渊阁四库全书》本。另，抄本《大清绍令》卷 8，也有此恩款，见上海古籍出版社《续修四库全书》本，第 458 册，第 564 页。

同时该文献还记载了四月初二日分遣满汉官赍诏颁行天下的情况，逐一开列了前赴各省的赍诏官员以及朝鲜国的颁诏官员姓名。

当接到恩诏后，各地方官疏奏谢恩，在代奏各地官民谢恩的上疏中，有的特别提到永不加赋的内容。如湖广总督额伦特题：

恭遇圣主六旬正诞，万寿恩纶，户口滋生，赋不加而民日众，穷黎有养，田未力而食已敷……①

福建巡抚觉罗满保题：

（续生人丁永不加赋）恩纶到日，兆姓欢呼，凿井耕田，鼓舞方深于帝德，食毛践土，输将敢后于丁男。乃户口之日增，竟正供之永定，孳生不已，赋额无加，真小民意外之殊恩，实亘古未闻之旷典。山陬海澨，僻壤穷乡，莫不同祝万年，与天无极。②

再者，从地方志也可以看到，“滋生人丁永不加赋”从康熙五十二年开始。如《山东通志》：“康熙五十二年钦奉恩诏，盛世滋生人丁永不加赋。”③

细读史料，能看到支持“康熙五十二年说”的（其实，史料中是没有支持“五十一年说”的），如雍正元年二月初十日御史秦国龙上奏建议“各省丁银宜从地起”，其中就说：

伏读康熙五十二年恩诏内开，嗣后直隶各省地方官遇编审之期，察出增益人丁，只将实数另造清册奏闻，其征收钱粮，但据五十年丁册定为常

① 《万寿盛典初集》卷16,《典礼四·颁诏二》

② 《万寿盛典初集》卷17,《典礼四·颁诏三》

③ 《山东通志》卷13,《景印文渊阁四库全书》本。有学者在研究中，欲调和地方志所见的康熙五十二年恩诏记述与通行的“五十一年说”，如刘志伟说：“到康熙五十一、五十二年（1712、1713），康熙皇帝一再申诏‘续生人丁永不加赋’。”见《在国家与社会之间：明清广东地区里甲赋役制度与乡村社会》，第178页，中国人民大学出版社2010年。

额，续生人丁永不加赋等语。[①]

再如雍正元年六月初八日，山东巡抚黄炳奏请在山东实施摊丁入地，说：

查州县钱粮地银十居七八，丁银十居二三。自康熙五十二年以后，盛世滋生人丁永不加赋，是丁银已有定数，即摊入地亩内所加无几。……[②]

四

康熙朝起居注册为我们提供了康熙五十一年二月十九日上谕的另一版本：

召九卿詹事科道近前，上曰：我朝七十年来，承平日久，生齿日繁，人多地少。从前四川、河南等省尚有荒地，今皆开垦无尺寸旷土。口外地肥，山东等省百姓往彼处耕种者甚多。朕去年差官去查，共有六万余人，纳粮者止二万余人，查出者虽有六万，其未经查出者更不知凡几万矣。欲将伊等搬入口内，念伊等穷民以何为生？故仍令在口外居住。朕昔巡幸访问百姓，据称一家有四五丁纳银一丁者，有七八丁纳银二丁者等语。各省巡抚编审时只奏报纳丁数而不奏报不纳银丁数，故实在丁数不得而知。今国用充足，凡给俸等项绰绰有余。将各省今番编审丁银数目永远著为定额，嗣后不准增减，仍令将纳银、不纳银民之数目查明具奏。查此特欲知各省人民之实数，并非视丁加赋之意。此事自古以来无有知之者，即有知之者亦不敢行，朕特为生民有益计耳，实于千万年后之百姓大有裨益，想闻此无有不欢欣者矣。**俟典试诸臣出场，尔等会同查明定议具奏。**（黑字系引者所加，下同）[③]

此上谕的措词与实录所载确有差异，但与实录上谕的最后部分（见下）

① 《雍正朝汉文朱批奏折汇编》第1册，第79页，江苏古籍出版社1989年。

② 《雍正朝汉文朱批奏折汇编》第1册，498页。

③ 《清代起居注册·康熙朝》第20册，第11267~11269页。（台北）联经出版公司2007年。

相比，可以看到，康熙帝命大臣商量后再具奏——是一致的，就是陈桦说所的“没有公布于众付诸实行”：

……嗣后督抚等，倘不奏明实数，朕于就近直隶地方，遣人逐户挨查即可得实，此时伊等亦复何词耶？**此事毋庸速议，俟典试诸臣出闱后，尔等会同详加确议具奏**。

也就是如陈锋所说，康熙五十一年二月的上谕是“滋生人丁永不加赋”的“重要先声”，那么，由先声到落实、实施，其间又发生了什么呢？

何平在1997年的一篇文章中，虽然也认为“康熙五十一年颁行滋生人丁永不加赋谕令”，但在论述中全文征引了五十一年上谕，指出了康熙皇帝令大学士九卿等“详加确议具奏”的事实，他又依据《清朝文献通考》的材料，指出：“不久九卿议上，‘嗣后编审人丁，据康熙五十年征粮丁册，定为常额，其新增者，谓之盛世滋生人丁，永不加赋’。”①

何平在此处揭示出，确立康熙五十年人丁为标准的来由，此乃九卿所议。这说明此不是由康熙五十二年恩诏首先确定的，正如《清文献通考》所说：“至五十二年恩诏复申明之。”还有一点，值得注意的是，正是这次议覆，提出了“盛世滋生人丁”的概念，即指五十年人丁以外的新增者。而通常所说的“盛世滋生人丁永不加赋”的说法，也应是源于此。而五十二年恩款使用的是“续生人丁永不加赋”。

但是，《清文献通考》原文只是说“九卿议”，具体何时议覆，全文为何？何时覆准以及如何议定作为恩诏条款予以实施，都还有待进一步探究。②

① 何平：《论清代定额化赋税制度的建立》，《中国人民大学学报》1997年第1期。所引材料，见《清朝文献通考》卷19，《户口考一》。按：所引材料接着有一句：“至五十二年恩诏复申明之。”而《清朝通典》，也作了相同的记述，却写作了“至五十五年恩诏复申明之”。

② 孟森说：“圣祖康熙五十一年谕曰：海宇承平日久，户口日增，地未加广，应以现在丁册定为常额。自后所生人丁，不征收钱粮。编审时止将实数察明造题。廷议：五十年以后，谓之盛世滋生人丁，永不加赋，仍五岁一编审。户部议：缺额人丁，以本户新添者抵补；不足，以亲戚丁多者补之。又不足，以同甲粮多者之丁补之。”《明清史讲义》下册，第473页，中华书局1981年，孟森未说明材料来源。

综上可知，康熙五十一年二月十九日，康熙帝以口谕的方式向大学士九卿等表达了想法：欲得到真实的人丁数，提出了确定人丁数，以后所生人丁永不加赋，并令大臣议覆。随后大臣们议覆的结果，以康熙五十年的人丁数为准，“盛世滋生人丁永不加赋”，第二年三月十八日康熙帝在恩诏中正式宣布并实施这一政策。

五

“康熙五十一年说”之所以流行，自有研究上的主客观原因。

客观上讲，因为它“言之有据”。中华书局影印本的清实录，以及此之前更广为征引的王先谦《华东录》，都有康熙五十一年二月十九日的上谕，但都没有五十二年的恩款。换言之，如果实录开列了这一恩款，“五十一年说”自然不会存在。

主观上看，五十一年该道上谕的抄录者、研究者，一般都不作全文征引或是认真分析。早在乾隆时期，蒋良骐所纂辑的《东华录》已是如此，该书此条记载为：

（五十一年）二月，奉上谕：朕览各省编查人丁数目，并未将加增之数，尽行开报，应令直省督抚将现今钱粮册内有名丁数，勿增勿减，永为定额，其自后所生人丁，不必征收钱粮，编审时止将增出实数，察明另造清册题报。朕欲知人丁之实数，不在加征钱粮也。[①]

其实，这里还有深一层的客观原因，涉及清实录的编纂问题。

《清圣祖实录》卷首有编纂“凡例”，其中说：“登极、亲政典礼皆书 ”；“颁诏天下书，诏文全录”。并且还特别提到了两处提到了“恩诏”：

一、遇恩诏及奉特旨蠲免直隶各省新旧额赋，书。遇灾荒发粟蠲赋及

① 蒋良骐:《东华录》，第358~359页，中华书局1980年。

于常例外特恩赈恤，皆书。赈济外藩蒙古，亦书。

二、八旗及直隶各省绿旗兵奉恩诏及特旨颁赏，书。……

然而，翻检《清圣祖实录》，可以知道恩诏“诏书全录”或许对，但恩诏条款的处理并非“全录”，就以五十二年六旬万寿恩诏为例：

颁诏天下。诏曰：朕五十余年，上畏天命，下凛民碞，以敬以诚，覃思上理。且以一心对越上帝，未尝瞬息稍懈。赖昊穹之孚祐，祖宗之荫庇。国家蓄积有余，民间年岁丰稔。朕以凉德，勉思列圣，体大顺公，操心虑患，敷景运于休期，洪基业于光显，夙夜冰兢，宵旰靡遑，屈指春秋，年届六旬矣。览自秦汉以下，称帝者一百九十有三，享祚绵长，无如朕之久者。朕之虚薄，良深歉仄，何敢稍有倦怠，以负孜孜图治之初心。况在位之久者始勤终怠，往往不能垂令名于后，所以干惕之怀弥殷，忧劳之志愈切。兼之承平岁久，幅员日广，户口渐增，风俗日薄，朕与臣邻夙夜在兹，以刚健中正，惇大成裕，谦尊有终，持盈保泰，犹恐未能，岂自满假，少有逸豫！朕以天下为心，天下当亦体朕之衷，各矢荩诚，皆敦孝敬，型仁讲让，守己奉公，务勤职业，官僚胥劝，人士奋兴，使遐迩之均被，小大之咸周，以享升平之福，此非朕之德，乃天地祖宗之赐。今朕式慰中外臣民之情，博考典礼，大沛膏泽，用称跻世于仁寿之至意。于戏！锡民以福，为皇极得寿之征；御从以宽，乃万国咸宁之本。布告天下，咸使闻知。**诏内恩款四十五条。**[①]

四十五条恩款就这样一笔带过了。也因为实录不予条列，以实录为基础的圣训自然就没有相应记载。本应在万寿节最为彰显康熙皇帝圣恩的“盛世滋人丁永不加赋”措施，就这样被埋没了！

翻检顺治皇帝以降的历朝实录，只有康熙与雍正两朝的实录简单开列恩款多少条，而其他的实录则都开列有具体的恩款。何以有如此不同？具

① 《清圣祖实录》卷254，康熙五十二年三月乙未。

体的研究还是留给史学史和历史编纂学的学者吧。

六

陈桦《释“滋生人丁”》一文发表于1985年，其后他在相关论述中，都使用了“康熙五十二年说”。[①] 陈锋也多次重申“康熙五十二年说”的成果，[②] 但在学界的影响似乎有限。[③]

笔者旧话重提，只是将先进们的发现集中在一起，拾遗补阙而已，也愿以后历史书写者能够充分重视这一问题。

附　记

就在笔者草就此文后，很偶然地发现，早在1981年，高王凌就在《中国史研究》第3期上发表了《“滋生人丁永不加赋”颁行时间考》，他在开列了清史资料记载混乱以及今人有“不同的说法”后，援引康熙五十一年二月上谕，分析说：“这里第一次提出了今后人丁增加、丁银数额不再加增的设想。但是，这不是什么政策‘决定’，更没有向全国‘宣布’或颁行。”

论文特别引用了康熙五十一年六月二十八日礼部右侍郎胡作梅的奏折，[④] 当时胡作梅已参加了大臣们的会议——这次会议确立了“以五十年编审丁数，永作征粮之定额”原则，但具体怎么作法，胡作梅提出了自己的意见。康熙皇帝的朱批是：“这奏得还好。事亦未定，再议时尔当奏闻。”由

① 例如《18世纪的中国与世界·经济卷》，第226~227页，辽海出版社1999年，但所引恩诏内容，“益”字误作“溢”，同时该条史料的注释也不如《释“滋生人丁”》的准确；《康乾盛世历史报告》，第120页，中国言实出版社2002年。

② 《陈锋自选集》，174页，华中理工大学出版社1999年；《清代财政政策与货币政策研究》，第214~215页，武汉大学出版社2008年。

③ 当然，还是有学者注意到了这些成果，如张世明注意到了陈锋的研究，见《时间与空间：清代中国与西方在税法上的文化选择》注释15，《清史研究》2002年第3期。

④ 原文没有注明材料出处。胡作梅奏折，见《康熙朝汉文朱批奏折汇编》第四册，第292~297页，档案出版社1984年。

此可以看出到这时还未决定下来。接着论文从文集、地方志等找出了康熙五十二年的恩款，认为："'滋生人丁永不加赋'政策的施行，根据的正是康熙五十二年的'恩诏'。"

论文最后指出：

康熙朝的人丁编审，大多在逢五、逢十之年举行，康熙五十年正是编审之年，下一次的编审是在五十五年，其间的几年（即五十一—五十五年）都是要按五十年编审确定的数额征收丁银的。因此，"自康熙五十年以后滋生人丁永不加赋"的颁布，完全可以不在五十一年，而在五十二年或再稍迟一些，这对该项政策的实施，并没有什么影响。看来，当时面对的实际问题，不过是选择什么样的时机颁布更好。恰逢康熙六十岁的生日将到，这是一个可以用"恩诏"这种隆重形式颁布政令的良好机会，于是就选择了这一时机，做为一项"恩典"，正式宣布了"滋生人丁永不加赋"这项决定，也就是在这以后，即地方各州县"钦奉"五十二年"恩诏"之后，"滋生人丁永不加赋"才开始在全国施行。

笔者看到此文的第一感觉是，自己的文章不必写了；但转而又想，已写的文章不必进行改写，而是以"附注"援引此文，或许别有意义。

又在不经意间注意到，刊发高王凌文章的那期《中国史研究》的出版时间是 1981 年 9 月 20 日，而自己现在落笔的时间是 2015 年 9 月 20 日，时间上的巧合真有不可思议者。这也不禁令笔者要问：整整 34 年的时间，这一问题上的学术究竟进步了多少？怎样看待对前人研究成果的吸取？

再次思量自己的文章，本想在前人研究的基础之上有所推进，最后却变成了该问题的一个学术回顾。[①] 可能推进的地方有两点，一是从源出处征引了五十二年的恩款；二是提出了《清圣祖实录》不记具体恩款的问题。

① 笔者对此问题关注有年，但只是在阅读时顺手收集材料，想做篇读史札记而已，并未进行专题研究，因此对于前人研究的梳理肯定有遗漏之处。

康熙六旬万寿“滋生人丁永不加赋”恩款，肯定是有清一代恩款中最具意义的，在今天“万寿盛典”学术研讨会上重提此恩款及其实施，应该说还是一件有意义的事情吧。

（作者单位：中国人民大学清史研究所）

『合情合理的』未必是真相

——也谈蒋廷锡的卒日与大学士殿阁衔

◎董建中

蒋廷锡（1669~1732），江苏常熟人。康熙时以举人供奉内廷，康熙四十二年（1703）会试不第，康熙帝特命参加殿试，中进士，升至内阁学士。雍正朝进一步得到重用，雍正六年（1728）授大学士。蒋廷锡也是著名画家，在清代绘画史上占有一席位置。

一、“合情合理”的七月乙巳说

《历史档案》2013年第4期发表了张波《雍正朝大学士蒋廷锡史书记载考辩两则》一文（以下简称《张文》），其中考证了蒋廷锡的卒日。

蒋廷锡于雍正十年去世，这没有异议，具体的时间有三种说法：“闰五月”说，“七月十五日”说，“七月乙巳（二十一日）”说。《张文》持“七月乙巳”说，主要是注意到《清世宗实录》这一天有详细记载（见卷一百二十一）：

大学士蒋廷锡病故，遗疏奏闻。得旨：大学士蒋廷锡受皇考圣祖仁皇帝知遇之恩，简直内廷，教诲玉成，二十余载……上年忽患痰症，特遣良医调理，渐次获痊。今夏旧恙举发，较前加剧。朕心忧虑，切谕太医竭力调治。每日病状，著两次奏闻。方期夙疾有瘳，岂料溘焉长逝。朕心伤悼，辍朝一日。其所用棺殓之属，皆颁自内府。已命内大臣率领侍卫赐奠茶酒。应得恤典，著察例具奏。柩榇回籍时，再著散秩大臣带领侍卫前往奠酒，送其起程。户部满汉堂司官亦著往送。沿途文武官弁在二十里以内者，俱著至榇前吊奠，并遣人护送。

同时，文章指出，官员去世、遗疏奏闻到皇帝下旨赐恤有着时间上的间隔，实录所记载的是后一时间，因此不能径直将实录记载的时间作为官员去世的时间。那为何《张文》还是将实录记载的时间作为蒋廷锡去世的时间呢？

考虑到雍正十年夏蒋廷锡旧疾复发后，雍正帝曾经特别降旨将"每日病状，著两次奏闻"，则蒋廷锡应该就是卒于七月乙巳，而雍正帝在当日接到蒋廷锡病逝的奏折，并立即颁布了赐恤谕旨。

从我们今人理解看，对蒋廷锡的去世，雍正帝极为悲伤乃至辍朝，优恤有加，再加之"每日病状，著两次奏闻"，应该是在当天（至迟第二天）就知道蒋廷锡去世并加以宣布。现在谕旨是二十一日下发的，且《清史稿·世宗本纪》明确记载，"乙巳，大学士蒋廷锡卒"，因此《张文》推定蒋廷锡是二十一日去世，可谓"合情合理"。

二、实卒于七月十五日

但是，这"合情合理"之事，就是事实真相吗？

我们今天能找到蒋廷锡的遗疏，也就是他去世前上呈皇帝的本章[①]，具

① 中国第一历史档案馆编：《雍正朝内阁六科史书·吏科》，第69册第244~246页，广西师范大学出版社2002年。

奏时间是雍正十年七月十五日，雍正帝于二十一日对此有一段很长的旨意。这段文字与《张文》引实录的文字前半部分基本相同，其中有“每日以病状两次奏闻”的话。

已有研究表明，大臣上呈遗疏或遗折的时间大多与卒日同一天，但毕竟有的也不一致，或前或后，因此我们不能据此判定七月十五日就是蒋廷锡的卒日。

幸运的是，我们能找到奏报蒋廷锡卒日的正式文件。雍正十年九月二十一日，大学士兼管吏部尚书事张廷玉奏报：“大学士蒋廷锡于七月十五日病故。员缺，查品级考开载：大学士员缺请旨开列具题。今应否开列具题之处，相应请旨恭候命下臣部遵奉施行。”对此雍正帝于二十三日有旨：“著候旨行。”①

这份文件确凿无疑地说明了蒋廷锡卒于七月十五日（1792 年 9 月 3 日）。为何张廷玉这时要向皇帝上奏呢？原来，皇帝为了表示体恤之情，不忍心在大学士去世后马上令人填补所遗员缺，因此往往在去世一个月之后，才让大臣题请此事。这种作法康熙朝已有。康熙五十七年五月二十八日大学士李光地去世，吏部于六月十六日将补授人员开列请旨，这遭到了康熙帝的批评：“部里错了，从前大臣病故后一月之外事情完毕，方将员缺补授具题。此本发还，过一月后开列具题。”②

三、时间差的解释

既然蒋廷锡是十五日去世，而雍正帝又下令“每日病状，著两次奏闻”，却又为何是在二十一下发谕旨呢？至此，过去立论的基石现在反而变成了需要解释的问题了。

会不会并不存在“每日病状，著两次奏闻”的事，是雍正帝说了假话呢？蒋廷锡明确在遗疏中说：“闰五月中，感冒暑气，痰壅气塞，蒙皇上轸恤洪慈，即遣侍郎臣海望带领御医疗治，始得稍苏，至今两月，良医诊剂

① 《雍正朝内阁六科史书·吏科》，第 69 册第 559~560 页。

② 《雍正朝内阁六科史书·吏科》，第 19 册第 165 页。

恩施，病势增减，时蒙垂问，顾复矜怜之至意，即慈父爱子无以复加"。其中的"时蒙垂问"，不正可以证明有人奏报蒋廷锡的病情吗？因此，可以判断雍正帝应该没有说假话。

那么，十五日与二十一日的时间差该如何解释？

最简单的可能答案，是和皇帝赐恤的程序有关，那就是皇帝一般是在见到了大臣的遗疏、遗折或是正式的奏报之后才颁旨赐恤，也就是说公事公办。这种例子很多。如退休的大学士田从典回籍，行至良乡病故，雍正六年四月二十日，"遗疏奏闻"，雍正帝赐恤。[①]再如内阁学士王以巽，雍正十三年六月二十一日上呈遗疏，二十九日得到批复。[②]

当然，还是可以进一步追问，上述似乎还不完满解释十五日与二十一日的时间差。比如前引张廷玉上奏蒋廷锡去世的本章是二十一日所上，二十三日雍正帝就下发了谕旨。雍正帝对蒋廷锡如此关心，而蒋也在京城去世，为何有五天的时间差呢？像雍正十年闰五月初十日，"宗人府以允祉病故奏闻"，而这是雍正帝弟弟允祉去世的当天。

《永宪录》有这样的记载："六年，廷锡拜大学士。十年，因奏对失次，一夕忧愤卒。"[③]莫非雍正帝与蒋廷锡之间真的发了什么故事？难道是雍正帝虽及时得到了遗疏，但迟迟未有批复？——不过，尽管《永宪录》是记载雍正朝史事史料价值很高的书，但这是条孤证，在无其他史料佐证的情况下，不能浮想联翩，那样做可能离真相更远。

四、"合情合理的"未必是真相

《张文》又是如何否定"七月十五日"说的呢？

持"七月十五日"说者，主要是《茶余客话》、《茶香室续钞》等。阮葵生《茶余客话》卷九记：蒋廷锡"壬子，年六十四。夏病……七月十五

① 《清世宗实录》卷68，雍正六年四月甲子。按：田从典卒于四月十五日。

② 《雍正朝内阁六科史书·吏科》，第81册，第551~552页。

③ 萧奭：《永宪录》，朱南铣点校，第330页，中华书局1959年。

日卒”。俞樾《茶香室续钞》卷九所记同。依照内容考察，俞樾所记与阮葵生相同，应是抄袭了阮葵生所记。然而阮葵生虽然为江苏山阳人，生于雍正五年，卒于乾隆五十四年（1789年），生活年代与蒋廷锡距离较近，系蒋廷锡同乡，并且，其在朝为官时，与蒋廷锡之子蒋溥亦有一定的交往，但是，其在记载蒋廷锡的卒日之时，并未提供消息来源，依照常理推断，则其消息应该不是来自于蒋溥，而极有可能是道听途说，故亦不足为信。

在这里，只是因为阮葵生的记载“并未提供消息来源”，就依“照常理进行推断”，“应该不是来自蒋溥，而极可能是道听途说，故亦不足为信”。——这其实是文章作者已有七月二十一日的判断之后，用自己的想法强行“熨平”了异己意见。

在历史研究中，“合理合情”是叙事、总结特别是考证的必经之路，也往往能得到事实真相，但问题是，这样做不必然能得到真相，这“合情合理”终究是研究者对客观的认识结果，而不是客观自身。学者犹如法官断案，若相信一面之词，沉溺于自己“合情合理”的推断，对反面或不利证据不予理睬，结果必然是造成“冤假错案”。

五、“不尽合理的”却得到了真相

《张文》考证的另一个问题，是蒋廷锡的大学士殿阁衔。这一问题有两种说法：文渊阁大学士与文华殿大学士，《清世宗实录》和《清史稿》内文都存在着此两说。《张文》指出了史书中不见蒋廷锡殿阁衔有前后的变化，且引用清人阮葵生的说法，除了张廷玉有殿阁衔的变化外，后来者“多以初入之衔为定，后不复再更”。这就确定了蒋廷锡的殿阁衔是始终如一的。这一点无疑思路清楚，逻辑缜密。

文章接下来引述了《雍正朝起居注册》雍正六年三月十三日的记载，大臣就蒋廷锡应为某殿阁大学士恭请钦定，奉旨：蒋廷锡着为文华殿大学士。进而断言：

不言而喻，就史料价值与可信度而言，《雍正朝起居注》当是远胜于《清世宗宪皇帝实录》、《清史稿》等，又联系到版本较早的台湾影印本《清史列传》、《国朝耆献类征》等所记，则蒋廷锡大学士殿阁名号应为文华殿无疑。

按:《清世宗实录》卷六十七，雍正六年三月戊午（十三日）的记载是:“命户部尚书蒋廷锡为文渊阁大学士。”必须指出的是，起居注、实录、《清史稿》三者各不相同，各有价值；起居注成稿时间上要早，要原始些，但这绝不等于说，在“史料价值与可信度”上，“不言而喻”“当是远胜于”实录与《清史稿》。冯尔康曾比较过雍正起居注和实录的记载，说:“‘起居注’比‘实录’成书早，可靠性要大些。”①“可靠性要大些”，而不是绝对可靠，这是平允之论。也就是说，只据一条起居注材料就否定实录的记载，断言蒋廷锡乃文华殿大学士，从逻辑上讲是武断的，不尽合理。

下面利用一些档案资料做必要的补充。

雍正六年三月十二日吏部尚书福敏具题，蒋廷锡应为某殿阁大学士，恭请皇上钦定。十三日雍正帝下旨:“蒋廷锡著为文华殿大学士仍兼理户部尚书事务。”② 对比可知，起居注与此记载相同。

十三日当天，大学士蒋廷锡上奏谢恩:“主子施恩，将臣补放大学士，今又施恩，授文华殿大学士。”③

今天还能看到蒋廷锡在公文上的衔名。举三份代表性文件。清代三品以上官员每三年考核一次即所谓的京察，由官员直接向皇帝陈奏。雍正七年、十年逢京察之期。雍正七年三月初六日陈廷锡上奏，自署“文华殿大学士仍兼理户部尚书事加五级臣蒋廷锡”④。雍正十年三月初七日上奏，自署“经筵讲官 · 太子太傅 · 文华殿大学士 · 兼理户部尚书 · 管理三库事务 · 世袭一等阿达哈哈番加七级臣蒋廷锡”⑤。

---

① 冯尔康:《雍正传》，第 63 页，人民出版社 1985 年。

② 《雍正朝内阁六科史书 · 吏科》，第 40 册第 542 页。

③ 中国第一历史档案馆译编:《雍正朝朱批奏折全译》下册，第 1823 页，黄山书社 1998 年版。

④ 《雍正朝内阁六科史书 · 吏科》，第 47 册第 396 页。

⑤ 《雍正朝内阁六科史书 · 吏科》，第 67 册第 323 页。

另外，前文引述用的雍正十年十一月十五日蒋廷锡所上遗本署衔与三月初七日完全相同。

《张文》的论证虽不严密，但“蒋廷锡的大学士殿阁名号是文华殿，且始终未变”的结论是正确的。这种幸运，是因为文章所据起居注的记载在这一点上恰好无误。

（作者单位：中国人民大学清史研究所）

清代人口数量研究述评

◎胡恒

清代是中国人口发展史上的重要时期，不仅人口数量达到传统社会的顶峰，人口增长速度总体上也维持在一个较高的水平。清代人口数量究竟几何，又何以增长得如此迅速，这引起了人口史和清史学者的广泛兴趣。对于清代人口的研究，早在1949年之前即已开始。20世纪初，梁启超即撰写《中国史上人口之统计》一文，指出明清时期在内的人口数据“不足征信”[①]。30年代，王士达、陈长蘅等人口学家对宣统年间的人口普查数据进行了修正，为今天人口史工作者利用这批数据提供了便利[②]。40年代，赵泉澄利用清宫档案对王先谦《东华录》所载咸丰、同治两朝的“民数”进行校正[③]。罗尔纲《太平天国革命前的人口压迫问题》一文较为系统地研究论

① 梁启超:《饮冰室合集》第二册，卷10，中华书局1989年。

② 王士达:《民政部户口调查及各家估计》,《社会科学杂志》卷3第3期，卷4第1期；陈长蘅:《中国经济》第3卷《人口》，商务印书馆1934年。

③《咸丰东华录人口考正》,《齐鲁学报》1941年第1期;《同治东华录人口考正》,《齐鲁学报》1941年第2期。

证了太平天国革命前一百多年间清代人口增长的实际状况，考察分析了人口与耕地比例关系的发展演变，得出结论说：人口过剩确是太平天国革命的主因[①]，在20世纪末尚引起广泛争论[②]。这一时期对洪亮吉人口思想也开始有所关注[③]。总体而论，这一时期的人口研究还处于探索阶段，但数篇论文所探究的问题已建构起人口研究的宏观框架，即人口数据之校正、人口与社会变迁之关系、人口制度之变化及人口思想之探究。

1949年以后直至文革结束前，由于对马尔萨斯"人口论"的错误批判，人口史的研究处于停滞状态，清代人口研究更是无从谈起[④]。自上世纪70年代以后，随着国家人口政策的重大调整，人口史研究成为热点并逐步展开。历史学界、人口学界纷纷注目于此，海外亦投入相当力量，研究领域不断扩大，不仅传统的人口数量、人口制度、人口流动研究取得突出成就，人口结构、人口行为研究也取得重要进展，业已深入到婚姻、生育、家庭结构等微观领域，对于清代人口增长模式也提出新的论点，引发了学界的广泛争论；区域人口史等研究也陆续开展；人口研究的材料有所扩大，加强了对档案、玉牒、族谱的搜集和利用；海外人口学研究成果的引进，各类国际人口学会议的举办，促进了海内外的学术交流。

对于人口史研究来说，人口的数量变化是其研究的主要方面，因为这是人口其他方面变化的基础[⑤]。相较其他时代而言，清代的人口数据保存下来的最多，不仅《实录》、三部《大清一统志》、各地方志保存有大量的户口数据，而且清代的部分人口档案也被保存下来，这些历史记载的数据是否准确可用是研究清代人口史的关键和基础问题。研究者在收集整理这些人口数据之后，首要的工作就是确定人口数据的可靠性及其与真实人口数

---

① 《中国社会经济史集刊》第8卷第1期。

② 参曹树基、陈意新《马尔萨斯理论与清代以来的中国人口》第五节《马尔萨斯陷阱与中国计划生育》，《历史研究》2002年第1期。

③ 谭彼岸：《清代的人口问题与洪北江人口论思想》，《中央日报》1942年11月7日；张荫麟：《洪亮吉及其人口论》，《东方杂志》1926年第23卷第2号；陈长蘅：《洪亮吉之人口论及物竞论》，上海商务印书馆1930年。

④ 大陆所发表的学术论文仅见孙毓棠《清代的丁口记录及其调查制度》（清华大学《社会科学》第六卷第二期，1950年10月）一篇。

⑤ 葛剑雄《中国人口史》第1册《导论》，第14页，复旦大学出版社2002年。

量之间的关系，其次是关注这些原始数据是通过怎样的制度安排来形成的，对于人口制度的研究就显得尤为关键。学术界对于清代人口数量的研究集中于对“丁”的含义的探讨、人口数量的变化特别是清初人口的估算、人口数量变化原因的探究上，以下就笔者愚目所及予以简要阐述，遗漏之处尚多，敬祈专家指正。

（一）总体研究

就笔者所收集的学术信息而言，近几十年来，出版了数十部清代人口或与之密切相关的专著，如表 1 所示。其中最为重要的当属何炳棣《明初以降人口及其相关问题（1368~1953）》①。该书最为杰出的贡献在于它开创了通过追溯若干人口术语与制度内涵的演变来理解已有的清代人口数据，这一贡献主要体现在该书第 2 章《丁的实质》中。何氏通过大量零碎的数据证明，“丁”仅仅是一个赋税单位，与实际人口并无关系，为科学地探讨清代人口数据奠定了基础。在此基础上，第三章《1741~1775 年的人口数据》、第 4 章《1776~1850 年的人口数据》、第 5 章《1851~1953 年的人口数据》对各个时期人口数据的形成作了分析。可惜的是该书英文版早在 1959 年即由哈佛大学出版社出版，但由于国内外学术交流的滞后，直至 1989 年中译本才刚刚面世，不少国内人口学家在其著作中仍然沿用以人丁来估算清初人口的方法，或者虽得出近似的结论，但已较何氏结论晚了二十余年，做了不必要的重复性工作。

表 1　与清代人口研究有关的重要著作

书名	著者	出版机构	出版年份
Studies On the Population of China 1368~1953	何炳棣	哈佛大学出版社	1959
中国历代户口、田地、田赋统计	梁方仲	上海人民出版社	1980
中国农业的发展（1368~1968）	珀金斯	上海译文出版社	1984

① 葛剑雄译，三联书店 2000 年。英文版于 1959 年由哈佛大学出版社出版，中译本初版书名为《1368~1953 年中国人口研究》，上海古籍出版社 1989 年。

续表

书名	著者	出版机构	出版年份
中国人口史	赵文林 谢淑君	人民出版社	1988
中国人口发展简史	江　沨	河北人民出版社	1986
中国人口发展史	葛剑雄	福建人民出版社	1991
人口问题与近代社会	行　龙	人民出版社	1992
明清时期家族人口与社会经济变迁	刘翠溶	台湾“中研院” 经济研究所	1992
中国近代人口史	姜　涛	浙江人民出版社	1993
清代皇族人口行为和社会环境	李中清 郭松义等	北京大学出版社	1994
中国人口史	王育民	江苏人民出版社	1995
中国人口发展史	张呈琮	中国人口出版社	1998
人口与中国的现代化（1850 年以来）	葛剑雄等	学林出版社	1999
中国人口通史	路　遇 滕泽之	山东人民出版社	2000
十八世纪中国婚姻家庭研究——建立在 1781~1791 年个案基础上的分析	王跃生	法律出版社	2000
《中国人口史》第 5 卷《清时期》	曹树基	复旦大学出版社	2001
人类的四分之一：马尔萨斯的神话与中国的现实	李中清 王　丰	三联书店	2000
北京历史人口地理	韩光辉	北京大学出版社	1996
陕西历史人口地理	薛平拴	人民出版社	2001

美国哈佛大学学者珀金斯于 1969 年发表了他的经济史著作《中国农业的发展（1368~1968）》[①]。该书附录一《中国人口资料》中专列一节《清代人口统计（1644~1911）》探讨清代的人口数量问题。他通过 1850 年前国

① 该书 1969 年由爱丁堡大学出版社出版，宋海文译、伍丹戈校，上海译文出版社 1984 年。

内人口迁徙和战争的情况和1776~1850年的人口数据相核对，认为19世纪初期的总数的确大致反映了那个时期各省的真实人口数字,，主要例外是广东，可能还有四川。因其着力点在农业发展上，人口问题只是与之相关的一个因素而已，论证过程显得较为简略。

1992年行龙《人口问题与近代社会》是一部断代人口史研究专著，该书从社会史的角度对中国近代人口史进行了较为全面的考察，内容涉及人口数量、过剩人口、人口分布及流动、人口城市化、人口构成及近代人口思想等内容。

1993年姜涛出版了《中国近代人口史》一书，该书考察了清初至中华人民共和国成立前中国人口增减、地域分布、人口流动态势、农村与城市人口的构成、统治阶级的人口政策等内容，对于近代人口与历史的关系进行了初步探讨。该书对清代人口统计制度进行了深入探讨，指出1775~1851年间，清朝政府通过完善和加强保甲制度维持了经常性的人口统计。太平天国以后，受战争破坏影响的部分省份人口数据，根本没有建立在州县人口的清查和册报上，从而导致了人口数据的失实。该书附录部分《1749~1898年分省人口统计》对中国第一历史档案馆所藏清代户部历年的《汇造各省民数谷数清册》中的人口数据进行了整理，凡数据间有部分地区缺报、全省未报、部分府州厅县缺报者均在附注中说明，为清代人口史研究工作者利用户部《清册》提供了极大的便利。

2001年曹树基《中国人口史》第5卷《清时期》出版。该书在继承何炳棣《明初以降人口及其相关问题》一书中对于人口统计制度演变的分析基础上，对“丁的实质”是一种赋税单元这一命题从府级人口数据统计中加以证明，认为这是一个应当结束的讨论。该书注重人口数据的定量分析，收集了大量官修史书及档案材料，运用近三千种方志资料，利用“自下而上”的研究方法，全面复原了乾隆四十一年、嘉庆二十五年、咸丰元年、光绪六年、宣统二年各省分府人口数据，从而为估计各省乃至全国人口数据提供了扎实的基础。同时该书对太平天国战争、西部回民战争、光绪大灾中的人口损失作了估算，这种估算是建立在分府人口数据的考订之上，较前人从省级数据所得的各种估算数据显然更细致了。

此外，在各人口通史著作中，对于清代人口均有相当篇幅的论述。如葛剑雄《中国人口发展史》上编第二章第六节《清代：由户口登记向人口普查的转变》、中编《人口数量的发展及其变化特点》之第十章《清时期、民国》对清代人口统计制度及其数量变化、成因作了高屋建瓴式的论述；在他与侯杨方、张根福合著的《人口与中国的现代化（1850年以来）》一书中，对近代以来的中国人口数量、变化趋势及其成因均作了分析。赵文林、谢淑君、王育民、路遇、滕泽之在各自的人口通史著作中也有专门的章节讨论清代人口问题。

此外，人口史研究的一个新趋势就是区域人口史研究的兴起。这方面最早也是最出色的著作是韩光辉在博士论文基础上出版的《北京历史人口地理》一书，堪称城市人口史研究的典范之作。该书第三章第五节《清北京地区与北京城市人口规模》从户籍制度和户口统计特点入手，分别估算北京城市与北京地区的人口规模。该书对区域人口史研究的理论方法及其表现出的学术水平“已在很大程度上形成了对何炳棣研究成果和方法上的超越”[①]。其后出版的第二部区域人口地理著作是陕西师范大学薛平拴博士的《陕西历史人口地理》，该书第三章第三节专门探讨了清代陕西的人口规模，对于清初陕西人口规模，薛氏同意何炳棣关于“丁”是赋税单位，与人口无关的观点，没有采用很多学者习用的丁口比例法，而是采取“人口回溯法”，选取乾隆四十一年陕西人口数字为基数，计算出乾隆前期陕西人口平均增长率，再推算明末清初的陕西人口数。

可以看出，清代人口史研究已经突破传统的人口数字的考订的研究方法，微观人口史、区域人口史已逐步兴起，对于清代人口变动及其成因的研究也有了新的解释。不同的学术观点彼此争论，促进了整个清代人口史研究的繁荣。同时，由于清代人口它所体现出的中国人口体系及其背后的经济因素，为理解中国古代的经济发展模式以及与西欧模式的比较研究上所具有的重要意义，使得对于清代人口的关注已不仅局限于国内，而且吸引了海外汉学研究的力量；不仅引起了人口学家、清史学界的重视，而且

① 曹树基《中国人口史》第5卷《清时期》，第8页。

日益激起经济史家的关注。

（二）丁的含义及清初人口之估计

清前期顺治、康熙、雍正三朝户口统计数据，保存在《实录》及康熙《会典》中，称“人丁户口”若干，这些人丁数据是通过人口编审制度统计出来的，它继承自明代的人口编审制度。对于如何理解和运用这些人丁统计数据，学术界大致形成四种意见①：

第一种意见是人丁就是人口，人丁数字就是人口数字。如谢忠梁《中国历代人口略计表》：“清朝建立初年，全国人口据记载才一千多万，到康熙二十三年（1684 年）才超过二千万人。”，这就是把《清实录》所记载的“人丁户口”直接当作人口数字来计算了。

第二种意见是把丁看成户，认为人丁是从纳粮户中产生的，一般一户一丁，故丁额等于或大体等于户数。持这种观点的学者，把丁额等同于户数，再按某种户与口的比例，以户数（丁额）推算口数。他们或认为每户平均 5 口，或 6 口，或认为 5.5 口，但都把丁数理解为户数；

第三种意见认为，丁即不是口，也不相当于户，丁就是丁，是指承担赋役的人丁。孙毓堂等认为顺、康、雍三朝人丁数即十六岁以上至六十岁的成丁男子数②。马小鹤指出《清实录》顺治八年至雍正十二年的数字是指男丁，乾隆六年以后的数字指总人口，二者不可直接比较③。叶建华认为清代从“顺治八年至雍正十二年一直采用人丁统计法，即只统计 16~60 岁的男性”④。蒋建平认为乾隆六年以前所谓“人丁户口”数，实际上就是丁数，清代所谓的丁就是指 16~60 岁的成年男子，根据丁与口之间 1: 5 的比例，可以推算出清初各年人口数⑤。胡焕庸认为清初丁数是指每户所出壮丁人数，只指成年男子可任军役和劳役的数字，每户丁数平均只有一至二人，而人

---

① 参考薛平拴《陕西历史人口地理》第三章《历代人口规模》，第 194 页。

② 孙毓棠、张寄谦:《清代的垦田与丁口的记录》，《清史论丛》第一辑，第 114 页，中华书局 1979 年。

③ 《清代前期人口数字勘误》，《复旦学报（社会科学版）》1980 年第 1 期。

④ 《论清代浙江的人口问题》，《浙江学刊》1999 年第 2 期。

⑤ 《清前期人口迅增的原因及其对社会经济发展的影响》，《北京大学学报》1987 年第 6 期。

口总数每户平均都在五人左右[①]。赵文林、谢淑君则认为所谓“人丁”就是载人户册，负有赋税义务的男性劳动者。户册人丁数不是全部人口数，也不是全部成年男子的数目，要按一定比例换算成口数，这个比例就叫“口丁比”，即平均每个户册人丁相应有多少实际人口，一般来说，每户一丁，口丁比接近一比五[②]。周源和利用丁与口一比五的比例估算出顺、康、雍三朝全国人口数[③]。郭松义也指出雍正朝以前与乾隆朝以后的人口计算方法不同。前者是计算缴纳丁银的人数，这时是十六岁至六十岁为丁，乾隆的数字则是全部人口数，他对山东、山西、河南、陕西、安徽、浙江、江西、福建、湖北、湖南、广西、广东、云南13省42府（州、县）志中备载的“户”、“口”、“丁”者进行统计，每户丁口比例为1:3.45，考虑其他因素，可确定丁口比例为1:4，并估计顺治初年人口为四千万左右，康熙初年则增至八千万左右，雍正初年为一亿人左右[④]。王育民采用这一比例推算顺治年间的全国人口数[⑤]。路遇、滕泽之同样认为清代前期全国性的人口统计数字，都不是包括男女老小在内的人口数，而是缴纳赋税的人丁数，清朝成丁年龄为16岁至59岁的男性，按照31∶100的丁口比可推算顺治十八年全国约28116881丁，折算人口90699616[⑥]。可以看出，持这种意见的学者均大致同意丁是指16~59岁的成年男子，而且均认为可以按照一定的比例推算出清初人口，只是个人所据以推算的比例不同，或1:4，或1:5，或31∶100等。

第四种意见以美国学者何炳棣为代表，他在名著《明初以降人口及其相关问题（1368~1953）》第2章《丁的实质》中指出清代文献所载“人丁”并不是原来意义上的人丁，“既不是人口数，也不是户数或纳税的成年男子数，只不过是赋税单位”，它与实际人口已没有内在的联系，不能作为推算人口的依据，葛剑雄、曹树基、高王凌、潘喆、陈桦、骆毅、姜涛等

① 《中国人口史提要》，《人口研究论文集》第2辑，华东师范大学出版社，1983年。

② 《中国人口史》，第386页。

③ 《清初人口统计析疑》，《复旦大学学报》1980年第3期；《清代人口研究》，《中国社会科学》1982年第2期。

④ 《清初人口统计中的一些问题》，中国人民大学清史研究所编《清史研究集》第二辑，中国人民大学出版社1982年。

⑤ 《中国人口史》，第480页。

⑥ 《中国人口通史》，第807页，山东人民出版社2000年。

均赞同此说[①]，陈锋也在何著中译本出版之前撰文得出与何著类似的结论[②]。曹树基根据省一级的人口数据，进一步证明了丁即纳税单位，与人口无关[③]。姜涛《清代人口统计制度与1741~1851年间的中国人口》指出所谓的“人丁户口”并不是成丁，即16岁到60岁的男性人口的统计，而是一种纳税“法人单位”的汇总。由于它的总数是预定的，所以区别于正常的人口统计；又由于它必须转化为具体的人户姓名，即落实到具体人头，所以又不是丁赋本身。清代前期对“人丁户口”的编审，实质上就是由州县地方政府核准、登记或变更这种纳税“法人”单位的过程。“人丁户口”的统计，与人口的实际增长没有任何关系，因此不能按一定的比例(即所谓“丁口比”)折合成人口[④]。

目前何炳棣的结论经过曹树基等人的进一步探讨，已经得到众多学者的认同，曹树基认为这是一个可以结束的讨论[⑤]。但何氏对“丁的性质”的讨论是建立在不完整的县级数据上，曹树基对此提出了批评，并试图以省级为单位讨论清初人丁的性质，在一个更大的角度上证明何炳棣的观点[⑥]。余艳在全面查阅直隶地方志的基础上，对此提出质疑，她揭示出清初直隶大部分地区的“原额人丁”均是三等九则丁折算下下丁数所得，各地折丁比率差异很大，府级数据是在性质不同的折丁数据上相加而成，建立在省级或府级人丁数据基础上的研究是不妥的[⑦]。

但对清代复杂的人丁统计制度做简单化、标准化的处理也并不妥当，对各个区域户口统计制度的研究将是从整体上进一步深入探析清代户口制度的根本。陈桦《清代四川的户口统计制度》已敏锐意识到人丁编审在不

---

① 葛剑雄:《中国人口发展史》；曹树基:《中国人口史》第5册《清时期》；高王凌:《明清时期的中国人口》,《清史研究》1994年第3期；潘喆、陈桦:《论清代的人丁》,《中国经济史研究》1987年第1期；骆毅:《清朝人口数字的再估算》,《经济科学》1998年第2期。

② 《也谈清初的人口统计》,《平准学刊》第5辑，光明日报出版社，1989年。

③ 《清代前期“丁”的实质》,《中国史研究》2000年第4期。同样见其《中国人口史》第5卷《清时期》第1章第2节《关于丁的实质》，并认为丁的实质是一个“应当结束的讨论”。

④ 《近代史研究》1990年第5期。又见氏著《近代中国人口史》。

⑤ 见曹树基《中国人口史》第5册《清时期》，第51页。

⑥ 曹树基:《中国人口史》第5册《清时期》第1章第4节《应该结束的讨论：丁的实质》。

⑦ 《清初直隶“原额人丁”的性质》,《中国农史》2006年第3期。

同阶段、不同区域存在很大差异，他以四川为例，将户口统计制度分为顺治年间至雍正十年的“以粮载丁”法，雍正十年至乾隆五年“按户核丁”法，乾隆六年以后的保甲统计法[①]。其另文《语言与历史：清代“人丁”概念的异变》从“人丁”概念产生及其内涵异变角度考察，指出清代人丁类型多样，不仅有等则丁，还有户丁、田丁、粮丁、朋丁，认为清代“人丁”的概念在不同的地区有不同的解读，在许多地区，“人丁”的载体已非实际存在的已到成丁年龄的自然人，其结果必然是人丁与纳税义务的分离，以及人丁数量统计的失实[②]。

在保存至今的关于人口资料的文献中，三部《大清一统志》记载了一系列系统的人口数字。研究者从其中若干记录人口数字的术语涵义入手，揭示了这些人口数字的来源与性质问题。张鑫敏、侯杨方对三版《大清一统志》中所记载的“原额人丁”进行了彼此间的比较及与地方志之间的对校，认为所谓“原额人丁”在三部《一统志》中除少部分相同外，多数记载前后缺乏一致，其数字来源复杂多样，编纂过程中又存在很多技术性错误，因此在研究中不宜直接引用[③]。张鑫敏又以江苏为例，探讨了嘉庆重修《大清一统志》中“滋生男妇大小”一词的涵义，提出“滋生男妇大小”是民数汇报与人丁编审的人口产物的假说，这一数字并非嘉庆年间民数或男丁数本身，而是《一统志》编纂者主观编造的结果[④]。

（三）人口资料的辑录、考订

清代全国性的人口数据多保存在《实录》、《会典》、《一统志》中，不少学者致力于收集、整理这些人口数据，为进一步利用、研究提供了便利，这方面成绩最突出的是梁方仲所编制的《中国历代户口、土地、田赋统计》，作者分门别类，将历代户口、土地、田赋数据经过考核测算，综合编辑为二百多份表格，其中有关清代人口的表格共有 15 个，分别是：（1）清

① 《清史研究通讯》1989 年第 3 期。

② 《清史研究》2006 年第 4 期。

③ 《〈大清一统志〉中“原额人丁”的来源——以江南为例》，《清史研究》2010 年第 1 期。

④ 《〈大清一统志〉中“滋生男妇大小”考——以江苏为例》，《中国经济史研究》2012 年第 3 期。

顺治、康熙、雍正三朝的人丁及田地数；（2）清顺治、康熙、雍正三朝每朝及每十年平均人丁数、田地数及每丁平均亩数；（3）清乾隆、嘉庆、道光三朝的人口数及存仓米谷数—附记明万历初年各直省积谷数及清乾隆年间各直省存仓米谷数；（4）清咸丰、同治两朝的人口数；（5）清顺治、康熙、雍正、乾隆（初、中期）四朝各直省人丁数；（6）清顺治、康熙、雍正、乾隆四朝各直省人丁数占其总数的百分比；（7）清顺治、康熙、雍正、乾隆四朝各直省人丁数的升降百分比；（8）清乾隆十八年各直省户、丁口数及每户平均丁口数；（9）清乾隆（后期）、嘉庆、道光、咸丰四朝各直省丁口数；（10）清乾隆（后期）、嘉庆、道光、咸丰四朝各直省丁口数占其总数的百分比；（11）清乾隆（后期）、嘉庆、道光、咸丰四朝各直省丁口数的升降百分比；（12）清同治、光绪两朝各直省口数；（13）清宣统年间调查（公元1912年汇造）；（14）清代各直省人口密度；（15）清嘉庆二十五年各府州人口密度。基本囊括了文献所见各类人口数字[①]。严中平编辑《中国近代经济史统计资料选辑》辑录了与近代经济史有关的一些统计资料，附录部分为《清代乾、嘉、道、咸、同、光六朝人口统计》，辑录了1786~1898年间清代人口数字，其资料来源是故宫所藏《户部汇题各省民数谷数清册》[②]。孙毓棠《清代的垦田与丁口的记录》表二为《顺治康熙雍正三朝历年人丁表》，表三为《乾隆至光绪朝历年人口表》，据作者介绍，“这两个表的编制所根据的资料是《清实录》,《东华录》,《东华续录》，雍正乾隆嘉庆光绪四朝的《大清会典》,《清朝通志》,《清朝通典》,《清朝文献通考》,《清朝续文献通考》，俞正燮《癸巳类稿》，故宫户部档案，和其他一些零星资料”，各书所载相同年份的人口数据异同皆作“备考”[③]。张燕《〈清实录〉有关中国人口总数资料》整理了《清实录》中记载的乾隆、嘉庆、道光、咸丰、同治五朝的人口总数资料，乾隆朝自乾隆六年至六十年的55个数据、嘉庆元年至二十五年的25个数据、道光元年至三十年的30个数据、咸丰元年

① 上海人民出版社1980年。
② 科学出版社1955年。
③《清史论丛》第1辑，中华书局1979年。

至十一年的 11 个数据、同治元年至十二年的 12 个数据[①]。

另外，在人口数据的 GIS 化方面也有进展。侯杨方建立了一套“中国人口地理信息系统”，其中关于清代的人口数据包括 1820 年中国分府人口地理信息、1911 年中国分府人口地理信息及清代江苏、浙江、四川布政使司“原额人丁”数[②]。

（四）关于清代人口数值的若干估算

关于清初人口数量的计量问题，吴慧在《清代人口的计量问题》一文中作了阐述，大致有五种方法：丁口折算，用各时期人口增长率推算，用可靠时期的人口增长率来推算隐漏人口较多时期的人口，用人口递减率进行回溯，用乾隆朝的人口数据回溯清初人口。以上所述五种计量方法均存在不足，作者提出利用人口隐漏率来逆推清初人口的新方法[③]。可以看出，由于对户口统计制度的理解不同，所掌握的人口数字来源不同、计量方法不同，导致对清代人口数值的估算也有一定的差异。今以若干重要清代人口史著作中对清代人口数值的估算做一简要梳理。

何炳棣《明初以降人口及其相关问题（1368~1953）》第三章《1741~1775 年的人口数据》、第 4 章《1776~1850 年的人口数据》、第 5 章《1851~1953 年的人口数据》对各个时期人口数据的形成作了估算，其结果如下表，可简化为

年份	人口估计数（亿）
1700	1.5
1779	2.75
1794	3.13
1850	4.3

① 《西北人口》1981 年第 1 期。

② 网址：http://cpgis.fudan.edu.cn/cpgis/default.asp。

③ 《中国社会经济史研究》1988 年第 1 期。

美国哈佛大学学者珀金斯《中国农业的发展 –1368~1968》附录一《中国人口资料》中专门一节《清代人口统计（1644~1911）》探讨清代的人口数量问题。表附 1~7《人口（1393~1953）》中有关清代人口数据如下：

年份	实际人口（百万）
1650	100~150
1750	200~250
1850	410±25
1873	350±25
1893	385±25

行龙《人口问题与近代社会》是一部断代人口史研究专著，该书从社会史的角度对中国近代人口史进行了较为全面的考察，内容涉及人口数量、过剩人口、人口分布及流动、人口城市化、人口构成及近代人口思想等内容[①]。对清初人口数字，其估值如下：

年份	人口（万）
1651	5300 余
1840	41281.4818
1851	43189.6000
1867	25595.7082
1875	32265.5781

姜涛《中国近代人口史》一书，该书考察了清初至新中国成立前中国人口增减、地域分布、人口流动态势、农村与城市人口的构成、统治阶级的人口政策等内容，对于近代人口与历史的关系进行了初步探讨。作者的估值见下表：

① 人民出版社，1992 年。

年份	人口（亿）
1650	0.9
1680	1
1700	1.3
1720	1.6
1740 年前后	2
1850	4.5
1870	3.7
1885	4
1900	4.43

葛剑雄《中国人口发展史》上编第二章第六节《清代：由户口登记向人口普查的转变》、中编《人口数量的发展及其变化特点》之第十章《清时期、民国》相关估值为：

年份	估计人口数（亿）
1655	1.19
1684	1.3
1865	3.18
1911	4.0

2001 年曹树基《中国人口史》第 5 卷《清时期》对清代人口的估值可列表表示为[①]：

年份	人口修正数（万）
1678	16000.0
1776	31146.5
1820	38310.0
1851	43608.7
1910	43604.2

① 该书第 703、704 页表 16~2《清代中期至 1953 年中国分省人口》。1678 年数据据该书 706 页。

侯杨方《中国人口史》第6卷涉及到对宣统人口调查的评价与估计。宣统三年的人口调查没有最终完成，王士达、陈长蘅均据原始材料对该数据进行了估计和复原[①]，侯杨方进行了新的修正，三者对1911年初的人口统计资料修正数如下。侯杨方根据上述修正数，并加上漏报的800万边远少数民族地区的人口数，估计1911年初全国人口数约为4.1亿。

研究者	估计数
王士达	372563555
陈长蘅	347902656
侯杨方	364952607

路遇、滕泽之《中国人口通史》中的相关人口数估值为[②]：

年份	人口修正数（万）
1661	8489.9616
1671	9419.6124
1681	9935.3362
1691	11023.9155
1701	12231.0342
1711	13570.3324
1721	15056.2838
1731	16704.9469
1741	18534.1386
1751	20563.6268
1761	22815.3439
1771	25313.6241
1776	26730.2310

① 王士达：《民政部户口调查及各家估计》，载《社会科学杂志》卷3第3期，卷4第1期；陈长蘅：《中国经济》第3卷《人口》，商务印书馆1934年。

② 表41《清朝前期人口推算》，第837页。

此外，若干论文也涉及到清代人口的估计，择要列于下：王跃生《18世纪中后期中国人口数量变化研究》[①]：

年份	估计数
1741	163696813
1751	188519685
1761	217108220
1771	250321347
1799	369050057

高王凌《明清时期的中国人口》[②]估计数为：

年份	估计数
1682	7000~8000 万
1700	9000~10000 万
1750	20000 万左右
1800	超过 30000 万
1850	40000 万以上

以上述几个具有代表性的人口估计数分析如下：

1. 清前期（1644~1741）清代人口统计的是“人丁数字”，故对其人口的估计数主要有两种途径：①以人丁比例计算，或 5:1、或 4:1、或 3:1，或是其他比率，这种估计方法已基本被学术界抛弃；②以较可靠的乾隆六年或四十一年人口数字进行修正后，依照其后各年较可靠的人口增长率回溯，得出清初人口估计数，但因各家赖以回溯的起始数据即有各种修正数，且人口增长率各家统计亦不相通，故估计数仍有一定程度的差异，但均在一个较小的波动范围内。如 1700 年的数据，各家估计数如下[③]：

① 《中国人口科学》1997 年第 4 期。

② 《清史研究》1994 年第 3 期。

③ 李中清、王丰关于 1700 年人口估值的数据来源于《人类的四分之一——马尔萨斯的神话与中国的现实（1700~2000）》，第 40~41 页，三联书店 2000 年。

研究者	1700 年人口估值（亿）
何炳棣	1.5
姜涛	1.3
路遇、滕泽之	1.2
高王凌	0.9~1.0
李中清、王丰	1.6

2. 乾隆六年（1741）后，不再进行人丁编审，各省等记“大小男妇”数，尤其是乾隆四十一年后，基本可以认为统计的是实际人口数，但因漏报及宗室、贵族、僧道、兵丁、少数民族等不在统计之列，故对此年之后的人口估值仍有赖于对《实录》、《户部清册》的整理、修正与漏报人口的估计，并以较为可靠的 1953 年新中国人口统计数据进行回溯比对。漏报人数虽总量可观，但与全国总人口相比，所占比例较小，其估值最基本的数据仍是清廷所留下的各类人口数字，故总体而言，各家估值间的差别并不大。以 1776 年前后及 1911 年人口估值为例：

研究者	1776 年前后估值（亿）	1911 年前后估值(亿)
何炳棣	2.75	
姜涛	2	4.05~4.20
曹树基	3.11	4.36
路遇等	2.67	
王跃生	2.50	
高王凌	2.50	
葛剑雄		4.0
侯杨方		4.14

3. 关于宣统人口调查的争论。光绪三十一年（1905）以后，清政府试行宪政改革。三十四年于内务部下设立了统计司，同年该司制定了一个在全国进行首次人口普查的六年计划，并向各省发出普查的标准表格详细指

示，要求各省政府统计出所有男女老幼的数目并分别统计出男性和学龄儿童的数目，至1911年完成了首次“现代”人口统计。对该次人口普查的效能和结果，中国学者进行了较深入的探讨。王士达对全国人口总数作了最扎实的研究，他的结论是1911年的人口普查，尽管存在缺点，但这是一次真正的深入民间的普查，绝非凭空捏造[①]。何炳棣则认为“从省到地方的整个普查系统充其量只是拼凑起来的”，“所谓1908~1911年普查和民国初期的普查在大多数地方是由县政府和乡绅进行的，或者不如说是由他们随意编制的”，“接受1908~1911年普查的结果”具有危险性[②]。米红则认为“尽管由于时代的局限，这两次人口调查资料具有这样或那样的不完整性或残缺性，但是这些资料毕竟是最大限度反映了清末民初人口状况的原始人口资料，两次调查资料中的户数与口数有较高的利用价值”[③]。侯杨方《宣统年间的户口调查及全国人口数的估计》就何炳棣所引之例进行了深入分析，认为何的例证“仅涉及个别局部地区，且无实际的论证过程，且以此来全盘否定整个调查是不足的”，并对陈长蘅的民国元年内各部汇造宣统年间民政部调查户口统计表进行了校正[④]。文静对此次调查中新疆的人口逐项进行了分析，认为其户均口数还可以接受，出生率、死亡率则不足信，性别比则略偏高，并推算出其实际值可能在109.9~112.7之间，并在上述分析基础上，推算出新疆当时的人口当在231~233万之间，宣统调查数据“并非胡拼乱凑，而是有一定的可信度”[⑤]。

（五）区域人口数量研究

可靠的全国性人口数据的研究必然建立在对各区域人口数量研究的基础上。近年来，区域人口史研究勃兴，研究成果众多。兹择要绍介如下：

---

① 王士达：《民政部户口调查及各家估计》，《社会科学杂志》卷3第3期，1932年；第4期，1933年。

② 何炳棣：《明初以降人口及其相关问题（1368~1953）》，第86~93页。

③ 米红、李树茁、胡平、王琼：《清末民初的两次户口、人口调查》，《历史研究》1996年第2期。

④《历史地理》第15辑。又参见氏著《中国人口史》第6卷《1910~1953年》第2章《宣统人口调查》。

⑤《对清末民初两次人口调查的分析——以当时新疆人口为中心》，《西北史地》1998年第4期。

北京　韩光辉《北京历史人口地理》是分省人口地理研究的代表之作，其中清代所占的比重较小。韩氏在深入探讨了北京城市户口地域构成的基础上，分三个不同的地域单元，即内城、外城、城属（即郊区），系统地研究内城八旗户口、外城城市居民户口与郊区户口的构成及其演变，得出顺治四年、十四年，康熙二十年、五十年，乾隆四十六年，光绪八年，宣统二年共七组数据，对清初北京城市与北京地区户口、清代控制北京城市户口规模所采取的有效措施及其社会效果进行了系统的研究，均取得创造性成果。这一研究，对全国其他地区人口地理的研究具有示范意义。王均《1908 年北京内外城的人口与统计》研究了 1908 年北京内外城人口分布、城市人口职业结构、八旗户口与旗人职业结构、清末北京的人口统计与户籍结构等内容，分析了北京城向半殖民地化近代城市过渡时期的城市人口的基本特征[①]。

陕西　薛平栓《陕西历史人口地理》系统研究了今陕西区域历代人口规模及变迁大势，其中第三章第三节是《清代人口规模》。作者对清代典籍中所记载的户口数进行了评价，指出就清代陕西人口而言，以《清朝文献通考》所载乾隆年间口数及《嘉庆重修一统志》、《秦疆治略》所载口数质量较高。并以较为可靠的乾隆四十一年人口回溯，估算出康熙二十一年陕西人口为 401.2 万人。对清代中期、末期的人口数据也做了校正和估算，指出《嘉庆重修一统志》所记载的数字较为可信，而光绪、宣统年间的《户部清册》、《清史稿》所记载的人口数字并不准确，作者利用 1953 年的人口统计数据，回溯 1911 年陕西人口约 1059~1096 万，得出结论：明清之际陕西人口的谷底，大约出现在顺治十一年，其后渐有增长，峰值出现在道光三十年，同治年间及光绪初年，陕西人口由于连年战乱和严重的自然灾害而大幅度下降，至清末约一千余万人[②]。钞晓鸿《清代前中期陕西人口数字评析》利用方志资料，对清代陕西人口数字真伪疏漏进行了评析[③]。

---

① 《历史档案》1997 年第 3 期。

② 人民出版社 2001 年。该书部分内容以单篇论文形式发表:《见于记载的明清陕西人口数据及其评价》,《陕西师范大学继续教育学报》2002 年第 1 期。

③ 《清史研究》2002 年第 2 期。

贵州　蒋德学对清初贵州人口进行了探讨，分析了清初贵州人丁及其统计数字偏低的原因，就清初贵州人口的增长作了估算：1661 年为 600000 人、1685 年为 779400 人、1696 年为 876675 人、1724 年为 1174000 人、1732 年为 1363435 人①。杨斌对此提出不同意见，在对《清文献通考》、康熙、乾隆《贵州通志》所载丁口数据进行修正的基础上，认为清初贵州人口不是六、七十万左右，也不是一百万，而是二百万左右②。他还对康熙、乾隆《贵州通志》所载康熙十一年、雍正十年贵州各府人口数作了修正。在此基础上，计算了贵州各府不同阶段的人口密度，指出贵州人口的空间变化经历了两个阶段：从清朝初年到乾隆前期，由于近百年的战乱，贵州的人口主要分布在以黎平为主的边缘地区；从乾隆后期到嘉庆年间，由于社会环境和平稳定，社会经济得以恢复和发展，贵州人口分布重心从以黎平为主的边缘地区转移到黔中地带③。

山西　李玉文《山西近现代人口统计与分析》第一编《近代人口（1840~1911）》与清代有关，共分四章：近代人口概况；近代户口分布；户口密度；光绪十年户口比重。

广西　郑维宽通过对广西地方志资料的梳理和辨析，指出土司地区基本上不进行户口编审，在汉族聚集区，户口的编审也多失实。乾隆十四年后，虽然官方户口数字总体上较为接近实际，但如果具体分析各府州县的册载户口数，仍然可以发现大量问题，需慎重使用④。

台湾　孔立对 1683、1762、1782、1811、1840、1893 六个年份台湾人口数量进行了估算，认为乾嘉时期台湾人口增长有两个特点：乾隆后期至嘉庆前期增长率高于乾隆前期和中期；台湾人口增长率高于全国，而增长最快的年份比全国稍晚。之所以出现这些特点，与人口移入大有关联⑤。唐立宗根据陈绍馨《台湾的历史变迁与人口变迁》一文的研究编绘了

---

① 《清初贵州人口考》,《贵州社会科学》1982 年第 4 期。

② 《清代前期贵州人口资料辨析》,《中国人口科学》1996 年第 4 期。

③ 《清代前期贵州各府人口资料辨析》,《贵州社会科学》1995 年第 2 期;《清代前期贵州的人口分布变迁》,《贵州社会科学》1999 年第 1 期。

④ 《照抄还是扬弃：明清时期广西户口数字辨析》,《河池学院学报》2007 年第 4 期。

⑤ 《清代台湾人口的几个问题》,《厦门大学学报》1986 年第 4 期。

“清代台湾人口统计”，共图两幅，分别呈现嘉庆十六年和光绪十九年台湾各县人口数，实现了台湾人口数据的电子化[①]。

江苏 顾纪瑞、唐文起《江苏省近三百年人口变化的分析》将乾隆二十二年（1757）至1978年间江苏人口增长划分为七个周期，指出乾隆、嘉庆、道光三个时代江苏人口增长率逐步回落，咸丰至光绪初，江苏人口剧减，系太平天国时期战争影响所致[②]。

浙江 陈侃章《诸暨乾隆朝人口析疑》针对《国朝三修诸暨县志》所载乾隆五十六年诸暨人口达九十五万，较1982年人口还多的原因进行辨析，认为这一庞大的人口数字既非诸暨疆域较今天为大而致，也非县志误刊，指出虽然其时诸暨县是否有九十五万多人，尚待进一步研究，但此时人口之多超过历史上任何一个时期则是没有问题的[③]。

河北 获鹿县保存有大量清代人口资料，散布在户口册、烟户册中，为研究清代人口问题提供了最直接的史料。江太新《清代获鹿县人口初探》一文依据《获鹿县档案》所载嘉道咸同四朝90个自然村101本烟户册籍所反映的人口问题，得出五个结论：（1）清代获鹿县家庭人口的构成以四人户区为主，且有逐渐小型化的趋势；（2）户均人口4.86人；（3）男女比例失调，男多女少；（4）各村之间人口自然增长率差距较大；（5）成年男女（大口）与少年儿童（小口）分别占总人口的72.93%、27.07%；（6）城镇人口的增多反映了商品经济的发展[④]。

四川 施坚雅《19世纪四川的人口——从未加核准的数据中得出的教训》对中国第一历史档案馆所藏《四川通省民数册》的整理和辨析，得出三点结论：1、统计中部分原始数据出现抄写与核对错误；2、1887年县级数据几乎被夸大十倍，是不可靠的；3、1822年以后的人口数据是拼凑而成的，分析得出《嘉庆四川通志》中的人口数据很可能是1812年的人口数，

① http://thcts.ascc.net/template/sample6.asp?id=rc10，陈绍馨书1979年由（台北）联经出版事业公司出版。

② 《南京师大学报》1981年第4期。

③ 《浙江学刊》1985年第4期。

④ 《中国经济史研究》1991年第2期。

也是后来一系列数据的起点，这个数据虽有错误，但并不是伪造的[①]。刘铮云对台湾史语所所藏《乾隆六十年分四川通省民数册》进行了细致研究，得出三点结论：一、乾隆六十年分民数册的造报过程是相当严谨的；二、从户均口数和人口性别比两项指标看，乾隆六十年的户口数据要比道光以后好得多；三、乾隆六十年至嘉庆十七年及乾隆六十年至道光二年的人口年平均增长率，“高得与我们对传统农业社会人口成长率的认识有相当的距离”，《乾隆民数册》中的数据也存在一些问题[②]。曹树基《清代中期四川分府人口——以1812年数据为中心》依据县志对施坚雅视为数据可靠的《嘉庆四川通志》中1812年人口数据进行了分析，证明嘉庆《四川通志》既存在对一大批县级户口的浮夸，也存在对一大批县级户口的低估，不加分析地使用嘉庆十七年户口数据仍是不妥当的。张鑫敏利用府州县志、《赋役全书》及各类人丁题本及民数谷数奏折，分析了清代四川三部省志所载人口数字的来源，探讨了清代四川人口统计制度的变化，强调了“户”在人丁编审和民数汇报中的作用，尽管“户”的真实涵义复杂多样[③]。

江西　曹树基《清代中期的江西人口》借助光绪《江西通志》所载清代中期江西分县户口数据与嘉庆《大清一统志》所载江西分府户口数据进行对勘，依据判别文献所载户口数据真伪之若干原则，即户均人口分析法、性别比分析法、区域类比法、区域人口比例分析法，对历史文献人口数据加以修正，复原乾隆四十一年（1776年）及道光元年（1821年）江西分府人口[④]。

甘肃　路伟东、王新刚《晚清甘肃城市人口与北方城市人口等级模式——一项基于宣统“地理调查表”的研究》利用宣统人口调查原始档案中的分村数据，对晚清甘肃63座行政治所类城市的人口和规模进行了汇总，

① 《中华帝国晚期城市研究——施坚雅模式》，吉林教育出版社，1991年，第232~301页。

② 刘铮云：《清乾隆朝四川人口资料检讨：史语所藏〈乾隆六十年分四川通省民数册〉的几点观察》，台湾“中研院”历史语言研究所编：《中国近世家族与社会学术研讨会论文集》，1988年版。原文未见，此转引自曹树基《清代中期四川分府人口——以1812年数据为中心》（《中国经济史研究》2003年第1期）。

③ 《清代四川人口统计制度新探——以省志所载人口数字为中心》，《清史研究》2014年第1期。

④ 《南昌大学学报（人社版）》2001年第3期。

指出不存在城市人口与行政等级相吻合的城市人口等级模式。[①]

满洲 张士尊《明清战争爆发前人口数字小考》一文将万历四十六年满洲人口分为四个部分：建州各部原有人口；海西哈达、辉发、乌拉三部南迁人口；朝鲜北部西迁人口；征服东海各部俘获的人口分别作了估算，认为明清战争爆发前，努尔哈赤共聚集了约 17~18 万人口[②]。陈佳华、傅克东依据满洲牛录数量推算兵丁数，并以 1∶5 的比例估算人口数，根据《八旗通志》有关牛录数，估算出 1616 年满洲建立前，有满族人口约 35 万[③]。

河西和西辽河流域 唐景绅对见于文献记载的清代河西人口进行了辨析，认为《甘肃新志》、《甘肃通志稿》所载河西户口是基本可靠的，《嘉庆重修一统志》的数据则偏高[④]。颜廷真等考察了清代 260 余年间西辽河流域蒙古族和汉族人口的变化，指出人口过快增长与环境恶化之间的关联[⑤]。

江南 李伯重提出，清代前中期江南人口增长速度不仅低于明代后期江南，而且也低于清代前中期中国其他地区。1680~1850 年间江南的人口成长率 (3‰) 约为 1700~1850 年间全国成长率 (6‰) 的一半。其原因是该地区人民，更愿采取各种手段控制人口增长，以保持他们的生活水准不降低。因此，经济原因是导致清前中期江南人口低速增长的主因[⑥]。

对于市镇、科举及少数民族、穆斯林人口也有专文探讨[⑦]。

---

① 《复旦学报》2015 年第 4 期。

② 《鞍山师范学院学报》2003 年第 5 期。

③ 《八旗建立前满洲牛录与人口初探》,《中央民族学院学报》1981 年第 1 期。

④ 《明清时期河西人口辨析》,《西北人口》1983 年第 1 期。

⑤ 颜廷真、白梅、田文祝:《清代西辽河流域人口增长及其对环境的影响》,《人文地理》2007 年第 2 期。

⑥ 《清代前中期江南人口的低速增长及其原因》,《清史研究》1996 年第 2 期。

⑦ 游欢孙:《近代江南的市镇人口——以吴兴县为例》,《中国农史》2007 年第 4 期；王跃生:《清代科举人口研究》,《人口研究》1989 第 3 期；何兴武:《辽宁锡伯族古今人口考》,《满族研究》1991 第 2 期；白初一:《清代归化城土默特两旗职官及户口初探》,《昭乌达蒙族师专学报》1992 第 1 期；秦和平:《论清代凉山彝族人口发展的原因及其相关的问题》,《民族研究》1992 第 1 期；周新会:《清雍乾时期青海藏族人口数量与分布》,《青海民族研究》1989 第 1 期；贾伟:《清代青海藏族人口数量历史考察》,《青海民族研究》2006 年第 2 期；路伟东:《清代陕西回族的人口变动》,《回族研究》2003 年第 4 期；余振贵:《清代中国穆斯林人口》,《中国穆斯林》2006 第 1 期，等等。

（六）人口变动及其成因探析

人口变动原因及影响　王跃生对18世纪中后期的人口数量变动进行了分析研究，探讨了这一时期官方人口统计中的漏报现象，并对《清实录》中所载人口数字进行了必要的校正[①]。史学界一般都认为清代丁税制度的改革是乾隆以来人口大增长的主因，方地则对这一说法提出质疑，认为此说无法解释某些重要史实。他根据康熙二十一年至道光十六年间人口增长的统计，提出摊丁入地实行期间，恰恰是人口递增速度最低的时期。他认为除影响中国封建社会人口消长的重要因素——赋役地租以外，康熙朝所奠定、经雍正朝至乾隆朝达一个半世纪连续执行的一系列具有重大意义的经济、政治政策，如蠲免、奖励垦荒、兴修水利等，也是清代经济发展、人口增长的重要原因。而耐旱高产的玉米、番薯等作物的引进和传播，使广大山地丘陵得以开发，扩宽了人口生存的边际范围，也支持了人口的进一步增长[②]。傅筑夫认为人口因素对中国封建社会的形成、发展以至“长期停滞”都有重大的影响。因为由于存在大量失业人口，既使需要有所增加，也可以用增加劳动人手的办法来加以解决，没有必要去改变生产设备。因此中国社会“不能迈进一个新的发展阶段”[③]。晁中辰也认为，清代前期由于“自由劳动者相对过剩，以致于严重地阻碍了技术的进步，从而阻碍了资本主义萌芽的成长”[④]。行龙在《人口压力与清中叶社会矛盾》一文中指出，从清代以来人口与土地的比例关系以及田价、粮价上涨的趋势来看，清中叶人口再生产与物质资料再生产之间确实存在着严重的矛盾。人民反抗斗争的次数同人口数量的增长有着一种正比例的关系，而与人均土地面积却存在着一种反比例的关系。而土地兼并的加剧也是在清中叶以来人多地少的矛盾日益尖锐的社会背景下进行的。一定数量的人口既是清中叶社会繁荣的原因，也是国力强盛的标志，但当清中叶全国人口总数突破3亿、4亿，

---

① 《18世纪中后期中国人口数量变动研究》，《中国人口科学》1997年第4期。

② 《清代丁税对人口作用我见——兼论清代人口大增长原因》，《中山大学学报》1986年第2期。

③ 《人口因素对中国社会经济结构的形成和发展的重大影响》，《中国社会经济史研究》1982年第3期。

④ 《清代前期人口激增对资本主义萌芽的阻碍》，《山东师大学报》1982年第1期。

而人均土地面积下降到3亩以下之时，人口因素对社会发展的推动作用就走向了它的反面。这不仅激化了当时的社会矛盾，成为导致大规模人民反抗斗争的酵母，而且一直是中国近代社会动荡不安的重要原因[①]。陈权清在《清代人口的增长与危机》一文中，考证了清代人口在编审统计中，存在人丁与人口混同不分的差错，造成雍正前与乾隆后的人口数目出现巨大差数，但这并不否定乾嘉以后人口突破四亿大关的事实。至于此期间人口之猛增，系由康雍乾盛世长达百余年，玉米、番薯的广泛种植，摊丁入亩和保甲户口册制的推行等四大因素所致。而随着人口的日益增多，清廷君臣一致认为出现了人口危机，并相继提出了缓解人口压力的办法，这说明以古为鉴，控制人口增长速度是忽视不得的[②]。陈丹指出，清前期的人口增长总规模是空前的，社会环境、政府政策、农业生产耕作技术的改进，尤其是新作物的引进，是导致清前期人口迅速增长的主要因素，这一趋势对社会的方方面面产生了深远影响[③]。张岩《对清代前中期人口发展的再认识》一文认为，明末清初之际的人口损益不会导致清初人口在总量上的急速下滑，乾隆时期官方记载人口数字的增加是由于人口统计标准变化所致，不宜过高估计“盛世滋生人丁、永不加赋”等农业政策或高产作物等救荒粮食的引进对人口增长的刺激作用[④]。闵宗殿《清代的人口问题及其农业政策》考察了清代人口猛增带来的问题以及解决人口问题的政策措施[⑤]。

太平天国战争中的人口损失　太平天国时期，中国究竟损失了多少人口，这是社会学家和历史学家共同关心的问题。最初的估计是当时在华的外国人士，数字有5000万、2000万，悬殊很大。1982年，周源和在《清代人口研究》一文中就太平天国前后全国人口锐减情况做了简单统计，归纳出12个变化不大的省份和8个变化剧烈的省份。他为这份统计说明：20年来有12个省区人口变动很小，死亡率与出生率基本相抵，属于战乱一般波及或很少波及地区。姜涛在《中国近代人口史》对太平天国中人口损失

① 《中国史研究》1992年第4期。

② 《湖南师大学报》1991年第6期。

③ 《清代前期的人口问题》，《山东社会科学》2001年第1期。

④ 《江汉论坛》1999年第1期。

⑤ 《清史研究通讯》1990年第1期。

提出很有影响力的观点，他指出大规模的动乱，已影响到户部《清册》的人口统计，以往直接利用统计数据来说明太平天国革命中的人口损失，其做法和结论都值得商榷。造成人口统计失实的原因并不仅仅在于何炳棣所指出保甲人口登记的短缺，而是有关省份的数据根本没有建立在州县人口清查和册报的基础上。他在另一篇论文《太平天国与晚清人口》一文中认为现在对于太平天国人口损失估计莫衷一是，难以适从，最可靠的办法是重新收集积累资料，建立起按二级政区（府、直隶州、直隶厅）的人口分布及人口损失资料，在此基础上运用人口统计学的方法进行估算[①]。葛剑雄、侯杨方、张根福在《人口与中国的现代化（1850年以来）》中估计太平天国人口损失数至少在一亿以上，直接造成的过量死亡人数达7000万。曹树基对太平天国人口损失问题研究得最为细致，他利用3000多种方志资料，重建了府级人口发展序列，在此基础上，指出太平天国中作为主要战场的江苏等七省人口损失达7330万，如果加上其它省份，人口损失会更高。此外，对于太平天国战争兴起的原因及战争中引发的人口迁移，学界也有不少研究，可参见华强、蔡虹俊《太平天国时期人口损失问题》[②]。

咸同年间人口损失 清同治年间，地处西北的陕、甘两省人口下降1500万之巨，为历史所罕见，是近代中国人口继咸丰年间大幅度下降后的又一次锐减。杨志娟《清同治年间陕甘人口骤减原因》分析指出战乱以及频繁的灾荒是造成这次西北地区人口骤减的主要原因[③]。战争时期鼠疫的流行往往带来大规模的人口死亡，李玉尚、曹树基《咸同年间的鼠疫流行与云南人口的死亡》利用20世纪50年代鼠疫专业人员所作的调查报告，估算出战争期间的鼠疫死亡人口数达147.2万人，在整个战争人口损失中占70%左右，指出战争中军队的移动以及由此带来的当地人口的流动加速了鼠疫的流行[④]。

---

① 见《晚清国家与社会》，社会科学文献出版社2007年；又见《中国社会科学院院报》2006年12月14日第6版《学术专刊·专论》。

② 收入《晚清国家与社会》，社会科学文献出版社2007年。

③《民族研究》2003年第2期。

④《清史研究》2001年第2期。

以上就清代人口数量的相关研究进行了简单的梳理，难免挂一漏万。但从中也可以看出清代人口数量研究中若干需要继续探讨的问题：

其一是清代户口统计制度是根本。首先是需要弄清清代户口统计的本质，尤其是各类人口术语的真实涵义。其次是需要深入理解清代户口统计的区域差异性。清代户口统计虽有制度所规定的一套办法，但制度实施的变通性和区域差异性是显而易见的。要真正解决清代人丁编审和户口统计的实质，就必须回到区域人口史的研究当中去。目前研究较多也比较充分的是四川、直隶、甘肃等地区，其他区域的研究还有待继续开展与深入。

其二是清代文献中的人口数字来源与性质是关键。清代所保存至今的人口数字很多，但显然大多不是现代统计学意义上的数字。只有对其来源与性质进行详细的考订，尤其是其背后的制度背景作深入的探讨，才能科学地利用这些数字来研究人口问题。相反，对这些数字不加分析拿来就用是非常危险的倾向。另外，对若干区域所有文献中记载的人口数字进行穷尽式收集、比勘，了解其渊源关系，也将是理解、利用文献所载人口数字性质的关键所在。

［本文为中国人民大学科学研究基金项目（中央高校基本科研业务费专项资金资助“大数据视野下的《缙绅录》与清史研究”（17×NGJ06）项目成果）］

（作者单位：中国人民大学清史研究所）

礼法与实践的背离和妥协：百年来婚姻家庭史研究的回顾与反思

◎毛立平

《礼记》："天地合而万物兴，夫昏礼万世之始也"；"昏姻者，将合二姓之好，上以事宗庙，而下以继后世也"。《周易》："有天地然后有万物，有万物然后有男女，有男女然后有夫妇，有夫妇然后有父子，有父子然后有君臣，有君臣然后有上下，有上下然后礼仪有所错。"以上经典的表述，充分说明中国传统文化对婚姻家庭在规范人类社会发展及生产生活中所起到重要作用的认知和肯定，也是人类社会进入文明阶段的重要标志。而在"家国同构"体系的历史背景之下，有关婚姻家庭的规范，无疑属于重要的礼法范畴。古代国家对婚龄、家庭规模等的规范无不与国家的政治、经济需求直接相关。至明清时代，对婚姻家庭的规范多以宗族规约和法律的形式体现出来，而人们在实践中对于礼法规定的践行与背离、礼法在人为的调控下逐渐向实践妥协，正是百年来研究清代婚姻家庭史的一条主线。

一、以“批判”为目的第一次研究高潮

中国婚姻家庭史的研究，自上世纪以来经历了两次高潮。第一次高潮出现在20世纪三四十年代，其兴起与中国近代所遭受的一系列挫折和失败、西方思潮涌入、特别是五四运动对传统思想文化的剧烈冲击有着密切的关系，其特点重在批判传统的婚姻家庭制度与观念，主张婚姻自由、妇女解放、彻底摆脱封建伦理道德对婚姻家庭的束缚。第二次高潮为20世纪八十年代至今，随着社会史研究的兴起，作为社会生活重要内容的婚姻家庭史研究再次为学者们关注的焦点。两次研究高潮中，学者们所关注的问题既有相同之处，更有不同所在。当然，即便是相同的问题，两次高潮在研究方法和研究目的上也发生了极大的变化。本节首先介绍第一次研究高潮中所涉及的婚姻家庭史问题。

婚俗、婚龄、妇女改嫁、传统家庭观念等问题是两次研究高潮中共同的关注点。第一次研究高潮中，学者们对以上问题多持批判态度。

婚俗的形成与区域文化、历史传统、政治制度等因素具有内在的联系，各地婚俗的差异既体现出地方文化特色，又体现出婚姻形态的不同发展阶段，及其受核心文化、政治等因素影响的不同程度。婚俗研究是第一次研究高潮的重要组成部分，这一阶段的研究侧重于对各种婚俗历史根源的探究。陈怀桢《中国婚丧风俗之分析》论述了中国婚俗的根据或发端为“礼”，特别是朱子家礼。他将中国分为黄河流域、长江流域、珠江流域、关外区域四大风俗区，并对各区域婚俗的异同进行了比较。[①]杨江松《中国婚俗之民俗学研究》通过对掠夺婚、服务婚、私奔婚、交换婚、买卖婚、中表婚、自由婚等多种婚姻形式中婚俗的研究，得出中国婚俗主要为掠夺婚与买卖婚两种形式的遗留之结论。[②]除对婚俗的整体性论述之外，有关具体某一种婚俗研究，有刘万章对近代广州的“烧猪”婚俗及其历史蕴含的探讨；[③]费孝通对广泛存在于各地的“亲迎”婚俗的形成经过和地理分布状况

① 陈怀桢:《中国婚丧风俗之分析》,《社会学界》第8卷(1934年)。

② 杨江松:《中国婚俗之民俗学研究》,《东方杂志》31卷11期(1934年6月)。

③ 刘万章:《烧猪——广州婚俗之要件》,《民俗》1921年第10期。

的探究，并从社会学的角度解释了风俗的传播与移民之间的关系；[①]董家遵则对清代存在于满族及其他民族的“收继婚”的沿革及地理分布状况进行了全面深入的探察。[②]以上有些婚俗具有广泛性，如“亲迎”之俗，作为婚姻缔结程序“六礼”中的最后一礼，广泛施行于全国各地；有些婚俗体现地方特色，如广东的“烧猪”礼俗，都是礼法的发展与地方实践相结合的产物。

婚龄问题，即男女初婚的年龄，因其涉及到家庭结构、家庭规模、代际年龄间隔、婚姻周期、育龄长短等一系列关系到婚姻家庭循环发展的重要因素，因而在婚姻史的研究中具有重要意义。第一次研究高潮中关于婚龄的研究，较突出的有陈顾远在《中国婚姻史》中的观点，通常所论婚龄为成婚年龄，而该书将婚龄分为订婚年龄、成婚年龄、夫妇年龄差异三个方面，并论述了中国传统社会中这三类婚龄的发展变化；[③]赵凤喈《中国法制史上之适婚年龄》一文中对适婚年龄与成年年龄进行了区别，总结了中国历朝有关婚龄的法律规定，提出婚龄提高主要是教育问题、经济问题，而不单单是法律问题；[④]董家遵《论古代的结婚年龄》通过考察孔、墨、杜佑等婚龄观、历代对婚龄的规定及各朝帝王婚龄等，得出我国古代盛行早婚的结论。[⑤]但需要指出的是，以上研究均仅停留在对礼法规定进行考察的基础上，对于规定的婚龄是否与实际生活中百姓的真实婚龄相符未有进一步探析，也是这一阶段研究的最大缺陷所在。即便个别研究列举了一些人物的成婚年龄，但由于研究对象过于偏重于社会上层（如帝王的婚龄），势必影响到其结论的普遍意义。不过，由于这一阶段的研究目的在于批判和反思中国传统社会婚姻制度的不合理，就此而言，以上研究已经达其目的。此外，由于该阶段的研究多属对中国传统社会婚姻礼俗的长时段总结，有关清代婚龄问题的研究在第一次高潮中尚属空白。

20 世纪二三十年代以后，受西方婚姻家庭观念的影响，婚姻家庭的研

① 费孝通:《亲迎婚俗之研究》,《社会学界》第 8 期（1934 年）。
② 董家遵:《中国古代婚姻史研究》,广东人民出版社 1995 年,原稿完成于上世纪三四十年代。
③ 陈顾远:《中国婚姻史》,商务印书馆 1937 年。
④ 赵凤喈:《中国法制史上之适婚年龄》,《现代评论》第 6 卷第 154 期（1927 年 1 月）。
⑤ 董家遵:《论古代的结婚年龄》,《社会研究季刊》第 1 卷第 2 期（1936 年 6 月）。

究与妇女解放观念密切联系起来，离婚与妇女再嫁问题受到广泛的关注。瞿同祖在《中国法律与中国社会》中论述了“七出“、“义绝”、“协离”三种婚姻解除的方式；[①]黄乃汉的《中国离婚发达史》对汉魏至民国的离婚状况、相关的法律及历史背景等方面进行了简要考察，指出清代受外国法律、文化的影响，离婚法开始有所变化，但主要部分仍沿用明律，直到民国以后才完全改变；[②]陈顾远在《中国婚姻史》中将离婚视为婚姻的人为消灭，并从离婚意义、离婚原因、离婚效力三个方面论述了不同历史阶段的离婚观念、离婚主体及方式的变化。该书还进一步指出婚姻消灭后即面临再婚问题，并从礼教、习俗、律令三方面探讨了再嫁观念的演变，指出“程朱学说毒人之深，演成悲惨事实，不知几何焉！”[③]聂崇岐在《女子再嫁问题之历史的演变》中指出元代以前女子夫亡不嫁并不被视为天经地义，自明代设旌表之条，加以宋儒“饿死事小，失节事大”之说，至清代除下层偶有再嫁，士大夫阶层少有再嫁现象。[④]以上研究对历代离婚、再嫁传统进行了粗线条的梳理，其目的是为进一步批判旧的婚姻家庭观念做好准备。此外，王舍鱼《中国古代婚姻思想之检讨》从中国古代性生活意识、婚姻的历史过程、婚姻思想的基础等方面深入探讨了中国婚姻家庭思想的根源和发展，批判了重男轻女、以续嗣为重、非爱情相结合等家庭观念；[⑤]许地山《现行婚制之错误及男女关系之将来》批判了旧婚姻的多妻倾向、无真正恋爱、夫妇终身制等家庭问题，认为其皆由男女不平等引起，只有从生理和社会两方面尊重女性，才能彻底改变现状。[⑥]除作为婚姻主体的夫妻伦理关系外，传统家庭其他成员之间的伦理关系也开始引起一些学者的注意，如姚慈蔼在《婆媳冲突的主要原因》中将婆媳间的冲突归结为经济上、心理上、教育上、思想上、迷信上、性情上、习惯上与嗜好上的冲突等。[⑦]但类似的研

① 瞿同祖:《中国法律与中国社会》，商务印书馆 1947 年。
② 黄乃汉:《中国离婚发 达史》,《社会学界》1933 年第 6 期。
③ 陈顾远:《中国婚姻史》，商务印书馆 1937 年。
④ 聂崇岐:《女子再嫁问题之历 史的演变》,《大中》第 1 卷第 4 期，(1946 年 4 月)。
⑤ 王舍鱼:《中国古代婚姻思想之检讨》,《新东方》第 1 卷第 5 期(1940 年 6 月)。
⑥ 许地山:《现行婚制之错误及男女关系之将来》,《社会学界》第 1 卷（ 1927 年)。
⑦ 姚慈蔼:《婆媳冲突的主要原因》,《社会学界》第 7 卷（ 1933 年)。

究在第一次研究高潮中仅属凤毛麟角。

清末民初是中国社会的转型时期，政治制度和思想观念的变革导致婚姻家庭观念的转变，不少学者甚至将婚姻家庭和两性关系的变革看做整个社会变革的起点和根本，将解放受“三从四德”、裹足等元素束缚中国妇女看做解放受传统文化桎梏的中国的切入点。这一潮流也集中体现在民国年间对于婚姻家庭史的研究中，也是导致这一研究高潮中对婚姻家庭的研究非常具有针对性，却并不能客观、全面的主要原因。

二、从礼法到实践的第二次研究高潮

在第二次高潮中，婚姻家庭史的研究视野和深度大大拓展，关注的问题更加系统和深入，在研究方法上借鉴了社会学、人类学、计量史学等理论，使婚姻家庭史成为一门跨学科的综合性研究课题。本节将以专题的形式来概括这一研究高潮中的关注重点，同时这些专题研究次第兴起也体现了本次研究高潮的总体发展趋势。

1. 婚姻习俗

对婚姻习俗的研究，一方面是承继了第一次研究高潮中的热点问题，并将其进一步推向深入，另一方面对第一高潮中没有涉及的诸多问题进行了探索。第二次研究高潮中，婚俗研究更注重探讨习俗背后的社会文化背景及地区差异。

1）成婚年龄

第一次研究高潮中对于成婚年龄的研究仅仅停留在礼法规定的层面，第二次高潮中，学者们将礼法规定与对民间实际婚龄的考察结合起来。姜涛在《人口与历史——中国传统人口结构研究》中提出，中国传统社会的法定婚龄总体上以宋代为界，前期逐渐降低，后期逐渐增高。[①] 王跃生在《十八世纪婚姻家庭研究——建立在1781~1791年个案基础上的分析》一书中，通过对大量初婚年龄个案的考察，得出18世纪女性平均婚龄为

① 姜涛:《人口与历史——中国传统人口结构研究》，人民出版社1998年。

17.41 岁，男性平均 22.15 岁，夫妇年龄以男性大于女性（且上幅范围很大）为主要表现形式的结论。他认为性别比的高低对初婚年龄有重要影响，清代性别比普遍较高使女性在婚姻市场上处于有利地位，夫妇年龄差异大会导致生育期降低、家庭规模缩小，而家庭经济条件是制约婚龄的主要因素。[①] 郭松义在《伦理与生活——清代的婚姻关系》中通过对清代婚龄的法律规定与实际婚龄的相互参照，指出清代“聘”与“婚”的间隔期偏长，在一定程度上推迟了清人的实际成婚年龄，但清代仍有大量早婚者存在；作者通过对各地实际婚龄和社会经济状况的考察。得出婚龄高低与传统习惯有关、同各地经济文化发展成正比的结论，并指出婚龄的变化趋势为由低向高，大抵士绅家庭婚龄男早于女，下层平民家庭女早于男。

以上研究打破了我们以往认为中国传统社会人们普遍早婚的定见，用实际数据证明清代的成婚年龄尽管仍旧偏早，但是一种“相对成熟的早婚”，将清代婚龄研究向前推进了一大步。但可惜的是，近十年来学界似乎不再关注婚龄问题，有关清代婚龄的研究凤毛麟角。但实际上这一领域还有很大的发展空间有待探索，如婚龄的高低具体及怎样受何种因素的影响、历代婚龄逐渐增高的趋势其原因何在、对婚姻家庭的发展具体产生怎样的影响，等等，都值得我们从历史学和社会人类学等视角进行进一步深入思考和研究。

2）婚姻论财之风

清代婚姻习俗的最大变化，是婚姻缔结从论门户，到“不论门户，只从眼前之富贵”的过程，即清代社会普遍流行的“婚姻论财”之风，也是本次研究高潮中受到学者们共同关注的焦点。婚姻论门户与婚姻论财本是两种婚姻观，二者相互对立却又同时存在。一些学者认为，宋以后门阀世族衰落，导致婚姻不再论门户，至清代婚姻缔结主要论财。祝瑞开指出清代的婚姻缔结沿袭论财之风，买卖婚与包办婚相结合，成为封建婚姻的重要形式。[②] 王跃生从不同婚姻类型中财礼的数额与构成、财礼的制约因素、财礼对婚姻行为的抑制作用等几个方面，探讨了婚姻论财如何在清代社会

① 王跃生:《十八世纪婚姻家庭研究——建立在 1781~1791 年个案基础上的分析》，法律出版社 2000 年。

② 祝瑞开主编:《中国婚姻家庭史》，学林出版社 1999 年。

被推至极端，并指出婚姻论财使男性娶妻的困难程度大大增加，加之清代性别比失衡，女性父家长处于有利地位，因而买卖婚姻不可避免。[①]但是另一些学者则认为，清代虽然流行论财之风，而婚姻论门户仍于较大的范围内存在，并在实践中与婚姻论财发生着千丝万缕的联系，如郭松义指出婚姻论门第主要指中上等以上家庭，下等家庭除了高攀外根本谈不上门第；婚姻论财的风气是对门第婚姻和世婚制的冲击，造成了婚姻关系的新变化；清代婚姻论财尽管超过前代，但并非完全压倒门第婚姻，二者既有矛盾的一面，又有统一的一面。[②]以上研究多偏重于对婚姻中财礼数额及论财对婚姻本身的影响方面，对于婚姻论财形成的具体原因尚少探究。事实上，宋代以后不仅贫穷人家婚姻论财，官商联姻也广泛存在，经济发展应该是婚姻论财风气兴起的主要根源之一。宋立中的研究对于清代江南地区婚姻论财的根本原因及其后果进行了较为深入的分析，他指出婚嫁论财风气在江南地区尤为明显，这一风尚的产生除了经济因素是根本动因外，江南社会传统的奢靡之风也是不可忽视的因素；此外，江南士大夫在婚礼消费上树异于人，富商大贾则求同于人，而普通民众则盲目模仿从众等等，也是婚嫁论财风尚积淀生成的社会心理原因。由于清代江南婚嫁论财以及婚礼消费中奢靡程度已超越了普通民众的承受能力，一些违背礼法的婚娶现象应运而生，这些违例嫁娶一定程度上减轻了婚姻双方的嫁娶压力，但也在很大程度上影响到婚姻家庭关系并加剧了社会矛盾。[③]

婚姻论财的关键点在于男女双方家庭互索聘礼和嫁资，因此有学者将清代的婚姻论财看做买卖婚的一种甚或成因。但是，财礼也是受经济、社会习俗等方面的影响而形成的一种婚姻附属品，如将婚姻中对财礼的追求不加区别地解释为买卖婚姻，笔者认为似不妥当。就清代而言，婚姻缔结包括繁杂的六礼和婚后庙见等内容和程序，论财只是其中的一个环节。随着商品经济的发展和社会生活的繁荣，为婚礼仪式的隆重和奢华提供了物

---

① 王跃生：《十八世纪婚姻家庭研究——建立在1781~1791年个案基础上的分析》，法律出版社2000年。

② 郭松义：《伦理与生活——清代的婚姻关系》，商务印书馆2000年。

③ 宋立中：《明清江南婚嫁论财风尚及其成因》，《江海学刊》2005年第2期；《婚嫁论财与婚娶离轨——以清代江南为中心》，《社会科学战线》2003年第6期。

质基础，也在一定程度上体现出人们对仪式即“礼”的重视。同时，人们希望在婚姻成立之初就为子女奠定更好的经济基础，这样的想法与清代因社会经济发展而形成的“夸俗”的风气相结合，导致婚姻论财在清代走向极端。诚如郭松义先生所指出的，时人与后世学者在批判这一社会风气的同时，不应忘记婚姻论财是对旧的门第婚和世婚制的冲击，在打破门第、重新整合社会阶层方面具有积极意义。

3）礼制外的婚俗

尽管“六礼不备”的记载频繁出现于清代的地方志中，但“礼制婚”仍是婚姻缔结的主流形式。在第二次研究高潮中，礼制外的婚姻习俗也受到学者的关注，主要包括收继婚、童养婚和入赘婚等。

王志强《清代的丧娶、收继及其法律实践》一文，通过对居丧嫁娶和收继婚这两种非礼制婚俗的分布状况及其与国家法律关系的研究，指出两种婚俗在各地虽略有差别，但普遍存在于全国范围内，而法律与社会习惯对于丧娶、收继婚俗的态度既存在差别又相互影响，其根源在于各自的实际利益和现实条件。即对于普遍存在的婚俗，清代的法律及官员对法律的执行都与社会实践有着具体的互动关系。① 李洪华、石伟在《论清代收继婚陋俗及其屡禁不止的原因》一文中分析了清代收继婚俗屡禁不止的原因，是民俗自身的特点与清代的经济、法律背景及个人情感相结合的结果。② 张晓蓓则在《论清代婚姻的禁忌与限制》中讨论了包括收继婚在内的清代的各种婚姻禁忌，如血缘与生理的禁忌、民族与宗教的禁忌、身份与等级的禁忌等，分析这些婚姻的禁忌所体现出的政治、宗教、文化内涵及清代婚姻的禁忌制度的实施情况。③

童养婚是清代普遍存在的另一非礼制婚姻形式，郭松义指出清代半数以上地区存在这一婚俗，并对童养媳的领养原因、领养仪式、领养年龄、童养期间的身份地位、婚姻质量等做了全面的探讨。④ 王跃生则分析了童养

① 王志强：《清代的丧娶、收继及其法律实践》，《中国社会科学》2000年第6期。

② 李洪华、石伟：《论清代收继婚陋俗及其屡禁不止的原因》，《兰州学刊》2008年第9期。

③ 张晓蓓：《论清代婚姻的禁忌与限制》，《西南民族学院学报》2001年第11期。

④ 郭松义：《伦理与生活——清代的婚姻关系》，商务印书馆2000年。

媳的实际年龄、童养夫妇的婚姻特征、童养婚存在的社会和家庭背景、政府有关童养媳政策等，指出童养婚是中国传统社会中独特的婚姻现象，是正规婚姻的重要补充形式，官府对之采取认同态度。他认为这一婚姻习俗的存在与贫穷和男女比例失调密切相关，虽然童养婚存在许多消极因素，但对溺女婴的抑制有着积极作用。① 此外还有不少学者，包括来自社会学领域和法学领域的学者，都对童养婚进行了研究，如陈和平通过“法社会学”的视角对清代童养媳婚姻的存在与流行进行了阐释，② 但研究内容和结论与前述并无大的不同。

相对于童养婚，入赘婚是较晚受到学界关注的婚姻习俗。郭松义利用档案、文书和方志等资料，对入赘婚的原因、入赘文书的订立、赘婿的身份地位和家庭关系等一系列问题进行了较为详细的论述，指出与“夫为妻纲”的主流家庭观念相反是入赘婚的主要特点，赘婿在家庭中地位普遍低下，但对于不同阶层家庭中的入赘婚姻当做细致的区分研究。③ 康冉在《论清代赘婚》一文中，除讨论入赘婚的概念和家庭关系外，还对陕南地区招赘婚的类型、分布特点进行了分析，并从自然地理因素、经济发展状况及人口构成等方面探究该地区盛行招赘婚的原因，以期加深对该地区的风俗文化的认识。④ 此外，阿风和张萍分别通过对徽州文书的研究，指出贫穷与男女性别比例失调等因素是迫使男性出赘的原因，并对徽州在室女招赘、寡妇招夫和庄仆招赘等不同类型的入赘婚进行了探讨。⑤ 李伟峰则在《清代赘婿家庭地位探析》一文中聚焦于赘婚家庭领域的标志性实践活动，就日常生活、登谱造册、改名换姓、继嗣承祧、异子不异孙等文化惯习，综合分析了清季赘婿的家庭地位，指出赘婿遭际苦楚、歧视的原因与其说是贫穷，毋宁是由于他们属于性别压迫系统中的主导性别，赘婿成为了父权制

---

① 王跃生：《十八世纪婚姻家庭研究——建立在1781~1791年个案基础上的分析》，法律出版社2000年。

② 陈和平：《清代童养婚盛行之法社会学探因》，《南昌大学学报》2014年第1期。

③ 郭松义：《伦理与生活——清代的婚姻关系》，商务印书馆2000年；《从赘婿地位看入赘婚的家庭关系——以清代为例》，《清史研究》2002年第4期。

④ 王晓霞：《清代陕南招赘婚初探》，《陕西理工学院学报》2005年第4期。

⑤ 阿风：《明清时代妇女的地位与权利》，社会科学文献出版社2009年，第170~194页；张萍：《明清徽州文书中所见的招赘与过继》，《安徽史学》2005年第6期。

压迫的牺牲品。[①]

除以上三种婚俗之外，对各地其他礼制外婚俗的研究也有存在，但都属于零星的论述，或在其他研究中有所涉及，未能形成规模性的研究，在此不再赘述。

2. 婚姻中的两性

婚姻缔结之后，夫妻关系以及以夫妻为主体而形成的家庭关系成为婚姻家庭研究中的重要内容，这一点也体现出第二次研究高潮的重要突破——从对婚姻家庭制度的关注转为对婚姻家庭中“人”的关注。

1）以夫妻关系为主的家庭关系研究

赵世瑜《冰山解冻的第一滴水——明清时期家庭与社会中的男女两性》通过探析同辈与异辈之间、性生活中、社会生产分工上男女两性的不同地位及矛盾冲突，指出明清女性在生活生产中地位的相对提高，形成“冰山解冻的第一滴水”，但这并没有彻底改变她们依附、从属性质的家庭社会地位。[②]综观近二十年婚姻家庭关系的研究，可知赵氏的分析是相当客观的，近年的研究综合证明，不同社会阶层和文化区域中，女性的婚姻家庭地位有所不同、有所改善，但夫权至上、夫为妻纲仍是婚姻家庭关系的主流。冯尔康的《清代的家庭结构及其人际关系》，揭示了清代夫妻间的不平等和清人对父权的神化；张树栋 、李秀领的《中国婚姻家庭的嬗变》将家庭关系概括为：父慈子孝的父子关系，男强女弱、男外女内的夫妻关系，姑常怒、妇常泣的婆媳关系，兄仁弟悌的兄弟关系；乔志强在《中国近代社会史》中将家庭关系分为横向和纵向两方面，认为中国近代宝塔形的家庭关系明显表现出重男轻女、嫡庶有序、夫权与神权紧密结合等特点。[③]

近年来，家庭关系的研究趋向于具体化、细致化。其中夫妻等家庭成员的冲突研究，直接打破了儒家所描绘的传统婚姻家庭中纲常有序、温情脉脉的理想景象，揭示出家庭中存在的各种矛盾和冲突。王跃生《清代中

① 李伟峰:《清代赘婿家庭地位探析》,《民俗研究》2013 年第 6 期。

② 赵世瑜:《冰山解冻的第一滴水——明清时期家庭与社会中的男女两性》,《清史研究》1995 年第 4 期。

③ 冯尔康:《清代的家庭结构及其人际关系》,《文史知识》1987 年第 11 期；张树栋 、李秀领:《中国婚姻家庭的嬗变》，浙江人民出版社 1990 年；乔志强主编:《中国近代社会史》，人民出版社 1992 年。

期婚姻冲突透析》一书，根据刑科档案所提供的资料，从婚姻缔结和解体中的冲突、婚内正常冲突、越轨行为等几个方面，对清代中期社会底层的婚姻状况进行了考察，生动展现出婚姻家庭内的各种矛盾以及下层百姓对婚姻家庭关系的认知。[①] 杨晓辉：《规范与失范——清代平民家庭夫妻冲突问题研究》一文，对清代平民家庭夫妻冲突的原因、类型与解决方式进行了分析，指出规范与失范的夫妻关系共同构成了古代家庭生活的实态。[②] 刘佳《清代婆媳冲突管窥》一文，对婆媳冲突的类型及根源进行了探讨，并指出丈夫、宗族成员和女性娘家都是影响婆媳关系的重要因素。[③] 宫宝利《谣谚对清代家庭关系与矛盾的凝练》，通过对清末民初搜集整理的谣谚进行考察，生动呈现了清代家庭关系中的各类矛盾。[④]

除夫妻关系之外，清代家庭中“妾”的身份与地位也引起学者关注。刘正刚、刘强对清代“粤人好蓄妾”的习俗进行探究，指出粤人普遍纳妾的主要缘故是出于从事各种家务劳动的考虑，此外广东流行的自梳女等畸形婚姻及部分男性追求声色享乐，也是不可忽视的因素。[⑤] 程郁的《清至民国蓄妾习俗之变迁》是由其博士论文修订出版，书中对妾的起源与古代蓄妾制度、妾在清代的法律地位和在社会习俗中的身份等进行了较为全面的研究，可以说是目前为止对“妾”这一历史上的女性群体研究最为详尽的著作。书中第三章着重探讨了妾在家庭中的地位和人际关系，指出从清至民国，妾的身份地位逐渐有所提高，蓄妾在客观上起到制约妻的作用，有利于父家长制的统治与宗族的繁衍，尽管儒家理论主张抑制男女双方的欲望，但又必须保护男性单方面的性权利，于是蓄妾成为其间的妥协之举。[⑥]

2）离婚与妇女再嫁

离婚与妇女再嫁是婚姻关系的终止与再产生，对社会和家庭既有积极意义，又有消极影响。中国传统社会中，离婚与妇女再嫁最为明显地体现

---

① 王跃生：《清代中期婚姻冲突透析》，社会科学文献出版社 2003 年。
② 杨晓辉：《规范与失范——清代平民家庭夫妻冲突问题研究》，《河北大学学报》2011 年第 5 期。
③ 刘佳：《清代婆媳冲突管窥》，《清史研究》2007 年第 3 期。
④ 宫宝利：《谣谚对清代家庭关系与矛盾的凝练》，《天津师大学报》2013 年第 3 期。
⑤ 刘正刚、刘强：《清代“粤人好蓄妾”现象初探》，《中国社会经济史研究》2007 年第 1 期。
⑥ 程郁：《清至民国蓄妾习俗之变迁》，上海古籍出版社 2006 年。

出礼法与实践之间的背离，而这种背离正是第二次高潮中研究的重点。

随着婚姻家庭问题成为社会史研究的重要组成部分，关于离婚与妇女再婚问题的研究再次全面展开：从离婚的不同形式到历代有关离婚的法律及其执行情况的考察，从离婚观念习俗的变迁到离婚主权人、离婚方式和程序的变更，从离婚的内部因素到社会环境、生活状况等外在因素的影响诸方面，都有论及。史凤仪在《中国古代婚姻与家庭》中将离婚分为四种形式：法定弃妻、协议弃妻、法律强制离异、官府断离。① 鲍宗豪《婚俗文化：中国婚俗的轨迹》中指出，寡妇再醮在中国历史上经历了易—难—易的过程，寡妇守节的陋习于清末民初受到冲击，终使再嫁得到承认，但尚不普遍。② 陈鹏《中国婚姻史稿》中从离婚用语、离婚性质、历代离婚观念及概况、离婚主权人、离婚原因（包括违律为婚、义绝、七出、法定原因、政治原因、其他原因）、离婚程序、离婚效果等方面较为全面地阐述了历代离婚的情况及变化，以及离婚对于家庭的影响。③

近年来，学者们不约而同地关注到“卖妻”这一变相离异行为。最早关注卖妻问题的是日本学者岸本美绪，她在《妻可卖否？—— 明清时代的卖妻、典妻习俗》一文中，通过对清代至民国时期台湾、浙江等地卖妻习俗的考察，指出即便妻子没有任何过错，丈夫仍然可以任意典、卖妻妾，此种情形较为普遍，官方也无意深究。④ 冯尔康也指出，卖妻的过程中妻子没有任何人身权利和人格可言。⑤ “卖妻”从字面来看，妻子显然属于被动一方，如同商品般被丈夫卖掉，以解决后者的经济困境，这样的行为的确反应出女性地位的低下，因此以上两位学者都将女性看做卖妻现象中的受害者和毫无发言权的一方。但是，其后学者的研究推翻了这样的认知。梁勇在同样题名为《妻可卖否》的文章中，质疑了岸本美绪的观点，他通过对卖妻文书的考察指出，在卖妻行为中妻子娘家享有知情权和同意权，没

① 史凤仪：《中国古代婚姻与家庭》，湖北人民出版社 1987 年。

② 鲍宗豪：《婚俗文化：中国婚俗的轨迹》，上海人民出版社 1990 年。

③ 陈鹏：《中国婚姻史稿》，中华书局 2005 年。

④ 岸本美绪：《妻可卖否？— 明清时代的卖妻、典妻习俗》，收录于台湾“中研院”台湾史研究所筹备处编《契约文书与社会生活（1600~1900）》，2001 年。

⑤ 冯尔康：《去古人的庭院散步》，中华书局 2005 年。

有他们的首肯，卖妻很难成功。因而，这样的卖妻行为其实更应该理解为破产家庭夫妻双方为了生计而不得不采取的行为。[①]美国学者苏成捷（Matthew H.Sommer）更通过对272件巴县、南部县和宝坻县卖妻案件的考察，证明卖妻是清代贫困人群的普遍生存策略，“妻子”与“土地”一样，是小农最后的财产，在买卖方面也有很多类似之处，比如卖掉妻子和土地之后都可以“找价”。尽管卖妻属于为贫困所迫的无奈之举，但妻子本身及其娘家往往在此行为中具有主体位置，很多卖妻行为甚至是妻子主导的，是对于夫妻双方的一种互利行为。至于岸本美绪所认为的官府无意深究的态度，苏成捷指出这是清代司法体系功能不足、对地方社会控制薄弱的原因。由于卖妻属于州县官员可以“自理”的“细事”，自然不会像需要上报中央复审的重大案件那样严格认真。[②]

“卖妻”在一定程度上也属于女性的再婚行为，除因“卖妻”而被迫再婚外，有关其他类型的清代妇女再婚问题研究也相当丰富。王跃生通过对妇女再婚个案的分析，对再婚的直接原因、决定方式、再婚对象、政策规定等方面做了具体考察，揭示了清代再婚的社会环境、政府对再婚案件的处理特征等，并指出认为清中期社会下层普遍存在妇女再婚现象，但大都在多重包办的情况下进行，由于性别比失调等原因，清中期妇女再婚极易实现。[③]郭松义分析了寡妇再嫁的动因，并通过对寡妇转房这一特殊再婚形式的研究，得出清代尽管在相当范围内存在这一特殊再婚形式，但已非制度性形式。[④]张晓霞通过对巴县档案中孀妇再嫁问题的考察指出，清代大量处于社会底层的孀妇面对生存的压力、夫家的逼迫和他人的欺凌，都选择了再嫁。清代男女比例严重失调造成相当数量的适婚男子不能正常娶妻，是促成使孀妇再嫁变得较为普遍的又一原因。[⑤]吴欣则通过对档案与判牍的

① 梁勇：《妻可卖否？——以几份卖妻文书为中心的考察》，《寻根》2006年第5期。

② 苏成捷：《清代县衙的卖妻案件审判：以272件巴县、南部县与宝坻县案子为例证》，载邱澎生、陈熙远主编：《明清法律运作中的权力与文化》，（台北）联经出版公司2009年。

③ 王跃生：《十八世纪婚姻家庭研究——建立在1781~1791年个案基础上的分析》，法律出版社2000年。

④ 郭松义：《伦理与生活——清代的婚姻关系》，商务印书馆2000年。

⑤ 张晓霞：《清代巴县孀妇的再嫁问题探讨》，《成都大学学报》2013年第2期。

考察，指出清代寡居妇女在再婚的过程中拥有一定的婚姻自主权，这种自主权主要是指妇女的不嫁权与请求再嫁权。不嫁权的存在得力于理学贞节观念的影响，而请求再嫁权则更多源于经济因素。①

离婚与再嫁是重要的社会问题，势必对社会和家庭产生正面与负面的影响，目前的研究多偏重清代离异与再婚的不同表现形式及其对婚姻家庭的影响，但是对于各种婚姻形式（包括离婚与再婚）如何在整个社会运行中保持动态的平衡，仍属较为薄弱的环节。再者，离异与再婚的讨论多限于下层社会，这与讨论的基础以司法文本为主有直接的关系，档案中鲜有见到上层社会妇女卷入官司者。对于清代中上层社会是否存在离异与妇女再嫁问题，上层社会如何处理夫妻矛盾，仍需要进一步挖掘讨论。

3）法律史的视角

除以社会史的视角审视清代的婚姻家庭关系外，第二次研究高潮中不少法律史的学者也加入到这一领域的研究中来。这一转变主要源自近年来随着中央、地方各级司法档案的逐步发掘，使得人们得以从婚姻家庭类案件中窥探中下层社会的婚姻家庭实态。除考察实态行为与礼法规定之间的差距之外，官员对于此类案件的考量和判决，以及实际判决与法律规定之间的差距，遂成为法律史学者关注的问题，前文所述不少文章都属此类研究。

清代没有所谓的“民法”，对于婚姻家庭类的司法规定在《大清律例》中体现在“户婚田土”类的规条之下，对于相关法律条文的解读成为从法律史角度研究婚姻家庭史的切入点。金眉对清律中的婚姻家庭规条进行了梳理，指出清代婚姻家庭法律不仅在法律渊源、体系以及婚姻契约的文书程式等方面较前朝丰富和完善，而且在有关婚配对象的限制、贞节旌表与贬损制度的构建、立继兼祧制度的普及以及民族婚姻特别法和族际通婚的限制等诸多方面较前朝多有发展和建树。清代婚姻家庭法律的血缘伦理性和封闭性空前发展，但同时也预示着制度变革的曙光。清政府对异族婚姻实行隔离的法律与清王朝统一的帝国体制形成了内在的冲突，但民间通婚

① 吴欣:《论清代再婚妇女的婚姻自主权》,《妇女研究论丛》2004 年第 2 期。

屡禁不止，因此这一禁令先由司法领域后至制度本身逐渐松弛，直至清末修律废止。同理，伴随着中国社会在近代的转型代表着宗法血缘伦理的清代婚姻家庭法律也遭遇了解体，进而为近现代婚姻家庭制度所取代。[①]钱泳宏以《大清律例》为基础对清代的夫妻关系进行了一系列的考察，指出清代法律中，夫对妻所享有的权利包括财产权、教令权、休妻权、嫁卖权与杀妻权；妻对夫应尽的义务则包括从一而终的贞操义务、从夫而居的同居义务、为夫隐匿的容隐义务、夫丧期不再婚的义务与侍奉舅姑的赡养义务等。夫妻关系实际生活中的相互依存，不仅没有体现在清律中，反而被清律所打破。清律规定之下如此一边倒的权利义务设置，成为导致清代夫妻相犯案件多发的直接原因。对于夫妻之间的冲突，则《大清律例》有治罪明文时，夫妻相犯案件基本上严格援引律条，少数引用条例，即以律为主，以例为辅，个别情况下有以例改律、以例废律、以新例破旧例等情况。[②]

除对律例本身的研究外，更多的学者关注到法律规定与司法实践之间的关系。吕宽庆通过对判牍类史料的研究，分析了清代寡妇在立嗣方面的权益，指出寡妇立嗣权常受到父家长权及宗族制度和传统礼法习惯的制约，但清代寡妇已能运用法律手段来适当地保护自己的权利，地方官在审理此类案件时也多倾向于支持寡妇的主张，充分运用自由裁量权以保护弱势者的权益。[③]毛立平通过对州县档案中婚姻家庭类案件审理的分析，指出县官在审理婚姻家庭类案件时，其重心往往不在于司法公正，而在于整饬人伦风化，其裁决中往往对妇女予以“优待”，但其实质并非尊重妇女，而是没有将妇女视作完全的法律行为责任人，仍将其视为男性的附属物。多数下层妇女对于自身的法律地位十分明了，并具有一定的法律意识，她们利用供词和诉状等形式积极地与县官沟通，并巧妙利用自己的弱势地位博得同情、逃脱惩处，在诉讼中最大限度地为自己争得利益。[④]赵娓妮《审断与矜

---

① 金眉：《论清代婚姻家庭法律的特质》，《法学》2007 年第 10 期。

② 钱泳宏：《清代的夫妻关系——基于〈大清律例〉与刑科档案的法文化考察》，《南通大学学报》2010 年第 5 期；《清代夫妻相犯的法律适用——兼论〈大清律例〉有治罪明文时律与例的关系》，《南通大学学报》2011 年第 6 期。

③ 吕宽庆：《清代寡妇立嗣问题探析》，《史学月刊》2007 年第 6 期。

④ 毛立平：《妇愚无知：嘉道时期民事案件审理中的下层妇女》，《清史研究》2012 年第 3 期。

恤：以晚清南部县婚姻类案件为中心》一书，以清代知县对婚姻类案件的审断问题为研究对象，作者搜集了嘉庆至宣统时期611宗涉及婚姻关系的案件，尤其对有关“悔婚”、“买休卖休”、“奸情”这三种类型的案件进行针对性的分析，指出律例虽是州县案件裁断的基本依据，但其既非唯一依据亦非效力等级最高的依据，并对这一时期驱使裁断者以从轻处断作为基本取向的内在力量进行了挖掘和分析。①

以上研究共同证明，在婚姻家庭类“细事”案件的审理中，地方官员的裁断不一定完全遵从律例，而是从案件的实际情况、官员的伦理导向和地方习俗和惯行等方面共同考量的结果。这样的审断也许并不完全“合法”，而是“情、理、法”三者共同作用的结果。②

4）清末婚姻家庭观念的变革

清末是中国社会的转型时期，批判旧的婚姻家庭观念早在第一次研究高潮中即已展开。第二次高潮中对于近代婚姻家庭变革的研究已不单局限于批判传统婚姻家庭制度的危害、呼吁妇女解放等方面，而是将婚姻家庭变革与社会制度变迁、民主进程的发展、时代观念交替联系起来。陈振江《清末民初婚姻家庭变革运动的趋向》一文认为近代婚姻家庭变革是一场深刻的社会革命，伴随着改良运动和政治革命发生发展，对思想启蒙和社会文明进步具有不可低估的积极影响。③徐建生在《近代中国婚姻家庭变革思潮述论》中认为近代婚姻家庭的变革，包括对旧式婚姻的批判和对新式婚姻的探索两方面。婚姻自主作为近代婚姻观念的创见贯穿于婚姻家庭变革思潮中。然而事实证明，婚姻变迁显示出总体的缓慢和不平衡性。④行龙《清末民初婚姻生活中的新潮》介绍了以“去土求洋”为特点的清末民初婚姻生活中主婚权力、媒介形式、择偶标准与范围、离婚再嫁等方面的开放性转变。同时指出这些变动表现出严重的不平衡性、时代局限性。⑤梁景和《论清末的“家庭革命”》中指出中国传统家庭在固守、封闭的社会里，可

① 赵娓妮：《审断与矜恤：以晚清南部县婚姻类案件为中心》，法律出版社2013年。
② 参见滋贺秀三《中国家族法原理》，法律出版社2003年。
③ 陈振江：《清末民初婚姻家庭变革运动的趋向》，《南开大学学报》1997年第4期。
④ 徐建生：《近代中国婚姻家庭变革思潮述论》，《近代史研究》1991年第3期。
⑤ 行龙：《清末民初婚姻生活中的新潮》，《近代史研究》1991年第3期。

以依凭本身的惯性力来支撑着自己的身躯，一旦其外部条件发生变化，一旦其内部矛盾渐次明朗，它的惯性力就遭到抵制，传统家庭就将出现危机。而家庭革命又包括祖宗革命（即冲破宗法观念）、纲纪革命（即打破三纲五常）。[①] 上述研究将婚姻家庭观念的转变与社会制度的变革和民主思想的发展联系起来，揭示了其深刻的社会和历史根源。尽管许多学者都提到这种变革具有明显的不平衡性，却并未作出明晰的解释。晚清婚姻家庭观念变革的影响的确存在着地域和阶层上的不平衡性。受变革思潮影响的多为城市或商业、交通发达的地区，而即便这些地区，传统婚姻家庭赖以存在的社会基础也尚未发生根本转变。在广大农村和偏远地区，“三纲五常”仍然是社会关系的基本准则，有些地区直至解放后婚姻家庭观念才发生转变。其次，不同的社会阶层受婚姻家庭变革影响的程度也不同，类似文明婚礼及离婚诉讼的现象绝大多数也仅发生在上层家庭或知识分子阶层，广大中下层家庭仍采用旧式的婚礼和婚俗。另外，第二次高潮中，学者们对“废婚、毁家、大同思想”等思潮多持批判态度，认为其消极影响很大，有民族虚无主义与无政府主义的倾向。笔者认为应将这种思潮放至特定的历史背景下思考。“废婚、毁家”等过激主张是在具有几千年积淀的旧的婚姻家庭制度的重重包围下，人们的思想在累世传承中保守得近乎顽固，惟有彻底打破才有可能建立新的制度和观念的情况下提出的，因此对其产生的根源和在当时社会所发挥的作用应进行具体分析，不应全盘否定。

3. 分家与继承

第二次研究高潮中，家庭史的研究趋向具体化、深入化。其中，家庭的规模和结构成为首先引发讨论的主题。冯尔康在《清代的家庭结构及其人际关系》一文中，将我国古代的家庭分为核心家庭、直系家庭、联合家庭、家族家庭、残缺家庭几种类型，并指出各种家庭并非固定不变，而是在不断的转化之中。[②] 张研则将家庭分为个体家庭、直系家庭、家族家庭三个大类，其中个体家庭是清代最基本的家庭组织形式，并指出影响和制约

① 梁景和：《论清末的“家庭革命”》，《史学月刊》1994 年第 1 期。

② 冯尔康：《清代的家庭结构及其人际关系》，《文史知识》1987 年第 11 期。

清代家庭结构的因素有经济、生理、伦理道德、传统习惯等方面，但经济因素起主要作用。[①]唐力行在《明清徽州的家庭与宗族结构》中探讨了明清徽州“家庭—宗族”结构，认为该结构富于弹性和流动性，对社会经济具有反作用力，有利于徽商经营并强化对佃仆和妇女的压迫。[②]郑振满《清代台湾家庭结构的若干特点》中指出，不完整家庭与绝嗣家庭、不稳定的大家庭与多元的大家庭、家庭结构的小型化与经济结构的共有化，是清代台湾家庭结构的特点。[③]乔志强在《中国近代社会史》中提出五六口之家是近代中国家庭的主体，但家庭规模总体有由大而小的趋向，且有地域分布的不平衡性。[④]王跃生通过对二千余件档案资料的分析和汇总，指出清代家庭规模平均在 4.5 人上下。[⑤]总体而言，学者们一致认同清代家庭以核心家庭、直系家庭等中小规模家庭为主，家庭人口数量大体符合传统“五口之家”的说法，用实际的考证打破了之前中国传统社会累世同居的大家庭十分普遍的陈旧观念。

对于中国传统家庭的动态循环，不少学者都将目光聚焦于“分家”问题上。郑振满在《明清福建家族组织与社会变迁》中指出由于分家析产制的盛行，可能导致家庭结构的周期性变化，因此要对家庭进行动态分析。[⑥]张研则通过对清代徽州分家文书的深入考察，揭示了“分家”（而非婚姻）是中国传统社会家庭发展周期的起点，家庭在“分家”引起的聚散升降的反复进程中，整体上保持着社会地位和经济实力的动态平衡。“诸子平分”的“分家”传统削弱了家庭，却强化了宗族，使小家庭成为宗族网络上牢固的“结”。[⑦]正如两位学者所指出的，“诸子均分”的分家方式不仅对中国传统社会的家庭结构和规模具有重要影响，而且深刻影响到中国人的家庭观念和家庭经营模式。张研指出，分家标志着旧家庭的解体、新家庭的出现，

① 张研：《清代家庭结构与基本功能》，《清史研究》1996 年第 3 期。
② 唐力行：《明清徽州的家庭与宗族结构》，《历史研究》1991 年第 1 期。
③ 郑振满：《清代台湾家庭结构的若干特点》，《台湾研究集刊》1989 年第 2 期。
④ 乔志强主编：《中国近代社会史》，人民出版社 1992 年。
⑤ 王跃生：《十八世纪婚姻家庭研究——建立在 1781 - 1791 年个案基础上的分析》。
⑥ 郑振满：《明清福建家族组织与社会变迁》，湖南教育出版社 1992 年。
⑦ 张研：《对徽州分家文书书写程式的考察与分析》，《清史研究》2002 年第 4 期。

新的一代通过分家继承父辈财产，经营自己的小家庭和人生，因此对于有产家庭而言，分家是至为重要的家庭大事，稍有不均极易引发纠纷甚至诉讼。张小也《从分家继产之讼看清代的法律与社会——道光、光绪年间陕西相关案例分析》一文，通过对实际案例的分析证明，清代有关继承的纠纷主要发生在家产继承方面，这些纠纷在当时地方官员的判牍中大量出现，一方面体现了社会的发展和观念的变迁，另一方面也体现了法律援助的力量。在制定法主要为刑法的情况下，地方官员在民事纠纷的审理过程中参考民间习惯，并在推理过程中应用情理原则，具有积极意义。而制定法也并非一成不变，在社会发展的推动下，它的一些内容也相应做出了调整，这在法律与社会的互动关系中是一种符合时代要求的推动力。① 王振忠通过对分家阄书的考察，深入剖析了清代一个小农家庭的生活状况。他指出分家文书是有关人们社会生活和经济活动的重要史料，而清代的徽州社会作为商贾之乡，具有浓厚的契约意识，这导致兄弟之间的分家都会锱铢必较，即使是很小的财物，产权都需要明细的规定，一旦发生转让，均须以契约的形式加以确认。同时，徽州人又在分家中理性地将大型财产及商业运作部分以“存众”的方式保留，以应对分家所带来的小家庭经济实力削弱的问题。②

对于多子家庭而言，分家中的财产划分与整合的确是家庭发展循环中的重要事件，但对于无子家庭而言，家庭财产与宗庙的继承更成为重大问题。清代无子家庭的继承多以过继嗣子的方式解决。吕宽庆通过对大量清代立嗣继承案例的分析指出，清代的律例条文在某些方面已经不能反映及适应社会的发展变化，因而一些官员在实际司法中并没有完全拘泥于法律条文的规定，而是充分尊重立嗣者的个人意愿，充分考虑立嗣者自身的处境，对诉讼作出合理而公正的裁决，使得社会公正得到更多的实现。这既维护了法律所保障的传统道德伦理与民众的信念，又在一定程度上保护了

---

① 张小也：《从分家继产之讼看清代的法律与社会——道光、光绪年间陕西相关案例分析》，《清史研究》2002 年第 3 期。

② 王振忠：《清代一个徽州小农家庭的生活状况——对〈天字号阄书〉的考察》，《上海师范大学学报》2006 年第 1 期。

个人的权利和利益。但他在另一篇论文中又认为，清代立嗣继承法律关系发生时，财产因素占据了极为重要的地位，原来准宗教性质的宗祧祭祀的意义变得模糊，大量的立嗣继承纠纷都源于人们对财产的觊觎和争夺。导致这一现象的主要原因在于清代社会人口压力增大、资源的日渐短缺，道德和宗族习惯法的影响和约束减弱，另外清代地方官的司法实践对此也起到了负面作用。[①] 争继与分家一样，是基层家庭纠纷中最常见的诉讼行为之一，地方官员的态度和作为的确在案件的裁判中起到关键作用，而地方官在其中的作用究竟是积极还是消极，恐怕要放到具体的时空、案情、人物之下进行细致分析，如果只从某一角度进行片面考量，很容易得出自相矛盾的结论，这一点也正是社会史研究中极易碰到的问题。

立嗣分为同姓嗣子与异姓嗣子两种，异姓嗣子是从宗族外过继家庭的继承人，俗称“螟蛉子”。清代许多宗族对于这样的嗣子不予承认，但过继异姓嗣子的做法仍在许多地方流行。孔潮丽通过对清代台湾家庭立嗣问题的研究，指出清代台湾家庭收养呈现出几方面鲜明的特征：一是异姓承继相当普遍，“异姓不相为后”传统伦理规范得不到贯彻执行；二是父权在清代台湾社会仍然影响深远，送养权的执行归根结底就是父权的行使、延续和转移；三是收养与送养双方权利义务关系的本质是利益交换，带有浓厚的功利主义色彩，与近现代为子女利益的收养大相迳廷；四是非法收养现象极为常见，这与台湾地区特殊移垦社会环境不无关系，也折射出国家制度与民间实践之间的强烈反差。[②] 陈彬强、戴雪文通过对清代闽台各地区的螟蛉子收养习俗的考察，发现其中存在较大差异，闽西北地区以自然经济为主，社会流动性小，宗族组织注重血缘关系传承，螟蛉子收养习俗并不流行，螟蛉子无权继承养父宗祧，也不具有宗族的正式谱系地位，只能继承养父的部分财产。闽东南地区则因社会流动性大，商品经济发达，宗族组织相对开放而盛行功利性收养螟蛉子，螟蛉子拥有宗祧继承权和正式谱

① 吕宽庆：《从清代立嗣继承个案看清代地方官对法律正义的救济》，《清史研究》2004 年第 1 期；《论清代立嗣继承中的财产因素》，《清史研究》2006 年第 3 期。

② 孔潮丽：《清代台湾家庭收养初探—— 基于〈台湾社会生活文书专辑〉的考察和分析》，《中国社会经济史研究》2011 年第 4 期。

系地位，也能继承养父较多财产。台湾地区的螟蛉子习俗主要体现移民社会特点，普通家庭买养螟蛉子的目的以解决承祧需要为主。螟蛉子的宗祧权和财产权与亲子并无分别，螟蛉子在台湾家庭中基本上享有与亲子同等的地位。① 以上研究都注意到将立嗣问题与当地的社会结构、经济发展相结合，而非孤立地将其看做一个或多个家庭的个体行为，因此也更好地揭示了异姓嗣子的不同地位及其社会根源。

4. 婚姻家庭与民族

清朝是满族建立的国家，但由于在第一次研究高潮中，尚处于对旧时代、旧文化的批判之中，基本没有关注到极具特色的满族的婚姻家庭问题及其在有清一代的发展变革。第二次研究高潮中，特别是近十几年来，随着美国“新清史”研究的影响，满族作为清代统治民族的重要性和特点，越来越受到研究者的关注，其婚姻家庭问题也成为学者研究的重点之一。

定宜庄是国内最早提倡关注满族婚姻家庭问题的学者之一，其著作《满族的妇女生活与婚姻制度研究》也是国内满族婚姻家庭问题研究的奠基之作。该书通过满族入关前后收继婚、一夫多妻、指婚等婚姻制度和习俗的变迁以及妇女生活状况的变化，探讨了满族在建立起统一的封建政权并接受汉文化影响后婚姻家庭制度和习俗的保留和变革。正如作者所言，“这个民族在16~19世纪的300年间所经历的巨大、深刻的历史变革”常为前人所忽视。②婚姻家庭的变革正是这些深刻历史变革中很重要的方面。刘潞《论后金与清初四帝婚姻的政治特点》一文，梳理了努尔哈赤、皇太极、顺治、康熙的婚姻状况，指出其婚姻状态的变化是与政权的取得巩固和发展相平行的，政权不同时期的政治目标决定了后妃的出身和民族成份的来源，政权不同的发展阶段又影响到皇帝的婚姻或是必须服从于政治需要或是允许保留一定的个人情感。③ 杜家骥《清代满蒙联姻研究》是一部全面研究清朝满蒙联姻政策及其实践的著作，作者通过详实的资料对蒙古各部与清

① 陈彬强、戴雪文:《清代闽台螟蛉子收养习俗及地区差异》,《泉州师范学院学报》2013年第3期。

② 定宜庄:《满族的妇女生活与婚姻制度研究》,北京大学出版社1999年。

③ 刘潞:《论后金与清初四帝婚姻的政治特点》,《故宫博物院院刊》1991年第4期。

皇室的联姻状况及特点进行了考察，并对文献档案记载中存在的一些问题进行了考证，对满蒙联姻政策对两个民族及清朝国家的影响进行了客观的分析和评价，是清代婚姻制度史研究中的一部力作。[①]但由于本书归根结底仍是一部制度史的研究，因此重在考证满蒙联姻政策的执行情况和政治影响，对于这一政策的受体，即为这一政策做出最大贡献的公主格格本身的研究反而显得薄弱，她们在外藩的婚姻生活状况究竟如何？满蒙联姻在政治上取得成功的同时，从个人幸福的角度来看是好的婚姻关系吗？皇帝的关注点除政治影响之外是否包含了公主格格个人的幸福？从婚姻家庭史的角度而言，这都是需要进一步讨论的问题。乌兰其木格在《清代满蒙联姻大潮中的暗流——土默特和硕额驸纳逊特古斯谋害格格案分析》一文中，对乾隆朝发生的蒙古土默特额驸谋害格格案件进行了较为深入分析，指出乾隆皇帝巧妙地将额驸谋害格格事件的审理重点进行了转移——从额驸谋杀格格转移到额驸谋杀兄长，以做到既惩治额驸又不会影响到满蒙联姻大趋势，至于格格婚姻生活是否和谐、是否真被企图谋害，并非皇帝关心的重点问题。[②]祁美琴对清代下嫁蒙古的公主、格格的封号以及因封号而获得的陪嫁待遇进行考察，对公主格格随行人员的性质和“陪嫁人户”总体规模做出估算，进而探析了这一人群对当时蒙古社会产生的影响。[③]

除皇族外，不少学者也对其他满洲贵族的婚姻家庭进行了探索。定宜庄、胡鸿保对清代内务府高佳氏的婚姻圈进行了研究，指出联姻是增强高佳氏社会地位的重要手段，并用人类学通行的手法绘制出该家族的世系图和联姻图，以直观地表述其间错综复杂的亲属关系。[④]黄一农则考证了纳兰家族四姊妹与傅恒家族联姻的史实，并以此问题探讨明珠和傅恒的家事与《红楼梦》之间的关系。[⑤]王海洋以《图们世谱》为基本史料，阐述了图们家族的人口关系和婚姻状况，并通过分析该家族人口和婚姻的变化，

① 杜家骥:《清代满蒙联姻研究》，故宫出版社2013年。

② 乌兰其木格:《清代满蒙联姻大潮中的暗流——土默特和硕额驸纳逊特古斯谋害格格案分析》，《内蒙古师范大学学报》2011年5期。

③ 祁美琴:《公主格格下嫁外藩蒙古随行人员试析》，《满族研究》2011年第1期。

④ 定宜庄、胡鸿保:《清代内务府高佳世家的婚姻圈》，《清史研究》2005年第3期。

⑤ 黄一农:《从纳兰氏四姊妹的婚姻析探〈红楼梦〉的本事》，《清史研究》2012年第4期。

探究清代满族人口和婚姻的状况。[①] 赵维和与细谷良夫则分别对清初加入旗族的范文程、尚可喜家族进行研究，指出其家族兴衰与清王朝的命运息息相关。[②]

尽管满族婚姻家庭研究得到长足发展，但需要探索的领域还是很多，正如笔者在前文讨论满蒙联姻政策中提到的，作为制度和政策之外的婚姻家庭问题讨论几乎仍属空白。满族家庭内部的婚姻家庭关系的特点、这些特点与汉族的异同之处，都需要进一步研究。与其他社会史研究的领域一样，满族的婚姻家庭领域也严重受到史料缺乏的限制，因此近年来一些学者提倡对满族问题进行田野调查式研究，以保留和挖掘现存的活史料，定宜庄《最后的记忆：十六位旗人妇女的口述历史》就是这样一种尝试。[③]

除满族外，清代其他少数民族的婚姻家庭特点与变迁也有学者涉及，但由于现有的研究较为分散而琐碎，尚未形成规模，在此不再赘述。

三、百年的回顾与反思

回顾百年来清代婚姻家庭史的研究，既有喜人的成果，又有许多不足和尚需深入开拓的领域，在清史研究百年之际对此问题做一总结与反思应该说是一个适合的时机。笔者不穿浅陋，做以下思考，谨为后来者借鉴之用。

1. 礼法研究：关注中国传统婚姻家庭的本质意义

研究中国传统的婚姻家庭，首先要关注其本质含义。传统社会的婚姻关乎整个家庭、家族，因此远非个人可以决策之事，是父母责任及权利的所在，并不反映成婚者本人的意愿。婚姻的缔结要经过“纳采、问名、纳吉、纳征、请期、亲迎”六个程序，除亲迎外，其它五项都是在家庭之间进行的：结婚的对象由父母负责物色，结婚的各项仪式由家长进行筹备，

① 王海洋：《清代满族人口和婚姻初探——以〈图们世谱〉为例》，《大连民族学院学报》2012年第6期。

② 赵维和：《清代满族贵族范文程家庭兴衰史研究》，《满族研究》2012年第4期；［日］细谷良夫：《尚可喜一族的旗籍与婚姻关系 —— 围绕满汉关系视角》，《清史研究》2012年第1期。

③ 定宜庄：《最后的记忆：十六位旗人妇女的口述历史》，中国广播电视出版社1999年。

整个婚姻缔结中所需的费用均由家庭承担，结婚者双方基本不发生任何联系。即使亲迎的本意也是儿子代表父家长为家庭迎娶子妇，其出发点仍是家庭。遇到父母亡故的情况，家庭的其他长辈会自觉地担负起为晚辈成婚的职责，或者说是行使为晚辈决定婚姻大事的权利。许多家庭在子侄都完婚后即分家，表示旧的家庭已经完成了应尽的职责，该解体了。如果家庭还有未成婚的子侄，在分家时就要考虑到他结婚的费用，表示为之成婚仍是现有家庭的责任，以保证家庭后继有人、香火不断。其次，除了家庭的纵向发展之外，婚姻的另一目的之一是“合两姓之好”，即不同家庭的横向联合。尽管人们习惯上将男方看作是婚姻的主体，实际上婚姻是两个家庭的大事。女方家庭不是被选择的对象，而与男方家庭具有同样的选择权利。当两个家庭都认可对方的时候，婚姻才可能成立。两个家庭由于联姻而形成姻亲关系，其利益也由此联系在一起。从这个意义上讲，婚姻又成为一种连结双方家庭的纽带，人们利用婚姻来建立起与其他家庭的紧密联系，以求相互支持和援助。在中上层社会，许多家族间通过世代联姻结成牢固的姻亲关系，这种相对稳定的婚姻圈，对于巩固和发展家庭和家族的地位、加强大族间的联系、形成的政治或经济上的联盟都具有重要作用。充分理解婚姻家庭的礼法规定，才能帮助我们认识中国传统社会婚姻家庭的本质含义。这些礼法规定在不同时代受到不同社会观念和经济发展状况的挑战，但统治者和士人力图维护其本质含义以保证社会和家庭在儒家理想的氛围中发展持续。严格来讲，婚姻家庭史的第一次研究高潮仍属于时人力图冲破旧的社会观念和礼法框架的又一次尝试。

2. 社会实践与礼法规定之间的背离

第二次研究高潮中，学者们共同指出礼法规定与社会实践之间总是存在相当的差异，这些差异造成人们观念中的传统婚姻行为和家庭模式与实际情况并不相符。如典籍中男子“加冠而婚”、女子“及笄始嫁”的记载，给人们以我国古代早婚盛行的印象，通过实际考证我们得知，清代实际成婚年龄并没有那么早，下层人群中甚至有大量的晚婚和不婚群体存在；再如“夫为妻纲”是儒家对夫妻关系的规定，但通过具体案例的考察我们可以看到，清代基层社会中，尽管女性在家庭中仍属于从属的地位，但是妻子对丈夫及夫家长辈的反抗随处可见，对于她们认为是不公正的待遇或者反唇相讥、据理立争，或者停止家务劳作表示反抗，有的妇女甚至用自杀来表示强烈的不满，等等。如何认知这样的背离？如前所述，礼法规定的是一个理想状态的和谐社会，这样的状态在不同的历史发展阶段、同一历史阶段中的不同社会阶层和地域范围皆存在很大差异。如果对这一点没有深刻的认识，就很容易得出截然不同的研究结论。比如，一些学者使用清代江南士人家庭的文集、书信等资料所进行的婚姻家庭研究，与另一些学者利用州县档案或刑科题本档案中的司法案例所做的清代下层社会婚姻家庭研究，必然呈现出不同的形态和特点。中上层家庭经济条件较优渥，受礼教影响较深，更容易呈现出“父慈子孝、兄友弟恭、夫和妻柔”的家庭状态。当然这并不意味着上层家庭没有矛盾，正如日本学者正如野村鮎子所说，士大夫家庭暴力问题不易为人所知，或者被巧妙地掩饰起来，而档案中所反映的下层家庭暴力比比皆是，一方面男性殴打虐待妻子的方式更加直接，并无太多掩饰；另一方面相对于饱受儒家思想影响而欲遮蔽丈夫恶性的上层女性而言，下层女性更倾向于向娘家求助、或出逃以示抗议，使得家暴更容易显露出来。[①]因此，对不同阶层、不同文化圈和地狱圈的婚姻家庭进行针对性的研究，是非常必要的。

3. 礼法向实践的妥协

最为难得的是，在第二次研究高潮中，学者们不仅注意到实践与礼法之间的背离，还注意到礼法向实践的妥协。如王志强很好地论述了清代的官员们在处理丧娶和收继婚案件时，将礼法向实践的妥协，他们“都是诗书出身，熟诵儒经，理所当然反对丧娶和收继。另一方面，他们在处理讼案过程中的做法似乎不仅背弃了法律，甚至一定程度上背弃了自己的信仰。这既反映出基层官员们在处理讼案过程中自由裁量的权力和意识，也是他们在特定时势下不得不然的选择。自由裁量和不得不然都是当时政府职能、机制以及相关种种客观条件制约的结果。”[②]不论是“礼”还是“法”，都要

① 野村鮎子：《明清散文中的女性与家庭暴力书写》，《近代中国妇女史研究》第16期（2008年12月）。

② 王志强：《清代的丧娶、收继及其法律实践》，《中国社会科学》2000年第6期。

受到诸多客观因素的制约，包括社会、经济和文化的发展变化、礼法执行者的能力和力度、以及不同社会群体对礼法的适用程度等等。在婚姻家庭这类虽为“细事”却风化尤关的案件中，简单的“依法断案”恐怕恐怕很难实现，这也是“清官难断家务事”的客观体现。除官员的妥协之外，清代律例本身的发展变化也呈现妥协的趋势，如钱泳宏在研究夫妻冲突的法律条文时所指出的，《大清律例》有治罪明文时，夫妻相犯案件基本上严格援引律条，少数引用条例，即以律为主，以例为辅，个别情况下有以例改律、以例废律、以新例破旧例等情况。[①] 律例的改变往往是对实践的采纳与妥协的具体呈现。礼法向实践的妥协，这一变化只有在将地方习俗的实践过程和礼法发展的脉络演变结合起来进行深入考察的前提之下才能展现出来，也体现出社会史研究发展的宏观趋向。

有人说，社会史研究发展到今天已进入瓶颈期，一些基本的史实和概念都已澄清，大的突破很难实现。近年来，尽管清代婚姻家庭史研究的论文仍层出不穷，但著作呈明显减少的态势，似乎在一定程度上印证了这一说法。但通过对百年研究的回顾和反思我们可以看到，这一领域的不少问题仍大有可为，等待我们去使用新视角、挖掘新史料、开拓新观点。

（作者单位：中国人民大学清史研究所）

① 钱泳宏:《清代的夫妻关系——基于〈大清律例〉与刑科档案的法文化考察》,《南通大学学报》2010 年第 5 期;《清代夫妻相犯的法律适用——兼 论〈大清律例〉有治罪明文时律与例的关系》,《南通大学学报》2011 年第 6 期。

为什么汉学家要学习满语？①

◎［德］郝爱礼 著

◎董建中 译

满学也就是满语学（Manchology or science of the Manchu language），是远东学的一支，本不应被人忽视，这篇文章就是要唤起对它以及它对于理解中国语法思想的极端重要性的关注。

汉学的先驱是意大利、葡萄牙尤其是法国的耶稣会士神父。他们17~18世纪在北京满洲皇帝的朝廷生活，率先学习并阐释了汉语。掌握汉语，困难重重，在此过程中，这些拥有天赋且活跃的传教士从相对容易的满语开始，作为一种学习的媒介和钥匙。满语是朝廷的语言，富有学识的神父们甚至是要听从皇帝的命令，被迫学习它。汤若望是位杰出的通晓汉语和满语的学者，在他1689年去世后，新近抵达中国的张诚和白晋被任命为皇帝的西学老师，康熙皇帝将他们隶属于户部，这里官员只说满语。八个月之后，我们知道，两位神父已经能够用满语，向这位勤学好问的天子解释

---

① Erich Hauer, "Why the Sinologue Should Study Manchu," *Journal of the North China Branch of the Royal Asiatic Society* 61（1930），156-64.

欧几里德的几何学。在以后的乾隆朝，法国神父冯秉正，以满文版《通鉴纲目》为蓝本，写出了他著名的十二卷《中国通史》，而钱德明神父在所译乾隆皇帝《盛京赋》的序言中盛赞满语:“对满语的了解，将开启探讨中国历代文学的一扇自由的大门，优秀汉文书籍全都已译为了满文。这些翻译由饱学之士所做，是听命于顺治到现任乾隆的历朝皇帝，并得到了他们的支持。它们又由其他的同样博学、完全了解汉文和满文的学者所修订。我自己承认，如果我只认识汉文，肯定无法取得事业上的任何成功。满语与欧洲语言相类；它自有方法和规则；简言之，让人一目了然。而且，五六年就足以让积极向学之人，很好地掌握，能够阅读所有的满文书籍，大有收获。”

钱德明神父断言，所有的汉文优秀书籍都已被翻译，这是不对的。除了有汉文四书五经等经典的翻译外，整个满文文献包括大约 180 部作品，其中《古文渊鉴》和《通鉴纲目》，占据首位。然而另一方面，钱德明指出，当时最优秀的满汉学者，受雇于皇帝，进行这些标准的翻译，这些中国出生，在中国受教育的人，对于这两种语言的理解，比任何西方学者冀希取得的，都要透彻，这是无可置疑的。在一本书中，某段做此译而不做彼译，则必定有其原因，汉学家们应该予以考察。从一个完全客观的观点看，可以说，正确的语言学批评与方法的一个根本性原则，就是，对于一段给定的文本，除了原文外，要求参考现有的所有阐释手段。正如芝加哥的拉斐尔（Laufer）教授所指出的，自满自负与无知的傲慢，会让人武断地认为满文可以忽略不计。

此外，满文的翻译不是为了要取代或是将汉文文本抛置一旁，它们的目的纯粹是方便满文学习者理解原文。这可以从如下事实看出，例如，四书五经等经典从来不只印满文，旁边总是有可以逐行对照的汉文。汉文与满文应该一起读。

当然，满文学习者学习这些经典的汉文，而使用满文译文，是为了更快和更清晰的理解，这是一种便捷的转换方式。这也是为什么所有这些翻译是对汉文原文的逐字释义，而不另有其他任何添加的原因。拉斐尔教授在有价值的《满文文献概述》（Sketch of Manchu Literature）一书中说，不必兴奋于一味照搬、忠实的直译，因为满文版的唯一目的就是作为母语为汉语的满语学习者的教科书，那么，这些著作也对欧洲汉学家没有什么用吗？这一问题使得我们要对满语的历史、特色，以及它对于汉学工作的有用性做一简短的评论。

一、1583年至1626年间，部落首领努尔哈赤——死后庙号是太祖，统一了奉天、吉林和黑龙江约六十个女真部落，建立了金国（Manju Gurun），Manchu一词是Manjusiri的简写，后者是努尔哈赤远祖的名字。这些金人（Jurjen nation，常被错误地称为女真Nü-chên或是女直Nü-chih）的后裔所说的语言（金人的统治者曾经创立了金朝并在12世纪统治中国北部），此时称为Manju gisun，也就是“满语”。1599年，努尔哈赤下令改造蒙古文字，以适应满语语言的要求，而蒙古语从元朝时就作为书写的正式语言，一直使用到那个时候。满洲人统治兴京、辽阳和沈阳，1625年朝廷迁至沈阳，其间满语书面语得以发展并完善。在多尔衮的军队占领北京后，1644年10月朝廷由沈阳迁到北京。北京成为了满语言和文献最繁盛的地方。17世纪余下的时间内，满语仍旧是鲜活的语言，说满语很普遍。然而，满洲、蒙古和汉军旗人之间多有婚媾，真正的满洲人也就是女真人的后人很快就与其他两个民族融合，慢慢变成了说汉语的中国人。1722年，满洲学者戴穀在他的满语词典的序中承认，他编纂此书，是鉴于满洲人正在开始忘记了他们自己的语言。到18世纪结束时，乾隆皇帝公开斥责满语的退化，企图矫正，但最终无济于事。道光朝时，19世纪上半叶，满文出版物的印行，这是最后的辉煌。之后的咸丰、同治和光绪朝，发生了声势浩大的太平天国叛乱，以及与外国列强的灾难性冲突，满语日益被遗忘，成了宫廷典礼和繁文缛节业务中的一种矫揉造作的习语。在满洲王朝的最后年月，北京政府做了一些努力，建立学校，让人学习满语，但为时太晚：革命狂潮涤荡了语言使用的根基，在北京和中国内地，满语变成了一种死语言。只有在满洲，在黑龙江省，还有一些说满语的人。数月前，我在西伯利亚大铁路沿线的海拉尔镇，得到了一份满文小报Ice Donjin Afaha，意思是“新潮报”，第322期，日期是1925年12月21日，不是字母排印，以一种油印手写体印刷，张作霖政府出版这种关心中国内战的新闻，似有其道理。张作霖认为，对于这样的报纸投入精力与金钱是值得的，这一事实证明了，满洲（东北）的一些地方，即便是今天，仍有一部分人口能读懂满文。俄国学者史禄国（Shirokogoroff）的《满洲人的社会组织》（Social Organization of the Manchus）一书是1924年在上海出版的，他在书中说，在瑷珲，约有两万至两万五千人说一种满语方言，与以前在北京所说的稍有不同而已。由于酗酒和疾病，这些最后说满语的满洲人正急速减少，我们的俄国同事们不应该错过机会，做一些留声机唱片，否则的话就来不急了。这是最后的机会，为后人留下一种真正的满语发音。

二、请允许我谈谈满语的特点。满语属于乌拉尔—阿尔泰（Uralo-Altaic）语系中的阿尔泰语族，与蒙古语和突厥语有关系。与单音节和孤立语的汉语截然不同，严格意义上说，满语的单词是多音节并有着词形变化。而且，动词有一些情态和数种时态，有五种词形变化形式。某些种类的名词有复数形式，有些语法也全然不见于汉语。

在北京的耶稣会士张诚、钱德明所书写很短的满文语法书，于1787年在巴黎出版。后来的语法书也都是小册子:（1）《满语文法要素》（El é ments de la Grammaire Mandchoue），德国学者甲柏连孜（Hans Conon v.d.Gabelentz）1832年在阿尔滕堡出版;（2）拉丁文的《满语语法》（Linguage Mandshuricae Institutiones），德国学者弗朗兹·考伦（Franz Kaulen）所写，1856年在雷根斯堡出版;（3）《满语语法》（Grammaire de la Langue Mandchou），吕西安·亚当（Lucien Adam）所写，1873年在巴黎出版;（4）《满语教程》（Manuel de la Langue Mandchoue），何赖思（Charles de Harlez）所写，1884年在巴黎出版。穆麟德（P.G.von Mollendorff）的《满语语法》（Manchu Grammar），1892年上海出版，是迄今唯一用英文写成的满语语法书，是一部很差的著作，这里就不必提了，甚至英语翻译的十个练习也是从威妥玛（Thomas Wade）爵士的《自迩集》中拿来的。

最完整但也是最繁复的满语语法书，是俄国学者伊万·扎哈罗夫（Iwan Zachroff）编纂的，1879年在圣彼得堡出版。之前的学者都是从传统拉丁语法的习惯规则讲起，而扎哈罗夫将他的分析体系建立在俄语语言的理论之上。我以为，他的解释方法在动词领域是令人信服的。俄语语法的动词，有着已完成做某事与未完成做某事的区别。俄语语法还独有一种分词和动名词，与西方的分词和动名词毫无共同之处，分别了表示将动词转化为有着词尾变化的形容词形式（即形动词）与无词尾变化的副动词。扎哈罗夫和他的弟子、已故的柏林大学葛禄博（Wilhelm Grube）教授将满语的三种形式与俄语的分词，七种形式与俄语的动名词等量齐观，区别出了满语中的三种动词形式：（1）形动词，也就是加入名词的形式；它们自身是名词，在表语位置起着限定动词的作用；（2）副词形式，也就是加入别的动词形式；以及（3）限定形式。有三种形动词：未完成时，表示同时发生的未完成动作；完成时，表示过去已经完成的动作；以及过去将来完成时，表示在过去未完成的动作。七种副词形式是：表示同时发生的未完成动作的分词，表示持续性动作的分词，表示过去已完成动作的分词，表示条件或是时间的分词（用“如果”和“何时”翻译），表示让步的分词（用“尽管”翻译），表示持续或是中止的分词（用“在……期间”或是“直到”翻译），以及表示描述和刻画的分词。最后是四种表语形式：分别是不定过去时，也就无时间限制的时态，祈愿式，以及三重命令式，分别表示平常的、柔和的以及有力的命令。[①]

很显然，仅时态就如此丰富，这对于解释相对应的汉文内容应极有价值。然而，在这里给出满语语法的概述，不是本文的任务。还是让我们看看，研究满语会给汉学提供什么优势条件，尤其是高阶的入门者。

在开始之前，我必须提及一些急需的东西。刚才提到的语法书不仅陈旧，而且很早就绝版，书店几乎买不到。现在急需一种新的语法书，在扎哈罗夫著作的基础上，参照扎克（Herrn v.Zach）等人的研究结果予以增补，并组织加强满文字词的一些练习、转写以及翻译。除此之外，需要好的满英字典。钱德明、甲柏连孜、扎哈罗夫分别编写的满法、满德、满俄字典既不完备也不可靠。为了弥补这一不足，我本人已将乾隆

① 此段译文仅供参考，引用条请核对原文。——译者

皇帝了不起的《清文鉴》，依字母顺序，抄在了9000多张纸上，现在全力以赴，比较《清文鉴》与其他满文字典，尤其是《清文汇书》和《清文补汇》中所给出的定义。我以为，将来的语法书和字典应该用英文写就，因为英文是所有学者普遍知晓的语言。还有，满文书籍在北京不再印刷与销售，而在欧洲，图书馆看管它们的满文书甚紧，普通学习者要得到满文书不是件易事。因此，我们需要四书五经等经典的满文版。1864年，甲柏连孜出版了四书中的两部即《尚书》与《诗经》的满文译本。他的著作应该修订，同时还应继续出版满文版的《易经》《礼记》《春秋》《左传》《公羊传》《谷梁传》《孝经》，以利于所有的学习者和学者。因为此项必须要做的工作是巨大的，我利用今天的机会，诚邀国际间的合作和支持。

三、最后，我将列举认识满语所能带来的种种好处。

（1）即便是对满语了解有限，也保证能正确读出出现在汉文中的满文名字和满文单词。过去的三百年即1644~1912年的中国历史，如果不了解满文，若只关注汉文史料，就不能得到彻底理解，正如同要很好地了解蒙元王朝的历史，就要求认识蒙古语言一样，因此，在满洲大清王朝，所有的文件，书写以及书籍包括着满文名字、满文的表达以及关于满洲人的特别事务和制度的掌故，只有了解了满语，才能熟悉这些。当考察满洲人历史的时候，科学的编纂者，应该将那些用不充分的汉文转写的、被搞得支离破碎的汉文单词，恢复到满文原来的样子。

（2）名字的满文写法常常揭示了该名字的真实意思，如宫殿、大门、寺庙、年号等。因此，北京皇宫的正南大门——天安门，不是“上天静谧之门”的意思，因为它的满文名是 abkai elhe obure duka，意思是“上天保持和平之门”。北京的“德胜门”不是“德行胜利之门”，它的满文是 Eridemu i etehe duka 意思是“因德行而征服之门”。第一位满洲皇帝的年号“顺治”，不是“顺利的统治”，它的满文的写法 Ijishûn Dasan，意思是“顺应统治”，汉字“顺治”是“顺天治国”的略写。“康熙”不是“长久繁荣”之意，满文 Elhe Taifin，意思是“宁静和平”。“乾隆”不是“持久荣耀”，满文 Abkai Wehiyehe，意思是“上天辅佑”。“光绪”不是“辉煌继位”，因为满文 Badarangga Doro 的意思是“将事业继续下去”。“宣统”，不是“广泛控制”，满文 Gehungge Yoso 意思是“光辉体统”。从这少数几个例子就可以看到，要正确地翻译这些年号和名字，不借助于满语，几乎是不可能的。[①]

（3）汉文的满文翻译，可以用来揭示这些中文字的语法作用。例如，唐代大学者韩愈的名篇《原道》，德效骞（Homer H.Dubs）在有价值的《荀子—古代儒学的塑造者》(Hsuntze, the Moulder of Ancient Confucianism) 一书中，将“原道”这两个字译为“原来的道路”，这一翻译本身也算能自圆其说。从满文版本看，见《古文渊鉴》卷三十五，我们了解道，“原”字这里是作动词用，满文的翻译是 Doro be fetehe bithe，意思是“探讨正确之道以后所写的文章”。再如“圣驾”，皇帝的车子，不译作“the Sacred Chariot(神圣之车)”，因为该词满文是 enduringgei sejen，第一个字是所有格，因此它的意思是“the Chariot of the Sacred one（圣人之车)”。

（4）每一位汉学家都清楚地知道，大部头的《佩文韵府》在研究中是不可或缺的，这是康熙皇帝大规模汇编的音韵之书，他十分清楚，要理解其他的引文是多么困难。现在已经出版了一个满文的摘编本，名字是《清汉文海》，借助它我们能够很方便地阅读《佩文韵府》的一部分内容。

（5）满语并不难学。有人曾经称它是“午餐语言”（tiffin language)，是在很短的吃午餐时间内很轻易就掌握的语言。这当然是开玩笑的夸张说法。然而，与汉语比较，满语肯定是非常容易的，可以在相当短的时间内学会。语法简单明了，几乎没有不符合规则之处，人们记住多音节单词没有任何的困难。在获取了足够的满语知识后，人们能够愉悦地阅读满文翻译的汉文小说，如《金瓶梅》《聊斋志异》，阅读汉文原文，只能是刻苦认真，经百折不挠的努力之后才能理解。总之，掌握了满文可以使汉学学习者，能使用四书五经、《古文渊鉴》、《通鉴纲目》，以及其他的标准作品的

① 此段译文仅供参考，引用时请核对原文。——译者

满文本，弄清楚汉文的意思。

上面提到的五点，在我看来，会让每个人相信，能抽出时间的汉学家们，不会错过掌握足够多的满语语言知识的机会。

（作者单位：德国柏林大学；译者单位：中国人民大学清史研究所）

清帝满文起居注介绍*

◎陈捷先　著
◎陈晨　译　董建中　校

一、起居注的历史发展

起居注是中国历史编纂学的特殊种类，专门记录君主每日的言行。起居注与日记有些相似，由皇帝钦点的书写者记录。因起居注是皇帝活动的实时记录，故而在该统治者死后，它成为编写实录和本纪的首要资料来源。

周朝（公元前1111？～公元前221）已设立了一种类似于后世负责记录起居注的史官。当然那时这种材料用的并不是后世所知道的起居注的称谓。据考证，起居注作为历史写作中正式的门类，始于东汉时期（25~220）。我们知道东汉的明帝、灵帝和献帝都有起居注，当然这些起居注后来均散佚了。① 从晋朝至隋朝（265~617），历朝均编

* Ch'en Chieh-hsien, "Introduction to the Manchu Text Version of the Ch' ing Emperors Ch'i-chü-chu(Notes on the Emperors Daily Activities), in *Central Asiatic Journal* 17, no.2-4(1973):111-127.

① 袁宏:《后汉纪》，卷 11；范晔:《后汉书•明德马皇后纪》；朱希祖:《汉唐宋起居注考》，载《国学期刊》第 2 卷第 4 期（北平，1930 年 12 月）。

纂过此类文献。这一时期共约53位皇帝有起居注。[①]唐朝设立了专司起居注编纂之职的衙门，起居注因而更为出名。此外，唐代规定每三个月即一季编写一册起居注，每年将四册起居注一同呈送史馆。起居注的编纂制度因而正规化，大量起居注随之产生。宋高宗、宋孝宗与他们起居注的关系是学者们经常探讨的问题。据记载，宋孝宗统治期间，每月向史馆呈送一册起居注，故而每年有12册起居注。可以断言，宋代编纂起居注的数量多于唐代[②]。辽、金、元这些“野蛮”王朝也同样任命官员编纂起居注以记录皇帝们的活动。明朝是汉人在1368年建立的，但在四年之前，起居注已用于记录明朝开国皇帝的言行。[③]明太祖朱元璋的起居注现已无存，但《皇明宝训》一书广泛取材自他的起居注。后因明太祖谕令废除起居注编纂机构，故自太祖以降，近两个世纪都未再编纂起居注。我们在《明实录》1573年的条目下，发现翰林院的一位官员上疏皇帝，建言恢复起居注编纂。[④]因此在晚明，这一工作变成了翰林院的职责。以前，近代学者认为明朝起居注已全部无存，但1933年谢国桢先生在天津直隶省图书馆发现约50册万历时期的起居注[⑤]，从而改变了过去的认识。第二年，日本学者今西春秋在东京上野帝国图书馆发现了明万历、泰昌、天启年间的起居注共计117册。不久，他又于内阁文库中发现了天启年间的起居注12册。[⑥]因此，我们可以断定，明代起居注仍留存于世。

二、清朝的起居注

清初并没有编纂起居注。我认为，这应归因于清代定鼎中原后的前二十五年中，秘书和史书编纂机构的建制尚不稳定。我将在下文详细阐述

① 李宗侗:《中国史学史》，第74页（台北，1953年）。

② 周必大:《承明集》，此出自周必大绍兴三十二年的一份奏章（1162年）。

③ 《明史》卷73。

④ 《明实录》，万历元年八月二十六日。

⑤ 谢国桢:《晚明史籍考》（北平，1933年）。

⑥ 今西春秋:《明季三代起居注考》，收入《明代满蒙史研究》，第587~662页，京都大学出版社1963年。

清朝起居注制度的发展过程。据已知材料记载，早在努尔哈赤时期，学者额尔德尼业已承担起编写记述历史的任务。[①] 当时负责编写工作的衙门称为书房，此外，它也做翻译工作。[②]1629 年，努尔哈赤之子皇太极设立文馆，这是清朝国史馆的雏形。[③]1636 年春天，皇太极在建立大清帝国前夕，扩文馆为内三院。清朝史书编纂机构及活动在规模和范围上都扩大了。[④]

定鼎中原后，清承明制，仍沿用明末部分官僚衙门。翰林院因在明朝时就执掌国家历史资料编修之职，这时得以与内三院并立。然而第二年（1645），翰林院被并入内三院，不再作为拥有独立的地位。[⑤]1658 年，内三院改为内阁，翰林院与内阁分离恢复了独立的地位。康熙初年，保守的满洲大臣认为顺治年间（1644~1661）过于汉化，遂将内阁改回内三院的体制。1670 年，当时年轻的康熙皇帝已很成熟并亲自处理国家政务，他再一次完全改变现行的政治架构，恢复翰林院的独立地位并改内三院为内阁。[⑥]

当抵制汉化的本土主义者在抗衡保守的满洲势力的大势下几近失败之时，汉族士大夫熊赐履于 1668 年请求康熙帝设立编纂起居注的衙门。在上疏中，他建言康熙帝任命官员每日记录他重要的言谈举止，使之长存，以为官员和百姓的楷模。康熙帝的批复仅仅是指出收到了此章奏，并无赞同或是提出进一步的意见。[⑦] 第二年，大臣魏象枢也建言此事，同样未能奏效。[⑧] 最终，在 1670 年，随着翰林院的重新设立，起居注编纂机构也继之产生。它名义上是一个独立机构，但事实上，它的主要官员来自翰林院。[⑨]

清代起居注的又一个特征也值得一提，原因是满人创立了自己的书写体系。相应地，起居注用两种文字进行编纂，分别是满文版本和汉文版

---

① 《旧满洲档》，第一函，第 129 页（台北故宫博物院 1969 年）。
② 罗振玉编:《史料丛刊初编》，第一册，第 27a 页，第 45a 页（东方学会，1924 年）。
③ 《清太宗实录》卷 5，第 11b 页。
④ 同上，卷 28，第 2~3 页。
⑤ 《大清会典事例》，卷 1044，第 1 页。
⑥ 同上，卷 1044，第 2 页。
⑦ 《清圣祖实录》卷 27，第 4a 页。
⑧ 《大清会典事例》卷 1055，第 1a 页。
⑨ 同上，卷 1055，第 1b 页。

本[①]。这是清代历史纂修异于其他朝代的独特特征，也因此产生了本文所探讨的这种文献。

起居注馆设立后的一段时间里，康熙帝对于起居注能够据实实录极为关切。但几年之后，他的态度发生转变，开始责怪某些参与起居注纂修工作的大臣。首先是康熙帝厌烦日讲起居注官一直跟在他身后进行记录，遂谕令："嗣后朕诣两宫问安，侍职官不必随行"，以此防止日讲起居注官在皇帝的私人场合中窥视其言谈举止的细节。[②]后来，康熙帝又禁止起居注官参与他的机密会议或与高级官员进行的私人谈话。[③]1682年，康熙帝甚至质疑日讲起居注官的人格和忠诚，特别是他怀疑日讲起居注官把对朝廷大员的好恶偏见带入到起居注的编纂中。他抱怨道："起居注官能必其皆君子乎？"[④]康熙帝最终于1718年以起居注馆中的官员在处理机密的宫廷事务时过于稚嫩草率为由，撤销了起居注馆。[⑤]所幸的是，只是在五年后其子雍正帝即位，就恢复了起居注馆。[⑥]这是起居注编纂的最后一次制度性调整，其后起居注馆一直延续到清朝最后覆亡。

清朝规定，皇帝起居注要依既定程式进行编写。例如：首先要记录皇帝当天进行的某些类别的活动，包括祭天、诣太后处问安、巡行京畿等。这些活动也要按照固定的顺序编写。其次要记录皇帝当天发布的谕旨；其三是向皇帝呈送的奏章，这部分要按照从京官到外省官员的确定顺序书写。其四是记录每日召见官员等，编写顺序同上述第三方面。简言之，起居注必按例编写。[⑦]

康熙皇帝每月编写一册起居注，这是特例，清朝其他皇帝的起居注是每月编写两册，每年计有24册，闰年计有26册。也存在极个别的例外情形。

---

① 《大清会典事例》卷1055，第13b页。
② 同上，卷1055，第14a页。
③ 同上，卷1055，第14b页。
④ 同上，卷1055，第16页。
⑤ 《清圣祖实录》，卷271，第23a页；卷272，第2页；卷278，第2页；卷278，第14b页、15a页。
⑥ 《大清会典事例》，卷1055，第4页。
⑦ 同上，卷1055，第8~12页。

起居注的编纂是从低级官员的初步记录开始，其后移送至级别较高的官员进行审查，最后交与掌院学士征得最终同意，然后再装订、钤盖翰林院印信、存档。满文版本和汉文版本的起居注均按上述方式编纂。自康熙帝设立起居注馆起，馆中即有满汉官员，分别以满文和汉文进行编纂。进行此类工作的官员约有 20 名，不同的时期略有增减。①

三、台北"国立故宫博物院"所藏满文起居注现状

尽管过去中国和外国的许多学者对满文史料进行了编目，但尚未有学者对这些满文起居注开展过此类的工作。三年前，我有幸于故宫博物院发现这批资料。尤为欣慰的是，我研究发现，尽管确有少量的散佚，但从总体上看它们几近完整。过去一年中，我对这些材料进行排序整理，现将满文起居注的详目列于下（下表所用系中国纪年月方法）：

（1）康熙朝（1662~1722）

年份	现存册数	保存情况	备注
10	4	不完整	少 1 月—8 月
11	12	完整	
12	12	完整	
13	1	不完整	少 2 月—12 月
14	13	完整	闰 5 月
15	12	完整	
16	12	完整	
17	13	完整	闰 3 月
18	7	不完整	少 1 月，2 月，7 月，8 月，11 月
19	13	完整	闰 8 月
20	12	完整	
21	12	完整	

① 《大清会典事例》，卷 1055，第 1b 页，第 2a 页。

续表

年份	现存册数	保存情况	备注
22	13	完整	闰6月
23	12	完整	有水渍
24	12	完整	
25	13	完整	闰4月
26	12	完整	
27	12	完整	
28	13	完整	闰3月
29	12	完整	
30	13	完整	闰7月
31	12	完整	
32	12	完整	
33	13	完整	闰5月
34	12	完整	
35	12	完整	
36	13	完整	闰3月
37	12	完整	
38	13	完整	闰7月
39	12	完整	
40	12	完整	
41	13	完整	闰6月
42	12	完整	
50	12	完整	
51	12	完整	
52	13	完整	闰5月

（2）雍正朝（1723~1735）

年份	现存册数	保存情况	备注
8	24	完整	部分被虫蛀
9	24	完整	
10	26	完整	闰 5 月。有水渍
11	24	完整	部分有水渍
12	24	完整	
13	27	完整	闰 4 月。8 月有 3 册

（3）乾隆朝（1736~1795）

年份	现存册数	保存情况	备注
1	24	完整	
2	26	完整	闰 9 月
3	24	完整	
4	24	完整	前 6 册有水渍
5	26	完整	闰 6 月。部分有水渍
6	24	完整	
7	24	完整	
8	26	完整	闰 4 月
9	24	完整	
10	24	完整	24 册封面被虫蛀
11	26	完整	闰 3 月
12	24	完整	部分有水渍
13	24	不完整	闰 7 月。 少 2 月第 1 册及 5 月第 1 册
16	26	完整	闰 5 月
17	24	完整	
18	24	完整	
20	24	完整	

续表

年份	现存册数	保存情况	备注
21	26	完整	闰9月
22	24	完整	
23	8	不完整	少1月—4月，8月第1册，9月—12月第1册
30	26	完整	闰2月。部分有水渍
31	24	完整	
32	26	完整	闰7月
33	24	完整	
34	24	完整	
35	26	完整	闰5月
39	24	完整	
40	26	完整	闰10月
41	24	完整	部分被虫蛀
42	24	完整	部分有水渍
43	26	完整	闰6月
46	26	完整	闰5月。部分有水渍
48	24	完整	
49	26	完整	闰3月
51	16	不完整	闰7月。少1月，2月第2册，4月，5月，8月第1册，10月第1册，12月第1册
54	26	完整	闰5月
55	24	完整	
56	24	完整	部分被虫蛀
57	26	完整	闰4月
58	12	不完整	少1月—6月
59	24	完整	
60	26	完整	闰2月

续表

年份	现存册数	保存情况	备注
61	4	完整	以按季节排列代替按月排列。封面满文题名“太上皇起居注”
62	4	完整	同上
63	4	完整	同上
64	1	不完整	少夏、秋、冬三季

（4）嘉庆朝（1796~1820）

年份	现存册数	保存情况	备注
2	26	完整	闰 6 月
3	16	不完整	少 1 月—4 月
4	24	完整	
5	26	完整	闰 4 月。部分有水渍
6	24	完整	
7	24	完整	
13	26	完整	闰 5 月
14	24	完整	
15	24	完整	
16	26	完整	闰 3 月。有水渍
20	24	完整	部分被虫蛀
21	26	完整	闰 6 月
23	24	完整	部分册封面满文题名有误
24	26	完整	闰 4 月
25	25	完整	8 月有 3 册。被虫蛀

（5）道光朝（1821~1850）

年份	现存册数	保存情况	备注
1	24	完整	
2	26	完整	闰3月。2月第2册，6月第2册，12月第2册的封面上满文题名有误
3	24	完整	部分册封面上满文题名有误
4	26	完整	闰7月
5	24	完整	
6	24	完整	
7	26	完整	闰5月
8	24	完整	
9	24	完整	部分被虫蛀
10	26	完整	闰4月
11	24	完整	10月2册封面有误。部分被虫蛀
12	26	完整	闰9月
13	24	完整	部分被虫蛀
14	24	完整	
15	26	完整	闰6月
16	24	完整	
17	24	完整	10月2册封面有误
18	26	完整	闰4月，封面有误
19	24	完整	部分被虫蛀
20	24	完整	同上
21	26	完整	闰3月
22	24	完整	封面有误
23	26	完整	闰7月
24	24	完整	部分被虫蛀
25	24	完整	
26	26	完整	闰5月

续表

年份	现存册数	保存情况	备注
27	24	完整	部分被虫蛀
28	24	完整	同上
29	26	完整	闰 4 月
30	24	完整	

（6）咸丰朝（1851~1861）

年份	现存册数	保存情况	备注
1	26	完整	闰 8 月
2	24	完整	
3	24	完整	
4	26	完整	闰 7 月
5	24	完整	封面有误
6	24	完整	
7	26	完整	闰 5 月
8	24	完整	封面有误
9	24	完整	有水渍
10	26	完整	闰 3 月
11	24	完整	有水渍

（7）同治朝（1862~1874）

年份	现存册数	保存情况	备注
1	12	不完整	少 7 月—12 月
2	6	不完整	少 4 月—12 月
3	24	完整	
4	26	完整	闰 5 月
5	23	不完整	少 3 月第 1 册

续表

年份	现存册数	保存情况	备注
6	24	完整	
7	26	完整	闰 4 月
8	24	完整	封面有误且被虫蛀
9	22	不完整	少 4 月和 5 月，闰 10 月
10	24	完整	
11	24	完整	
12	26	完整	闰 6 月
13	20	不完整	少 9 月和 10 月

（8）光绪朝（1875~1908）

年份	现存册数	保存情况	备注
1	24	完整	
2	26	完整	闰 5 月
3	24	完整	
4	24	完整	
5	26	完整	闰 3 月
6	24	完整	
7	26	完整	闰 7 月
8	24	完整	
9	24	完整	
10	26	完整	闰 5 月
11	24	完整	
12	24	完整	
13	26	完整	闰 4 月
14	24	完整	
15	24	完整	
16	26	完整	闰 2 月

续表

年份	现存册数	保存情况	备注
17	24	完整	
18	26	完整	闰 6 月
19	24	完整	
20	24	完整	
21	25	不完整	闰 5 月，少 12 月第 1 册
22	24	完整	有水渍
23	23	不完整	少 4 月第 1 册，部分被虫蛀
24	26	完整	闰 3 月
27	24	不完整	少 2 月第 2 册和 6 月第 2 册，5 月和 10 月各有 3 册
28	24	完整	
29	26	完整	闰 5 月
30	24	完整	
31	24	完整	
32	26	完整	闰 4 月
33	24	完整	
34	24	完整	封面有误

（9）宣统朝（1909~1911）

年份	现存册数	保存情况	备注
1	26	完整	闰 2 月
2	24	完整	

我在研读满文起居注后有如下看法：

1. 很明显，自清亡以来，学者还没有研究过这些材料，甚至连编目工作也未曾着手。这些起居注被尘封在钤盖翰林院印信的包裹中，印信上有满汉两种文字。这足以说明，这批材料在 1911 年辛亥革命前已被打包装好，以后一直未打开过。

2. 满文起居注的数量。道光和咸丰朝的起居注保存完整。其他朝的起居注或多或少都有缺失，并不完整。从整体上看，道光朝以前诸朝的起居注比以后诸朝的缺失更多一些。共计 4083 册稿本起居注，在数量方面远远超过实录或其他史料。

3. 满文起居注所记录的时段，并没有绝对一致的程式。康熙年间规定每月编纂一册，但从雍正时期开始，则改为每月编纂两册。但也有例外，如雍正时期和嘉庆朝就极为少见地出现了每月编纂三册的情况。另外，乾隆帝禅位后每三个月编纂一册起居注。

4. 满文起居注的内容。康熙时期的起居注记载相当简略。但从雍正朝开始，随着上谕数量的增多，起居注记载日益复杂。检视康熙、雍正、乾隆朝的起居注，可以看出清代抄写工作的高度准确，而嘉庆以后的抄写质量明显下降，甚至可以经常发现封面上名称的错误。这要归咎于装订过程中的草率：写于布签上某册的名称却错粘在其他册上。作为中国纪年法的天干地支在抄写方面的错误也十分明显；同样地，满文书写体系中用于区别发音的变音符号——圈、点的使用也可以找出错误。这清楚表明，晚清时期满洲官员的满文熟练程度较低。

5. 在世界范围内，可以找到许多满文档案，但清末宣统朝的满文档案却极少见。实录和本纪均是在皇帝死后才编修而成的，清代倒数第二位统治者光绪帝即是如此。但是末代皇帝宣统在辛亥革命之后仍然活着，遂没有编修他的实录和本纪。因此，满文起居注作为清末最后几年的重要史料，其价值是独一无二的。

结　论

无论我们是把清朝满文起居注看作满文文献，还是语言研究的资料，亦或是史料，它们都有独特的价值。以下，我将从不同角度对这些问题进行探讨：

1. 关于将这批档案作为综合性藏品：日本、欧洲和美国收藏了大量的满文档案资料，但是只有“国立”故宫博物院拥有多达4083册直接系统地记述清帝日常事务的卷帙浩繁的稿本，满文起居注的价值远远超过其他随处可见的各种史料。

2. 关于将这批档案作为研究满语的资料：满文于1599年创设后，蒙语对满语的早期发展影响很大。然而时移世易，特别是清朝定鼎中原之后，汉族文化对满语的影响超过了蒙语。满文起居注足以证明这一点。例如，在早期的满文档案中，满洲统治者的头衔最初为beile（贝勒）或han（汗），但后来仿效汉制改称hūwangdi（皇帝）。贝勒（beile）一词也被汉语中的王（wang）所代替。同样地，福金（fujin，贝勒之妻）这一头衔也逐渐改称为皇太后（hūwang taiheo）。满文档案中其他的官方术语也呈现出同样的变化趋势。以盛京皇宫中一座宫殿的名称为例，清朝定鼎中原前它在满语中作“genggiyen elhe gung”，汉语称清宁宫。此例中，汉语和满语义同而音不同。也就是说，意思彼此相同，但并非音译。然而在顺治帝迁都北京后，我们看到满文起居注明显将汉语中的乾清宫进行了音译，满语名称丝毫体现不出汉语名称蕴含的语义。这表明在不断深入的汉化的影响下，清代双重命名系统中的满语命名系统仅以一种日益肤浅且敷衍的方式存在下去。

满文起居注中在对汉人天干地支纪年方式的使用上也同样错误百出。我还发现其他有汉语名称直接音译写成满文的情况。简言之，这批满文起居注为研究满语的发展进程提供了丰富的材料。

3. 关于对满族与清史的研究：作为清史史料，这些满文起居注极其珍贵。以康熙十年九月二十三日康熙帝在盛京祭祖陵为例。此次祭祀活动反映出原始满族文化中特定的风俗习惯。如：与臣僚共饮金樽中的白酒，赏赐他们马鞍、短剑等物，命他们进行射箭比赛等。诸如此类对满族文化的典型特征的细致描写只能在满文起居注中找到，而该年的汉文档案缺乏此类记述。

这些档案对研究清代任何一位皇帝来说，都是最基本的一手材料，远比皇帝死后编纂的实录和本纪更为详实和可靠。满文起居注同时也抄录了部分呈送皇帝御览的满文章奏，其中包括了许多情况下因翻译不便而未被录入汉文起居注中的章奏。

综上，清代满文起居注不仅是新近发现的满文资料，同时对研究满语和清史极有价值。

（作者单位：台湾大学历史系；译者单位：中国人民大学清史研究所）

早期八旗兵力的一种估算方法①

◎ 房兆楹 著
◎ 董建中 译

一、问题的提出

清朝早期有关军事的文献极少提到现役部队的总兵数，也就是出征军队的人数。显示军队兵力数量的材料，常常是说"每牛录抽调若干人"②。如果不知道特定年份的牛录数目，就无法估算八旗军队潜在的兵力，也不可能知道一次出征有多少人参加。

1634 年，八旗出兵内蒙古期间，招

---

① Chaoying Fang,"A Technique for Estimating The Numerical Strength of The Early Manchu Military Forces", *Harvard Journal of Asiatic Studies*, Vol.13,No.1/2.(Jun., 1950):192-215.

本文是为即将出版的《中国社会史：清朝（1644~1912）》的军事部分而准备的。这一中国历史研究项目由华盛顿大学与哥伦比亚大学共同发起。

② 牛录，八旗制度的基本单位，中文称之为佐领。这一组织不仅包括兵丁，而且也包括他们的家人，以及所有的后代。威妥玛（T.F.Wade）发表在《中国丛报》的《中华帝国的军队》（Chinese Repository, XX, 5, May,1851, p. 357）一文中，并没有进行用词上的翻译，只是简单称之为 tsoling（佐领）。后来，它被译为"Company"(Brunnert and Hagelstrom, *Present Day Political Organization of China*, Shanghai, 1913, No. 736, p. 326)。因缺少更适宜的英文对等词，我在这里也采用了这一译法。

募数以千计的蒙古人进入蒙古八旗和满洲八旗。[①] 这次出征的作战军队据记载是：每牛录抽 8 个护军和 20 个马甲。[②] 现役八旗军队的兵力也记述为“每牛录抽调若干人”。康熙朝《大清会典》，修成于 1690 年，是含有这一问题信息的第一部官方出版物。它记载了当时这只军队兵丁的数目，为每一满洲或蒙古牛录抽调 89 人，每个汉军牛录抽调 47 人。[③] 然而，它并未给出牛录数目，因此不可能计算出总人数。某个年份八旗兵力人数的关键在于这一年现有的牛录数。

1601 年开始组建牛录。[④] 至 1615 年约有两百个满洲牛录，分为八旗。[⑤] 随着征服蒙古和明朝，降服的蒙古和汉人士兵组建了牛录和旗。1626 年只有一支蒙古军队，在 1631 年以前扩充为两旗，[⑥]1635 年又增至八旗。[⑦] 类似地，1637 年有两个汉军旗，1639 年扩至四旗，1643 年又增至八旗。[⑧] 满洲、蒙古、汉军牛录的数目得以增加，到 1735 年，京旗有满洲八旗 678 个牛录，蒙古八旗 207 个牛录，汉军八旗 270 个牛录。[⑨] 牛录数目的增长，从 1601 年至 1735 年，是一个逐步的过程。1735 年后对于八旗军队的需求下降，牛录数目从那时起基本保持不变，一直到 1912 年。19 世纪 80 年代，共有 675 个满洲牛录、204 个蒙古牛录、266 个汉军牛录。[⑩]1735 年后的官方出版物开列了二十四旗之下的牛录数目，军事史料也常常提及从八旗中抽调的兵力数。因此，就 1601 至 1735 年来说，需要知道实际的牛录数，才可以弄清每一年八旗军队的兵力情况。

---

① 《清太宗实录》卷 18，第 23a-25b 页；卷 22，第 17b-21b 页。

② 《清太宗实录》卷 18，第 22a 页；见注 21。

③ 康熙《大清会典》卷 81，第 12b-13a 页。

④ 《清太祖武皇帝实录》(北平，1932 年)，卷 2，第 1b-2a 页。

⑤ 《清太祖武皇帝实录》，卷 2，第 9a 页。

⑥ 没有关于蒙古旗创设和它分为两旗的记载。蒙古旗作为一个分立的力量第一次记载是在 1626 年，当时吴讷格（1635 年去世）被任命为出自（满洲）八旗的一支蒙古军队的都统（《满洲实录》卷 8，第 198~199 页）。1631 年，在大凌河之役中提到了两支蒙古旗军队，一个归吴讷格指挥，另一归鄂本兑指挥（《清太宗实录》9 卷，第 22a-b 页 ）。

⑦ 第一次提到蒙古八旗是在 1635 年（《清太宗实录》卷 22，第 19a-21a 页）。

⑧ 《八旗通志（初集)》，1739 年，卷 11，第 4a-15a 页。

⑨ 《八旗通志（初集)》，卷 3~16。

⑩ 光绪《大清会典》，1899 年，卷 84，第 3a-4b 页。这一段与 1813 年嘉庆《大清会典》(卷 67，第 3a-4a 页）相同，甚至是对于八旗牛录的总数 681 个的错误也相同，应该是 675 个。

二、解决的方法

在早期，也就是17世纪，满人视他们的牛录数目为军事机密。1735年以前的出版物中，只是在一些场合间接提及。因此，要弄清楚早期牛录的数目，就需要参考1735年后出版的著述。一个可能的方法是，发现早期某一年现有的牛录数，以及以后每一年新增的牛录数。我们已知道，清朝有位学者就使用了这一方法去开列逐年的牛录数。此人是王庆云（1798~1862），他在记载清朝政府信息的《石渠余纪》[①]中提到，1840年冬，他利用嘉庆朝《大清会典》卷837所提供的信息，制成了一个表。对于揭示清初视为军事机密的这一举动，他极为小心，声言，他仅抄写了一份，向好友展示，但任何人都不能抄录副本。在他的书中，该表付诸阙如。

王庆云提及的嘉庆朝《大清会典》，开列了1643年的牛录数目及从1644到1813年每年新增的牛录数目。[②]乾隆《大清会典》，刊行于1764年，其表始于1614年，而不是1643年。[③]这两个版本共有的数字是相同的。这里依据1764年版的《大清会典》制成表1。

通过对该表的研究发现，一些数据与更早的、确切可靠的史料比如清实录并不一致。一个例子是，1615年共有约两百个牛录。但乾隆《大清会典》数字的是，1614年有308个满洲牛录，76个蒙古牛录，16个汉军牛录，总数达四百个。[④]《清太宗实录》记载，1634年从每牛录抽一兵丁，共四百人出征。[⑤]可知，1634年应有400个牛录，但乾隆《大清会典》中该年的数字是446。（见表1）从这些差异中，我们得出的结论是：乾隆《大清会典》中早期的数字是不可靠的。列出表1是为了与通过下面所要描述的方法所算出的结果进行比较。

另一种用以计算17世纪和18世纪初任一年牛录数字的依据是《八旗通志（初集）》，该书1739年刊行，共250卷。它包括有满人和八旗制度

① 《石渠余纪》，约1933年重印本，卷2，第22b-23b页。
② 嘉庆《大清会典事例》，卷837，第3b-18a页。
③ 乾隆《大清会典则例》，卷171，第1a-8b页。
④ 同上书，卷171，第1b页。
⑤ 《清太宗实录》卷21，第21b-22a页。

从十六世纪末至1735年的材料。卷3至卷16包括了每一牛录的创建历史，它创建的时间，族别或是成员的来源，记载了该牛录佐领的姓名。在1735年的1155个牛录中，有创建年份的是718个。余下的437个牛录，要么没有创建年份，要么只是以模糊的方式提及，比如“国初编立”或“系由（某人）佐领内分出，始以（某人）管理”。我将使用如下三种方法来厘清这437个牛录的大致创建年份：

1. 研究该牛录首任佐领的传记——若有传记存在的话，有时可以确定牛录创设的确切年份。①

2. 能弄清属于某一牛录的人是在哪一年加入八旗的话，牛录的创建年份也就大概可以确定。②

3. 通过计算一个牛录中佐领的数目，并与已知创建年份的众牛录中的佐领数相比较，就可以知道大致的年份。

通过这些方法，得出了437个牛录的创建年份，见表2。通过验证，此表与表1相比，更能与已知的事实相契合。例如，1615年的牛录数是199，还有是1634年的牛录是400，这是两表不相同的两个例子，而这与实录记载的数字完全一致。另一种材料揭示了1735年以前的牛录数目，就是《亲征平定朔漠方略》，这是圣祖在1690~1697年间平定厄鲁特蒙古汗噶尔丹，以控制喀尔喀蒙古的战争。在卷17第15a–16a页记述了1695年

① 镶白旗第二参领第十六佐领可以作为一个例证。《八旗通志（初集）》（卷7，第11a页）记载，它是由何洛会牛录的人析出组成。据何洛会的传记说他在1651年被处死，因此这一新的牛录的设立不可能晚于此。同一旗第五参领第一佐领在《八旗通志（初编）》中记载是由其他四个牛录多余的人组建的，首任佐领是侍郎伊常阿。依据《清史稿》（卷186，第12b-13a页）的部院大臣表，伊常阿是在1682~1683年任户部的侍郎。因此这一新牛录的设立只能是在这两年之间或是其后不久的时间内，因为有用最高官衔称呼一个人的作法，即便是他已离职。又因为1684年是创建新牛录数目最多的一年，故而这一个的设立也置于该年。

② 这可以指从1601~1643年间的任何一年。例如额亦都（1562~1621）早在1583年前后就归附太祖。他的后代掌握9个世管佐领在镶黄旗第一参领，9个之中，有3个是属于国初形成（《八旗通志（初集）》卷3，1b-5a）。这些都被置于1601年，牛录形成的最早一年。同一旗的第四参领第一佐领，记载说，是由哈达之人组建。哈达是由太祖在1601年征服，它部分从该地区被组织众多数目俘虏，组成牛录（《清太祖武皇帝实录》卷2，页1b）。这一和其他由哈达人组成的牛录被置于1601年前后。1610年，从乌苏里河、吉林东部的虎尔哈河流域来的大批人口归附太祖，这些人被编成牛录，由以前的首领担任额真（同上书，卷2，页4b）。这些牛录，例如，正白旗第一参领第十三佐领（《八旗通志（初集）》都被置于1602~1614年下。

末从北京派遣一支满洲和蒙古军队，总数是 3470 人，每一满洲和蒙古牛录征调 4 人。因此 1695 年京旗满洲和蒙古牛录数是 867.5，表 2 给出的数字是 867，但表 1 是 864，这证明了表 2 的数字比表 1 的准确。

三、表 2 的运用举证

下面的几个例子，证明如何使用表 2 估算八旗现役兵力数以及 17 世纪一些战役的派遣人数。

例一

康熙《大清会典》卷 81 第 12b~13a 页“八旗甲兵”部分，其中说：

满洲、蒙古每佐领设前锋二名，亲军二名，护军十七名，拨什库兵六名，马兵四十名（内弓匠一名），步军拨什库二名，步兵十八名，铁匠二名。汉军每佐领设拨什库四名，马兵三十名，步军拨什库一名，步兵十二名。[①]

这意味着 17 世纪 80 年代八旗军队是从每个满洲牛录和蒙古牛录抽出 89 人，从汉军牛录抽 47 人组成。表 2 中，1690 年北京有 797 个满洲和蒙古牛录以及 263 个汉军牛录。797 人乘以 89，得出满洲和蒙古八旗出征人数 70933 人；263 乘以 47，得 12361，也就是汉军八旗的兵丁数字。可

① 翻译这些官员，士兵阶层以及八旗力量的内部分支，我并没有遵循 Brunnert and Hagelstrom（*Present Day Political Organization of China*, Shanghai, 1913）的译法，除了前锋（vanguard）和护军(guard)。下面是新的兵种译法以及它们所属的单位：

1．亲军（bodyguard），由两种人组成：皇帝的亲军，是由直属于皇帝的牛录抽调而成；以及属于王公的亲军，属于他的家内牛录组成（《八旗通志（初集）》卷 26，第 3b 页；卷 34，第 5b-6a 页，第 12b~15a 页）。

2．马甲或骁骑（cavalryman），有 24 骁骑营。

3．领催（cavalry sergeant），有 24 领催营。

4．步军（infantryman），有步军营。

5．步军领催（sergeant of infantry）。

6．弓匠（bowyer）。

7．铁匠（Ironsmith）。

知，1690 年满人开始与噶尔丹为控制喀尔喀蒙古展开争夺时，他们在北京的总兵力是 83294 人。

我们也知道了当时八旗每旗拥有的兵数：

（1）2 个前锋营	（2×797）	1594
（2）亲军	（2×797）	1594
（3）8 个护军营	（17×797）	13549
（4）16 个骁骑营	（45×797）	35865
（5）步军营	（20×797）	15940
（6）弓匠、铁匠	（3×797）	2391
	满洲和蒙古八旗兵总数	70,933
（7）8 汉军火器营	(34 × 263)	8942
（8）步兵营	(13 × 263)	3419
	汉军八旗兵数	12361
	1690 年八旗兵总数	83294

满洲和蒙古牛录的组织结构相似，但与汉军牛录不同，原因在于：满洲和蒙古作战士兵主要弓箭装备的马甲，而汉军作战士兵，尽管也叫马甲，却是由火器营组成，使用的是火枪和炮。[①] 因此，在满语中，汉军称为“乌真超哈”，意即重武器装备的部队。早期提到前锋或护军，意指这些人来自满洲和蒙古牛录。如果它指的是马甲或骁骑，若没有标明民族的话，它通常指来自所有牛录的人：满洲、蒙古和汉军。17 世纪 60 年代以后的材料才开始区分是否是汉军旗或牛录。

① 在康熙时期称为汉军火器营（《亲征平定朔方略》卷 17，第 17a 页）；浦廉一：《关于汉军（乌真超哈）》，载《桑原博士还历纪念东洋史论丛》（1931 年）。

例二

1629 年，太宗发兵略明，1630 年初围困北京一个月，4 月返回盛京。这次出征，他攻下北京东部的四座城市，后来留兵驻守。返回盛京后，他派遣新的驻兵以替换那里已有的部队。1630 年 6 月，四座城市被明朝夺回。八旗驻军被逐回，损失惨重。太宗闻知此讯，震怒不已，将怒气发在将领会议之上，《清太宗实录》（卷 7，第 6a–b 页）有如下记载：

壬寅（天聪四年五月二十三日[①]）上御殿，集诸贝勒及官民等，谕曰："前出兵时，每牛录甲兵或二十人或十五人，毁明国坚固边墙，长驱直入。又蒙天佑，拔其坚城，所号天下雄兵，在在摧败。及天以遵化、永平、滦州、迁安与我，随令每牛录拨护军三名，甲兵二十名，驻守其地。兵数较前更多。"

这里面的数字可以做比较。第一次出征时每个牛录抽 15 至 20 人，第二次是 23 人。该年有 235 牛录。因此八旗参加第一次出征的人数在 3500 至 4700 人之间。第二次每牛录抽 23 人，总数是 5205 人。

例三

下文也译自《清太宗实录》（卷 18，第 23a–24a 页）：

丙申（天聪八年三月初十日[②]）上问诸贝勒大臣，征明当由何路进兵。贝勒大臣俱以宜从山海关大路而入对。上曰："诸贝勒大臣所议，未协军机，今我大军宜直抵宣大……" 于是集各固山额真、众章京及拨什库等于大殿传谕行军事宜。每牛录下派骑兵二十名、护军八名。

这次是征讨内蒙古，将数千计的蒙古人纳入八旗，这样可能使得将两个旗的蒙古旗扩展至八旗。这次出征每牛录抽 8 名护军和 20 马甲组成。1634 年，马甲从 400 个牛录中征调。抽调满洲和蒙古护军的牛录数是

① 1630 年 7 月 3 日。
② 1634 年 4 月 7 日。

367。总兵力则是 236 乘以 8，得到的数字是 2936 名护军，8000 名马甲。

例四

1673 年末，吴三桂在云南造反，很短的时间内就波及九省，经过七年多的激战后才被镇压下去，八旗军队构成了作战清朝军队的主体。有关他们军队的兵力，未给总数，仅是提到从每牛录抽调的数目。在得到造反的消息不久，第一支八旗兵于 1674 年初就派遣作战，这里不打算全文翻译原始材料，那样的话需要太多的说明，这里只是概述，原文见《平定三逆方略》。[①]

这支军队的构成如下：

（a）前锋营：官兵各半（也就是说，除了官以外，每一牛录出 1 名前锋）

（b）护军营：官 152 人，每一满洲和蒙古牛录出 7 人

（c）骁骑营：官 120 人，每一满洲和蒙古牛录出 10 人（包括两个参领）

（d）汉军火器营：官 32 人，每个汉军牛录出 5 人（包括 1 个参领）

这支军队是 1674 年初派出的，因此应该使用 1673 年的牛录数。在表 2 中，该年有 527 个满洲和蒙古牛录、213 个汉军牛录。因此我们知道：

（1）从满洲和蒙古牛录

（a）每个牛录出前锋 1 人	527
（b）每个牛录出护军 7 人	3689
（c）每个牛录出马甲 10 人	5270
	9486

（2）汉军牛录

（d）每个牛录出 5 人	1065
总数（不包括军官）	10551

用同样的方法，可以知道 1674 年至 1681 年间从北京派出的八旗兵超

① 《平定三逆方略》60 卷，收录于《四库全书珍本初集》。

过了5万人。另外还有约26000人是从内蒙古，4000人是从东北前来参加作战，则总数有8万人。如果我们算上随从（每个士兵有随从1人，对于官来说，随从人数依据官职大小从2人到100人以上不等），则这场战争七年间派往各作战前线的八旗兵力应该在16万到20万之间。

四、申　论

（1）研究表2，就会发现一些年份牛录数目激增：1601~1614年，1634年，1642年，1667~1674年，1683~1684年，以及1695年。这该如何解释？既然八旗军队是由每一个牛录抽调一定数目的人组成，那么牛录数目的增加就意味着军队的扩大。满人军事征战开始时人数很少。在扩张过程中，他们必须保持军队不断增长，为了保持这一增长，就必须将俘虏用以补充损失的兵力并增加军队的实力。俘获的敌兵被组织成新的牛录，最早是发生在1601~1619年间，当时吸纳了哈达、辉发、乌拉、叶赫的士兵。1630年间发动对蒙古和汉人的战争，这种情形再次发生。

军队的规模与牛录数目成正比关系，清人在准备一场大的战争时，就创设新的牛录以增加军力。1634年增加了64个牛录，就是这样的举措，为1634~1635年出兵蒙古做准备。1642年增加了100个汉军牛录是为了征服明朝所做的准备，而这一征服不到两年就发生了。1667到1673年，增加了115个牛录，这证明在吴三桂造反之前的很长时间，清人对此已有所准备。1683到1685年，增加的牛录多达246个，部分是由于吸纳了以前南方诸藩王属下的士兵，部分是为了和俄罗斯打仗，以控制东北部地区以及与厄鲁特作战以控制喀尔喀蒙古。1689年俄罗斯同意西伯利亚和东北之间的边界线，尽管在黑龙江有一些战事，但在该地区并没有大规模的战争。与厄鲁特蒙古的战争从1690年持续到1697年，结果清人赢得了对整个蒙古的控制。最惨烈的冲突发生在1695~1696年。表2显示在1695年创建了大量的牛录。

（2）为什么清人在1735年以后停止了牛录的组建？军队数目越多就意味着要增加维持支出；出于财政的原因，也不得不对军队的规模有所限制。

1735 年以后，开始更多地依靠地方上的汉人军队即绿营，作为内地战争的作战部队。在这些战争中，只有为数不多的八旗军队参战，作为统帅部的护军。最后一次八旗军队作为主要作战力量，是 1755~1759 年对于新疆的征服。但即使是当时，出征兵力的相当大部分是蒙古军队，而不是八旗兵。正因如此，八旗军队闲置不用以及长期的和平导致了战场实战训练尽失。条件发生了变化，无需创建新的牛录。

（3）表 2 中给出的牛录数仅包括那些被满人称为的“外佐领”，是指属于“朝廷的牛录”，它们提供作战部队的兵源。此外还有专属于内府和王府的牛录，称为“包衣佐领”。这些牛录的每一个都有一些人作为护军服役，但仅听命他们的主子。① 皇帝出征或是王公被派往前线，可能会带领他自己的包衣佐领抽出之人作为个人的护军；除早期外，他们通常不作为作战部队。除了包衣佐领，还有一些在内地和东北的驻防八旗牛录，称为“驻防佐领”。② 当驻防之人被征调参战，通常是整个驻防军队作为一个单位而不是依据各个牛录，因此无须分列这些牛录的数目以求证军队总数。

（4）多少人组成一牛录呢？此问题没有确切的答案，尽管有许多材料都说这一数字是三百壮丁及家人。③ 可能在 1644 年以前，规定了一牛录约有三百壮丁。普遍的作法是每三人中抽一人服兵役。每当一牛录的人数是这一规模的两倍时，多余之人另组建一个新的牛录或是数个牛录中的多余之人联合组建一个新的牛录。还有一种叫“半个牛录”，它由百人或更少的人组成，当人数足额时就形成一个整牛录。④ 这是 1644 年以前的情况。此后，因为大规模的军队被派往内地不同地方，永久驻防，因此，构成一个整牛录的人数一二百人不等。直到 18 世纪 20 年代还是如此。⑤

（5）为了确定一支八旗作战军队的总兵力，随从和马匹的数目也必须包括进来。1644 年以前，每个牛录向士兵提供武器、马匹和装备，每个士兵可以带领少数家人以及自己的下人，也就是包衣。战争所得，包括

---

① 康熙《大清会典》卷 86，第 20a-21a 页；卷 95，第 5a-9b 页。

② 同上书，卷 86，第 4b-8b 页。

③《满洲实录》卷 3，第 55 页，卷 4，第 85 页；《明清史料》丙编，第一册，第 51a 页。

④《八旗通志（初集）》卷 3，第 17a-b 页，第 28b-29a 页；卷 12，第 3b 页及其他地方。

⑤ 同上书，卷 36，第 21a 页；《清世宗实录》卷 60，第 27b 页。

俘虏，生畜以及物品，作为酬劳，在士兵中分配，这与狩猎过程中处理射杀或俘获的动物类似。1644 年之后，随着禁止劫掠，士兵开始每月得到钱粮。马匹和装备也由朝廷提供。对于随从和马匹也不得不做出限制，1695 年，规定出征的士兵每人允许带随从 1 人和马 4 匹：2 匹供坐骑，2 匹供载重。① 官员所带随从的数目则随官品高低不等。一般来说，从骁骑校等 2 人到将军 10 人。② 这些规定可能经常变动，③ 但我们可以肯定的是，1735 年之前的出征中，要得出参战总人数，士兵数应乘以 2，官员数应乘以 4.1。④ 同时马匹数至少是总人数的两倍。

表 1　八旗牛录数（据 1764 年版《大清会典》）

年份	满洲牛录增加数	满洲牛录总数	蒙古牛录增加数	蒙古牛录总数	满洲、蒙古牛录总数	汉军牛录增加数	汉军牛录总数	所有牛录总数
1614	—	308	—	76	384	—	16	400
1616	2	310	—	76	386	—	16	402
1622	1	311	—	76	387	—	16	403
1623	—	311	1	77	388	—	16	404
1629	1	312	—	77	389	—	16	405
1630	—	312	10	87	399	2	18	417
1631	—	312	1	88	400	—	18	418
1632	—	312	3	91	403	—	18	421
1633	—	312	1	92	404	—	18	425
1634	4	316	4	96	412	16	34	446
1635	1	317	25	121	438	10	44	482
1636	—	317	1	122	439	1	45	484
1637	—	317	1	123	440	6	51	491
1638	—	317	—	123	440	2	53	493

① 《亲征平定朔漠方略》卷 17，第 15b 页。

② 同上书，卷 16，第 26a 页。

③ 这可以从 1658 年一位官员所带马匹的数字上看出（《清世祖实录》卷 114，第 11a-12a 页）。

④ 官员与随从间 1 比 4.1 的比例是通过将 2048 总随从除以 497 位官员得出的，这是由《亲征平定朔漠方略》得出的（卷 16，第 23b-27a 页）。

续表

年份	满洲牛录增加数	满洲牛录总数	蒙古牛录增加数	蒙古牛录总数	满洲、蒙古牛录总数	汉军牛录增加数	汉军牛录总数	所有牛录总数
1639	—	317	1	124	441	3	56	497
1640	—	317	1	125	442	2	58	500
1642	—	317	3	128	445	100	158	603
1643	1	318	—	128	446	9	167	613
1644	1	319	2	130	449	4	171	620
1645	2	321	2	132	453	12	183	636
1646	—	321	1	133	454	17	200	654
1647	—	321	—	133	454	4	204	658
1648	—	321	—	133	454	13	207	661
1650	—	321	2	135	456	1	208	664
1651	3	324	—	135	459	2	210	669
1653	—	324	1	136	460	1	m	671
1662	1	325	1	137	462	—	2ii	673
1664	1	326	—	137	463	—	211	674
1665	2	328	1	138	466	—	211	677
1666	3	331	—	138	469	—	211	680
1667	12	343	2	140	483	—	211	694
1668	8	351	3	143	494	1	212	706
1669	23	374	6	149	523	2	214	737
1670	6	380	2	151	531	—	214	745
1671	—	380	1	152	532	—	214	746
1672	27	407	10	162	569	—	214	783
1673	7	414	—	162	576	3	217	793
1674	35	449	4	166	615	—	217	832
1675	1	450	1	167	617	3	220	837
1676	1	451	—	167	618	—	220	838
1677	1	452	—	167	619	—	220	839
1679	—	452	—	167	619	5	225	844

续表

年份	满洲牛录增加数	满洲牛录总数	蒙古牛录增加数	蒙古牛录总数	满洲、蒙古牛录总数	汉军牛录增加数	汉军牛录总数	所有牛录总数
1680	3	455	—	167	622	1	226	848
1681	2	457	—	167	624	5	231	855
1682	6	463	2	169	632	—	231	863
1683	5	468	—	169	637	24	255	892
1684	139	607	25	194	801	5	260	1061
1685	3	610	—	194	804	5	265	1069
1686	1	611	1	195	806	—	265	1071
1687	1	612	1	196	808	—	265	1073
1693	—	612	1	197	809	—	265	1074
1694	5	617	—	197	814	—	265	1079
1695	41	658	9	206	864	—	265	1129
1697	2	660	—	206	866	—	265	1131
1698	—	660	1	207	867	—	265	1132
1699	1	661	—	207	868	1	266	1134
1701	2	663		207	870	—	266	1136
1701	1	664	—	207	871	—	266	1137
1704	1	665	—	207	872	—	266	1138
1706	—	665	—	207	872	1	267	1139
1722	3	668	—	207	875	—	267	1142
1723	1	669	—	207	876	—	267	1143
1724	1	670	2	209	879	—	267	1146
1730	3	673	—	209	882	—	267	1149
1731	—	673	—	209	882	5	272	1154
1734	1	674		209	883	—	272	1155
1735	1	675	—	209	884	—	272	1156

表 2　八旗牛录数，1601~1735（东北，1601~1644；北京，1644~1735）
（据对 1739 年版《八旗通志》卷 3~16 的研究）

年份	满洲牛录数		满洲牛录总数	蒙古牛录增加数		蒙古牛录总数	满洲蒙古牛录总数	汉军牛录增加数		汉军牛录总数	所有牛录总数
	有确切组建年份的	大概组建年份的		有确切组建年份的	大概组建年份的			有确切组建年份的	大概组建年份的		
约 1601	—	80	80		—	—	80	—	—	—	80
1601~14	—	119	199	—	—	—	199	—	—	—	199
1616	2	—	201	—	—	—	201	—	—	—	201
1622	1(?)	—	202	—	—	—	202	—	—	—	202
1623	—	—	202	1	—	1	203	—	—	—	203
1626	—	—	202	—	31	32	234	—	—	—	234
1629	1	—	203	—	—	32	235	—	—	—	235
1630	—	—	203	—	—	32	235	2	15	17	252
1631	—	—	203	1	39	72	275	—	—	17	292
1632	—	15	218	3	—	75	293	—	—	17	310
1633	—	—	218	1	—	76	294	—	—	17	311
1634	4	45	267	5	19	100	367	16	—	33	400
1635	2	—	269	13	—	113	382	4	—	37	419
1636	—	—	269	—	—	113	382	1	—	38	420
1637	—	—	269	1	—	114	383	6	—	44	427
1638	—	—	269	—	—	114	383	2	—	46	429
1639	—	—	269	1	—	115	384	3	8	57	441
1640	1	—	270	—	—	115	385	2	—	59	444
1642	—	—	270	1	—	116	386	100	—	159	545
1643	1	4	275	2	—	118	393	2	—	161	554
1644	1	2	278	1	1	120	398	4	—	165	563
1645	2	—	280	2	—	122	402	12	—	177	579

续表

年份	满洲牛录数		满洲牛录总数	蒙古牛录增加数		蒙古牛录总数	满洲蒙古牛录总数	汉军牛录增加数		汉军牛录总数	所有牛录总数
	有确切组建年份的	大概组建年份的		有确切组建年份的	大概组建年份的			有确切组建年份的	大概组建年份的		
1646	—	—	280	1	—	123	403	16	—	193	596
1647	—	—	280	—	—	123	403	4	—	197	600
1648	—	—	280	—	—	123	403	5	—	202	605
1650	—	—	280	2	—	125	405	1	—	203	608
1651	3	1	284	—	—	125	409	3	—	206	615
1653	—	—	284	1	—	126	410	1	—	207	617
1662	1	—	285	—	—	126	411	—	—	207	618
1665	1	—	286	1	—	127	413	—	—	207	620
1666	3	—	289	—	—	127	416	—	—	207	623
1667	12	—	301	2	—	129	430	—	—	207	637
1668	8	—	309	3	—	132	441	1	—	208	649
1669	23	—	332	4	—	136	468	2	—	210	678
1670	6	—	338	1	—	137	475	—	—	210	685
1671	—	—	338	1	—	138	476	—	—	210	686
1672	26	4	368	12	2	152	520	—	—	210	730
1673	7	—	375	—	—	152	527	3	—	213	740
1674	34	12	421	3	5	160	581	—	—	213	794
1675	1	—	422	1	—	161	583	3	—	216	799
1676	1	—	423	—	—	161	584	—	—	216	800
1677	1	—	424	—	—	161	585	—	—	216	801
1679	—	—	424	—	—	161	585	5	—	221	806
1680	3	—	427	—	—	161	588	1	—	222	810
1681	2	—	429	—	—	161	590	5	—	227	817

续表

年份	满洲牛录数		满洲牛录总数	蒙古牛录增加数		蒙古牛录总数	满洲蒙古牛录总数	汉军牛录增加数		汉军牛录总数	所有牛录总数
	有确切组建年份的	大概组建年份的		有确切组建年份的	大概组建年份的			有确切组建年份的	大概组建年份的		
1682	6	—	435	2	—	163	598	1	—	228	826
1683	8	—	443	—	—	163	606	25	—	253	859
1684	136	18	597	25	4	192	789	5	—	258	1047
1685	3	—	600	1	—	193	793	5	—	263	1053
1686	1	—	601	1	—	194	795	—	—	263	1058
1687	1	—	602	1	—	195	797	—	—	263	1060
1693	—	—	602	1	—	196	798	1	—	264	1062
1694	8	—	610	—	—	196	806	—	—	264	1070
1695	40	11	661	9	1	206	867	—	—	264	1131
1697	2	—	663	—	—	206	869	—	—	264	1133
1699	1	—	664	—	—	206	870	—	—	264	1134
1700	1	—	665	—	—	206	871	1	—	265	1136
1701	3	—	668	—	—	206	874	—	—	265	1139
1704	1	—	669	—	—	206	875	—		265	1140
1706	—	—	669	—	—	206	875	1	—	266	1141
1723	5	1	675	—	— 1	206	881	—	—	266	1147
1724	1	—	676	1	—	207	883	—	—	266	1149
1731	—	—	676	—	—	207	883	3	—	269	1152
1733	—	—	676	—	—	207	883	1	—	270	1153
1734	1	—	677	—	—	207	884	—	—	270	1154
1735	1		678	—		207	885	—	—	270	1155

附　录

一

表 2 开头部分的数字，部分是建立在两本研究早期满族史的日文著作之上，这是哥伦比亚大学图书馆东亚室最近添置的。第一本是《满文老档》的日文译本。早在 1635 年，《清太祖实录》的编纂就吸收了其中的部分材料，满文老档在 20 世纪 20 年代译为汉文，然少人关注。其中一部分刊印在 1929 年金梁出版的《满洲老档秘录》一书中；另一部分连载于《故宫周刊》（245~459 期，1933~1935 年）。这一新的日文本是藤冈胜二（1872~1935）所译，1939 年出版，这是影印藤冈博士的手稿，以 Mambun Rōtō 为名出版，三册共 1757 页。尽管在印制形式上尚有许多待改进之处，但这一日文译本是目前最完备和最可靠的，对于熟悉实录和其他早期满族著述的学者来说，极具价值。

我研究日译文《满文老档》，从中找出有关牛录资料时，哈佛大学的杨联陞博士提醒我注意第二本日文著作，安部健夫部分已出版的对于八旗牛录制度的研究，名为《八旗满洲牛录研究》刊载于《东亚人文学报》（第 1 卷第 4 期，1942 年 2 月，第 799~875 页以及第 2 卷第 2 期，1942 年 7 月，第 174~238 页）。

这两部著作尤其是《满文老档》使得我修订了表 2 的开头部分，成为现在的样子。开始时，我认为 1619~1626 年创建了 32 个牛录，这在时间上是太早了。其中一些在《八旗通志（初集）》（卷 6，第 24a 页；卷 158，第 16a 页及其他地方）中记载是在这一时期创建，这一定程度上是正确的，因为它们创建时是“包衣牛录”，是为王公大臣服务，而不是为国家提供军事服务的正式牛录。可能是在 1626 年以后，这些牛录才逐渐变成正式牛录，例如，图鲁式 1619 年自叶赫归附，1624 年被任命管理半个包衣牛录，1635 年，作战阵亡，另拨给他的儿子一百人建立一个整牛录。这就是满洲镶黄旗下第五参领第七佐领（《清太宗实录》卷 20，第 1a 页；卷 22，第 7b 页；《八旗通志（初集）》卷 3，第 28b 页；卷 144，第 2a 页）。另一个例子是正白旗第二参领第四佐领，约在 1619 年由叶赫人组成，先是作为包衣牛录，但在 1635 年成为了一个整牛录。(《清太宗实录》卷 22，第 8b 页，《八旗通志(初集)》卷 5，第 9a 页，《八旗满洲氏族通谱》卷 22，第 5a 页)。

据《满文老档》记载，200 个正式的满洲牛录从 1616 年一直保持，至少至 1623 年，正如下列料所显示的：

1) 1616 年有 200 个牛录，该年每一牛录抽 3 人组成了一支 600 人的造船队伍(《满文老档》第 61 页；安部健夫文章，第 2 卷第 2 期，第 186 页)。

2) 1621 年提到了 200 个牛录(《满文老档》第 310 页；同上引安部健夫文章)。

3) 1622 年，仍有 200 个牛录，每个牛录抽 20 人组建了一支 4 千人的运粮队伍(《满文老档》第 424 页；同上引安部健夫文章)。

4) 1623 年，仍只有 200 个牛录，因为每个牛录抽 1 人组建了一支 200 人的驻城军队(《满文老档》第 511 页；同上引安部健夫文章)。

5) 1632 年的牛录数超过了 217 个。该年 12 月，组建了一支 1300 人的出猎队伍，每个牛录抽 6 人(《满文老档》第 1427 页；安部健夫出版的著作没有提及)。

由这些材料可以看到，1616 至 1623 年，备战的八旗牛录数目一直不变，保持 200 个，或是可以得出 200 个牛录这一数字。正是基于这一有力证据，我对表 2 的开始部分(1616~1635)进行了修订。

二

安部在著作中，花费了很大功夫收集已知的所有关于牛录这一满洲军事组织的材料。他对于牛录数目问题的研究——这只是构成了他研究的很小部分——与我所做的不一样，不是通过考察各个牛录的历史，而采用的是找出在那些年间(1616~1644)现有牛录总数目的方法，尤其是每个旗的额定牛录数目。他的书中有张表给出了 1616~1644 年这二十九年间其中十个年份的满洲牛录额定数目(安部健夫文章，第 2 卷第 2 期，第 186~187

页）。该表概略以下：

年	份	满洲牛录的数字	主要史料来源
（1）	1616	200	《满文老档》第 61 页
（2）	1620~1621	200	朝鲜史料
（3）	1621	200	日译《满文老档》第 310 页
（4）	1622	200	同上第 424 页
（5）	1623	200	同上第 511 页
（6）	1624	240	康熙和雍正《大清会典》
（7）	1633	240	《天聪朝臣工奏议》（载《史料丛刊初编》）
（8）	1634	240	《清太宗实录》卷 20
（9）	1634	308（总数 400）	同上书卷 21;《八旗通志续编）》卷 32
（10）	1644	309（另有 18 个“半个牛录”）	《大清会典事例》卷 837

此表的头 5 项，主要资料来源是《满文老档》，数字是正确的，对于表 2 的相关修订已讨论过了。第（9）项安部认为 1634 年正式牛录的数目为 400 个，这也是正确的，资料的来源是《清太宗实录》。然而在（9）项他认为 1634 年有 308 个满洲牛录，以及第（10）项 1644 年有 309 个满洲牛录，是有问题的，因为他是从 1799 年版的《八旗通志》和 1813 年嘉庆《大清会典事例》得出的数字。1761 年的乾隆《大清会典》首次将 400 个牛录作了细分：308 个满洲牛录，76 个蒙古牛录和 16 个汉军牛录，并将此设定在 1614 年。嘉庆《大清会典》的纂修者，可能还有《八旗通志》续编的纂修者，接受了这 400 个牛录的分配，但是发现 1616 年有这么多牛录，显得为时过早，因此将它们一并模糊地置于“国初”，这包括了太祖、太宗两朝。对于 1616 至 1644 年间的任何年份，在早期的著述中只有乾隆《大清会典》提到了 308 个牛录这一数字，这不能不令人生疑。

第（6）（7）（8）项分别是 1624、1633 和 1634 年的数字，互相关联，因此一并在此讨论。他的推论是 1624 年有 240 个牛录，这是从雍正《大清会典》卷 30 第 42b 页如下段落得出的："国初……又谕，八旗新添壮丁，每旗编佐领三十。"这里并没有显示这一指令是在 1624 年颁布的。相反，这一指令上面一条是一道谕旨，我发现它的日期是 1630 年 11 月 19 日。[①]（同前书卷 30，第 42 页；《清太宗实录》卷 7，第 27b–29a 页。）《大清会典》中每一主题的法律和制度的规定总是依编年排列的，因此无庸置疑，这一指令不可能早于 1630 年。

安部认为 1633 年满洲牛录的数目是 240 个，这是正确的。他的材料依据是当时汉军旗人所写的两份奏疏，都提到了每旗的 6 个甲喇。假定 5 个牛录组成一个甲喇，那就应该共有 240 个牛录。第一份奏疏是天聪七年三月二十一日（1633 年 4 月 26 日），其中说："八固山大小官员已照六家喇派就执事……"（《天聪朝臣工奏议》，卷中，第 6b 页。）第二份时间是该年十二月二十二日（1634 年 1 月 21 日），说："我国设立六部，设立书房，又分为六夹喇、八固山，独无谏官……"（同上书，卷中，第 43b 页。）两份奏疏的措词似乎是显示每旗 6 个甲喇是新近的制度。因此我认为这一指令是用 6 个甲喇取代过去的 5 个，也就是说从过去的 200 个牛录数增至 240 个。我们已经知道 1632 年约有 217 个满洲牛录（见附录 1）。这可能极接近下令将每旗的牛录数从 20 个增至 30 个的时间。

对安部最后要加以讨论的数字，是 1634 年的 240 个牛录，这主要是对太宗的一道上谕考察所得，安部仅引用了其中的几句。这是一份极重要的史料，与八旗贝勒间的权力政治有关，而且与半个牛录制度有关，因此要全文引述：

甲戌（九月，1634 年 11 月 11 日），上以季思哈征瓦尔喀，所俘人民未经分拨，遣英俄尔岱、龙什、穆成格与大贝勒代善及者贝勒等会议。谕之曰：

"此俘获之人，不必如前八分均分，当补壮丁不足之旗。八旗制设牛

① 该谕旨是："又定，置买人丁及新成幼丁，许令编入本佐领，误编入别佐领下者，退回。"——译者注。

录，一例定为三十牛录。如一旗于三十牛录之外，余者即行裁去，以补各旗三十牛录之不足者。如有不满三十牛录旗分，择年壮堪任牛录之人，量能补授，统辖所管壮丁，别居一堡，俟后有所俘获，再行补足。朕意旧有人民，不便均分，新所俘获，理应拨补旗分中不足者。若八旗不令划一，间有一旗多于别旗者，其意欲何为乎？”

代善等皆曰：“如此分拨最当。重分旧人，似属未便，今后俘获之人，自应分补不足旗分……”

（《清太宗实录》卷20，第28b–29a页）

该材料显示，1634年一些旗已经超过了30个牛录，可能正在快速增强实力，以致构成对太宗作为汗和贝勒之一掌控八旗的威胁。无论如何，从1631至1636年间，一个旗中牛录数目与满洲贝勒间的权力政治关系密切，可能是在1634年或前后，野心勃勃的贝勒们增强自己的军事力量。我们可以设想，1632年之后的八旗以一种与过去不同的速率扩张，没有遵行每旗30个牛录的额数（我对1643年每旗牛录数目的研究是，正黄旗31个，镶黄旗33个，正红旗40个，镶红旗36个，正白旗29个，镶白旗33个，正蓝旗37个，镶蓝旗35个，共274个）。

太宗1634年的上谕也显示如何建成一个新牛录的过程。这样的一个牛录，或是从包衣牛录中析出，或是从现有的正式牛录中析出，符合条件的年壮之人以及拨归给他的人众，形成了核心，可能只是一个整牛录人数的一半，甚至不足一半。它被称为“半个牛录（浑托和）”。接下来，通过接收拨给新的战俘以及人口自然增长，它将达到足额。然而，这一事实对于估计牛录数目又提出了新问题，因为半个牛录仅提供一半的服役人数。例如，在实录中（天聪九年十月初六日[①]，《清太宗实录》卷25，第25b–26b页），有一段特别指出一支出征队伍是由从每个（满洲？）牛录中抽5人，另外从每个“旧蒙古”牛录中抽2人，但它却给出了如下的兵力总数：

① 1635年11月15日。

两黄旗	297 名士兵
两红旗	305 名士兵
两蓝旗	298 名士兵
两白旗	337 名士兵
共　计	1237 名士兵

依据我的研究，八旗中的“旧蒙古”牛录在 1644 年以前是 18 个。假设在 1635 年当时都是整牛录，则抽调的人数应是 36 人。剩余的 1201 人，将意味着有 240 个牛录。但如果我们将一些半个牛录考虑进来，还有 18 个蒙古牛录，则 1635 年八旗的牛录数目应该是在 260~270 之间。然而，计算 1635 年的基础则是至多有 249 个牛录，也就是说 240 个整满洲牛录和约 9 个整蒙古牛录。

（作者发表此文章时，为旅美中国学者；译者单位：中国人民大学清史研究所）

附录 清史研究集（第一辑至第八辑）目录

1. 清史研究集（第一辑）中国人民大学出版社 1980 年 11 月

第巴·桑结嘉错杂考　王　尧
论杜尔伯特三车凌维护国家统一的斗争　马汝珩　马大正
关于宣南诗社的几个问题　王俊义
十六至十七世纪沙皇政府的侵华活动　许淑明
海约翰提出第一个对华门户开放通牒原因初探　卿斯美
试论"民报"时期章炳麟的政治思想和经济思想　罗　明
清末资产阶段革命派对封建法制的批判　文　海
清代杰出的治河专家——陈潢　李鸿彬
颐和园历史考辨　王道成

译文
鞑靼漂流记　长　鸾　译　薛　虹　校注

2. **清史研究集（第二辑）中国人民大学出版社 1982 年 6 月**
（本辑主编：王思治、李文海；李鸿彬、王道成参加编辑工作）

汉学探折　戴　逸
汪中简论　张晓虎
清初人口统计中的一些问题　郭松义
努尔哈赤"计丁授田"谕考实　郭成康　刘建新
清代前期内各务府纳银庄的几个问题　刘守诒
清代前期两淮运司的商亭和商池　周远廉　林永匡
1840~1894 年间外国资本主义侵略与中国国内市场统一趋势的分解　王方中
略论清朝前期对西藏的施政　王辅仁
1717 年准噶尔侵扰西藏及清政府平定西藏的斗争　罗丽达
试论左宗棠收复新疆　杨东梁

3. 清史研究集（第三辑）四川人民出版社 1984 年 2 月

（本辑主编：王思治、李文海；李鸿彬、王道成参加编辑工作）

试论太平天国用人问题 黄剑华
论戊戌变法前后社会思潮的特点
——兼论戊戌思湖与欧洲启蒙思湖之异同 吴廷嘉
光绪与戊戌维新运动 孔祥吉
从十九世纪的茶叶贸易看沙俄对我国的经济侵略
程镇芳 王大同 徐恭生
1900 年东三省的抗俄战争及其失败的教训 薛衔天

4. 清史研究集（第四辑）四川人民出版社 1986 年 6 月

（本辑主编：胡绳武、马汝珩；李华、王俊义、王道成参加编辑，吴孝英作了些具体工作）

编者的话
论明清之际的松锦之战 刘建新
明清之际西洋火炮的输入及其影响 张小青
评多尔衮 金成基
康熙朝皇位继承斗争和雍正继位 史 松
八卦教世袭家族的兴衰
——清前期八卦教初探 马西沙
天理教探研 喻松青
清代前期封建土地所有制试析 李 华
论山西票号的起源与性质 黄鉴晖
康乾盛世与乾嘉学派 王俊义
试论太平天国时期清政府中央与地方权力的消长 尹福庭
中法战争前的福建海军 黄国盛
军机处设立时间考辨 南炳文
康有为寓所“金顶庙”考 周育民

5. **清史研究集（第五辑）光明日报出版社 1986 年 12 月**

（本辑主编：胡绳武、马汝珩；编委：王俊义、王道成、李华、金成基，吴孝英作了些具体工作）

6. **清史研究集（第六辑）光明日报出版社 1988 年 8 月**

（本辑主编：胡绳武、马汝珩；编委：王俊义、王道成、孔祥吉、李华、金成基）

清代保甲制度简论	华 立
清代北方各民族与中原汉族的文化交流及其贡献	卢明辉
明清珠江三角洲人口问题	叶显恩
清代人丁编审制度初探	陈 桦
清代族田的性质及作用	张 研
清代京师粮价及其他	陈金陵
洪任辉案——兼论乾隆时期的对外贸易政策	林 健
关于中国十九世纪七十至八十年代社会改革思潮的考察	吴忠民
马尾船政局在我国近代海军发展史上的地位	杨东梁
孙中山康有为早期关系探微	孔祥吉
梁启超传记文学理论及作品初探	刘 可
龚自珍《己亥杂诗》浅析	章 起

7. 清史研究集（第七辑）光明日报出版社 1990 年 10 月

（本辑主编：胡绳武、林铁钧；编委：孔祥吉、金成基、郭成康）

清代户口统计制度的演变	陈 桦
乾隆年间清政府平衡财政之研究	张晓堂
清代福建农村土地抵押借贷与典当的数理分析	杨国桢
清代医学史简述	吕英凡
论《四库全书总目》的目录学成就及其思想内容	黄爱平
钱谦益学术思想初论	赵 刚
清代贞节论述	胡发贵
清代新疆和卓家族研究	潘向明
江南斋教研究	马西沙
清代的红阳教	韩秉方
从嘉庆朝学政密奏看清代学政	陈金陵
关于李鸿章洋务思想的几个问题	尹福庭
论康有为的变法纲领	侯宜杰

康有为“保教”说论议 周　源
日俄战争与清末立宪运动 程为坤
关于 1662~1678 年耶稣会士中国传教团的一些荷兰史料
［美］约翰·小韦尔斯　丁向阳译

8. 清史研究集（第八辑）中国人民大学出版社 1997 年 12 月
（本辑主编：林铁钧；编委：匡继先、郭成康）

乾隆年间侵贪问题研究 郭成康　郑宝凤
试论清初封建异姓王 刘凤云
论顺治帝下诏求言与以言治罪 李景屏
清代土地统计制度初探 张　研
关于清代的江苏经济 高王凌
清代族规家训的社会功能 许水涛
十九世纪前中期清政府南疆农业政策的转变 华　立
梁启超在学术文化史上的地位 陈其泰
清末吉林省黑龙江省的新兴城市与工商业 许淑明
沈家本与冈田朝太郎法律思想比较研究 杜钢建